Holistic Christian Education
for the Postmodern Era

포스트모던 시대의
통전적 기독교교육

한국장로교출판사

| 저자 서문 |

세계와 더불어 어느덧 한국사회도 포스트모던 사회(postmodern society) 속으로 접어들었습니다. 한국이 서구사회와 다른 점은 다양한 형태의 세계관과 현실관이 함께 공존한다는 점입니다. 서구가 수백 년에 걸쳐 이룬 발전을 한국은 단 수십 년에 달성하는 압축성장을 이루었기 때문입니다. 한 지붕 밑에서 사는 가족 구성원들도 서로가 다른 세계관을 가지고 살아갑니다. 조부모는 전근대, 부모는 근대, 자녀는 탈근대적 가치관을 가지고 살아갑니다. 가치, 역사, 문화, 생명에 대한 인식이 세대마다 다르게 나타나기에 모든 영역에서 갈등이 증폭되고 있습니다. 세대간 갈등 외에도 지역 간, 계급 간, 남녀 간, 이념 간의 갈등이 첨예화되어 갑니다. 이러한 갈등은 곧 분리, 단절, 대립의 양상을 초래합니다.

분리, 단절, 대립은 기독교교육의 모든 장 곧 가정, 학교, 교회, 사회, 미디어 속에도 포스트모던의 다양한 형태로 나타납니다. 이러한 상황을 바라보며 본서는 포스트모던 사회가 제기하는 문제들에 대한 기독교교육적 대안을 제시하고자 하는 노력에서 집필되었습니다. 파편화, 분절화, 해체화의 급물살을 만났을 때 헤엄치거나 구명보트를 타고 살아나오는 것이 생존과제라면, 주위 사람들을 건져 내는 것이 윤리과제요. 급물살의 물줄기를 바로 잡아 나가는 것은 시대적인 근원과제일 것입니다. 이 책은 이러한 문제와 과제들에 대한 기독교교육적 대안을 모색하였습니다. 진리, 생명, 사랑의 통전성을 회복하고 재창조하는 것은 기독교교육뿐 아니라 신학의 전 분야(Theologia)가 함께 감당해야 할 통전적 과제이기도 합니다.

이 책은 다음과 같이 총 5부로 구성되어 있습니다.

프롤로그(Prologue)
제1부 '시대적' 통전성 : "포스트모던 사회와 기독교교육"
제2부 '신학적' 통전성 : "실천신학과 기독교교육"
제3부 '문화적' 통전성 : "문화와 기독교교육"
제4부 '현장적' 통전성 : "가정과 기독교교육"
제5부 "통전적 기독교교육을 위한 새 방향"
에필로그(Epilogue) "통전적 기독교교육론 : 분화와 일치와 통합을 위한
　　　　　　　　　코이노니아 교육론"

8년의 유학을 마치고 교수를 시작한 지 어느덧 21년의 세월이 흘렀습

니다. 되돌아보면 아쉬움이 남는 것도 있지만 말씀, 교회, 강의, 연구에 대한 열정은 변함없이 최선을 다해 왔습니다. 교수와 제자로 만났던 후배들이 어느덧 동료교수와 동료목사가 되어 하나님나라 건설을 향해 소중한 땀을 흘립니다. '가르침'과 '배움'의 소중함을 다시금 발견합니다.

이 책이 나오기까지 소중한 배움이 이루어지도록 도와주신 여러분들에게 감사하고 싶습니다. 우선 이 저서가 "2015년 소망학술상"을 수상하도록 선정해 주신 소망교회 김지철 목사님과 한국기독교학회에 깊은 감사를 드립니다. 소망학술상에 부응하는 연구를 지속해 가도록 노력하겠습니다. 이 저서의 초기 형태를 가지고서 세미나를 통해 많은 통찰들을 제공해 준 장로회신학대학교의 제자들에게 고마움을 표합니다. 이분들은 함께 만들어 가는 수업의 가능성을 보여 주었습니다. 학교와 교회에서 부족한 사람을 위해 조언과 기도를 아끼지 않으신 많은 분들에게 감사드립니다. 이분들은 "경건과 학문과 실천"의 모습을 삶과 대화로 보여 주셨습니다. 부족한 종과 함께 선교를 계속하며 중보해 주는 코이노니아 선교회원들께 감사드립니다. 이분들은 참된 코이노니아가 무엇인지를 현실의 삶 속에서 보여 주셨습니다. 그리고 한국장로교출판사 채형욱 사장님과 정현선 편집국장님께 감사드립니다. 이 책이 문서선교, 교육선교를 위해 쓰임받을 수 있도록 애써 주셨습니다.

　마지막으로 기도와 사랑으로 함께해 준 아내와 원영, 시온, 사랑하는 가족들에게 고마움을 전합니다. 주님 안에서 함께 생명을 나눈 가족으로서 '하나님의 가족'이 무엇인지를 삶 속에서 경험하게 해 주었습니다.

　그리고 무엇보다 부족한 종을 한결같은 은혜로, 지난 21년간 소중한 학생들 앞에서 강의할 수 있도록 지켜 주신 하나님께 가장 큰 감사와 영광을 올려 드립니다.

Veni Creator Spiritus!

광나루 동산에서 감사의 마음을 담아

차 례

저자 서문 / 02

프롤로그(Prologue) / 08

제1부   시대적 통전성 : 포스트모던 사회와 기독교교육 / 18

1장   새 시대 한국사회와 기독교교육 / 20
2장   포스트모던 시대의 기독교교육 / 38
3장   종말론과 통전적 기독교교육 / 60

제2부   신학적 통전성 : 실천신학과 기독교교육 / 88

4장   실천신학 및 기독교교육 방법론 / 90
5장   실천신학 및 기독교교육에 있어서의 이론과 실천의 관계성 / 116
6장   신앙과 교육의 상호 관계성 / 136

제3부   문화적 통전성 : 문화와 기독교교육 / 164

7장   문화와 기독교교육 / 166
8장   청소년 문화와 기독교교육 / 194
9장   여가문화와 기독교교육 / 216

제4부 현장적 통전성: 가정과 기독교교육 / 234

10장 새 시대를 위한 기독교가정교육 / 236
11장 가정과 교회를 연계하는 기독교교육 / 270
12장 세계화 시대를 위한 기독교가정교육 / 282

제5부 통전적 기독교교육을 위한 새 방향 / 318

에필로그(Epilogue)
통전적 기독교교육론: 분화와 일치와 통합을 위한 코이노니아 교육론
/ 364

| 프롤로그(Prologue) |

　우리가 살아가는 한국사회는 혼란의 소용돌이 한복판에 놓여 있다. 전근대적 왕정시대를 마감하는 1910년 한일합방, 그리고 자율적 근대국가로서의 새로운 시작을 알리는 1945년 8월 15일 해방을 맞이하기까지 피지배 국가로서 주권을 잃어버린 채 전근대로부터 타율적 근대로의 전환을 강압적, 폭압적으로 강요당하는 삶을 살았다. 이러한 수동적, 강압적 전환은 결코 온전한 것도 건설적인 것도 아니었다. 해방 이후 근대적 자율을 행사할 수 있는 여건이 준비되지 않았고 또한 근대적 시민의식도 배양되지 못한 상태에서 미숙한 민주주의를 실험하는 가운데 다양한 역사적 사건과 비극들이 점철되어 한국의 근현대사를 얼룩지게 하였다.[1)]

　20세기말에 들어와서는 근대화 프로젝트도 아직 완성되지 못한 상태에서 탈근대화 바람이 한국사회 전반에 거세게 불어오게 되었다. 영국, 미국, 프랑스, 독일을 비롯한 서구사회의 강력한 지구화 드라이브의 영향을 받음으로써 탈근대화는 점점 더 가속화되고 있다. 이로 인해 한국사회는 국제화를 넘어 세계화, 지구화를 향해 급속히 변화해 가고 있다. 국제화(internationalization)는 어느 한 국가의 시각에서 볼 때 여타 다른 국가와의 교류가 점점 더 빈번해지고 활발해지는 것을 가리킨다. 이에 비해 세계화와 지구화(globalization)는 거의 동의어처럼 사용되는 용어로서 세계 전체, 지구 전체가 하나의 정치, 경제, 사회, 문화적 단위로 등장하게 되는 것을 의미한다.[2]

여기에서 "~화"라는 말의 의미는 그것을 향해 나아가고 변화한다는 것을 의미한다. 그 변화의 내용과 방향은 곧 "~"의 내용이 결정한다. 이런 관점에서 '세계화'란 무엇인가? 민족국가의 경계를 넘어 세계가 하나의 단일 정치, 경제 구조로서 의미를 지니게 된다는 것을 뜻한다. 민족국가적 경계를 넘어 전 지구적 현상으로서 나타나는 현상은 무엇인가? 그것은 곧 새로운 차원의 '시민사회' 현상을 의미한다. 즉, 범지구적 시민사회의 등장인 것이다.[3] 서구사회가 2천 년에 걸쳐 달성한 변화를 한국은 단 1세기 내에 달성한 바 있다. 단 1세기 안에 봉건사회에서 국가사회로, 국가사회에서 시민사회로, 또한 노동사회에서 문화사회로 변화된 것이다. 이러한 변화를 단기간 내에 경험하는 동시에 이러한 특성들이 동시에 공존하는 21세기 "복합다원사회"(multiple plural society)로 변모하게 된 것이다.

21세기 한국사회는 전근대(premodern)-근대(modern)-탈근대(postmodern)가

한데 어우러져 공존하는 "복합다원사회"이다.[4] 이러한 "복합다원적" 혼란은 삶의 제 차원에서 다양한 형태로 나타난다. 즉, 분단현실과 맞물려서 이데올로기의 대립과 단절의 형태로, 지역구도와 맞물려서 동서 간의 첨예한 갈등으로, 신자유주의경제와 맞물려서 계급 간의 갈등으로, 시대문화와 맞물려서 노-장-청년(老-壯-靑年) 간의 대립으로 나타나게 되었다. 이런 상황 속에서 한국사회는 전통가치가 경시되는 동시에 새로운 대안적 가치에 대한 공감대를 형성하지 못하고 있기에 일종의 아노미(anomie)적 상황에 놓여 있다.[5] 이러한 현상은 정치, 경제, 문화, 교육 등 전 분야에 확산되고 있으며 기초적 신뢰공동체라 할 수 있는 가정과 교회에까지 스며들고 있다. 그 결과 가정 및 교회의 전통적 형태가 급속히 분절화, 파편화, 해체화되어 가고 있다. 핵가족을 넘어 탈핵가족(post-nuclear family)의 다양한 형태가 표출되고 있다. 독신가정, 이혼가정, 편부모 가정, 조손가정, 동성가정이 점점 확산되고 있다. 교회 역시 지속적 분열 외에도 교회 내 폭력과 고소 고발이 급속히 늘어나고 있고 다양한 형태의 교회와 목회가 새롭게 등장하고 있다.[6]

시대의 변화에 따라 다양한 방식과 형태로 적극적 대처를 시도하는 것은 바람직한 일이다. 이러한 다양한 접근과 시도는 구태의연이나 무사안일 방식의 현실유지보다는 훨씬 낫다. 뭔가 새로운 변화와 효율을 향한 열정과 헌신이 있기 때문이다. 하지만 눈에 보이는 현상만을 의식하는 것은 단순한 대중요법이나 실용주의에 머물기 쉽다. 이러한 접근은 종종 대중주의(populism), 상업주의(commercialism), 물량주의(materialism)에 영합하거나 결과주의로 전락해 버리기 쉽다. 우리가 감당해야 할 교육과 목회는 시대적 요구에도 부합해야 하지만 기독교 정신과 진리에 부합해야 한다. 그렇지 않다면 그것은 참된 의미의 기독교교육 또는 기독교 목회가 될 수 없다. 그것이 기독교적인 것이 되려면 기본적으로 기독교 전통과 진리에 기초해 있어야 한다. 그래야만 문화적 적절성과 효율성뿐 아니라 시대가 제시하는 문제들에 대해 하나님 통치의 일관성과 통전성을 유지할 수 있기 때문이다.

"Anchored to the Rock, Geared to the Times"란 말이 있다. 직역을 하자면 "든든한 바위에 기초하되 시대의 흐름에 부응하라"는 말이다.[7] 이 말은 "한 발은 기독교 전통과 진리에 그리고 또 다른 한 발은 시대적 특성과 흐름에 맞추어라"라는 말과 같다. 이는 바르트(Karl Barth)가 "한 손에 성경을 또 한 손엔 신문을"이라고 외친 것과 일맥상통한다. 이 책은 든든한 바위로서의 기독교 진리와 시대적 상황으로서의 21세기 탈근대성을 함께 아우르는 통전적 기독교교육을 위한 이론적, 실천적 성찰을 시도한다. 여기에서 말하는 '통전성'(wholeness)은 "결핍, 과잉, 편견, 왜곡 없이 온전하여 진리의 중심에 서서 실재와 관련된 전체를 균형 있게 포괄적으로 아우르는 특성"을 의미한다.

이 시대가 필요로 하는 기독교교육은 성서에 기초하고, 신학적으로 온전하고, 교육적으로 효율적이며, 시대적 상황에 창조적으로 응답할 수 있어야 한다. 기본적으로 이러한 차원들을 함께 아우를 수 있는 기독교교육을 가리켜 '통전적 기독교교육'(Holistic Christian Education)이라 명명할 수 있다. 이 책의 제목을 『포스트모던시대의 통전적 기독교교육』으로 정한 이유가 바로 여기에 있다. 여기에서 성찰하고자 하는 기독교교육은 포스트모던시대라는 시대성을 중요시하는 동시에 기독교 전통 및 진리 위에 바로 서 있는 통전적 이론, 통전적 실천을 지향하는 기독교교육에 관한 성찰을 수행하고자 한다. 또한 이 책에서 논하고자 하는 통전성의 존재론적 원형은 예수 그리스도의 신-인으로서의 본성적 토대 위에, 그리고 삼위일체 하

나님의 내적 삶과 외적 경륜의 통전성 위에 입각해 있다.[8]

　기본적으로 이 책은 포스트모던 사회의 특징과 도전에 대해, 기독교 교육은 시대적, 신학적, 문화적, 현장적으로 어떠한 응전을 해 나가야 할 것인가를 성찰한다. 1부는 21세기 포스트모던 사회와 기독교교육(시대적 통전성), 2부는 실천신학과 기독교교육(신학적 통전성), 3부는 문화와 기독교교육(문화적 통전성), 4부는 가정과 기독교교육(현장적 통전성)에 대해 성찰하게 될 것이다. 그 후에 통전적 기독교교육을 위한 교육목회의 새 방향으로서 "협력-상생-샬롬"의 교육목회를 제시하게 될 것이다. 마지막으로 "분화와 일치와 통합을 이루는 코이노니아 교육론"을 ≪통전적 기독교교육론≫의 결론으로 제시함으로써 논의를 마무리하고자 한다.

　처음부터 끝까지 책 전체를 관통하는 주제가 '통전' 및 '통전성'이기에, 논의를 시작하기에 앞서 먼저 이 책에서 말하는 '통전'과 '통전성'의 의미가 무엇인지에 대해 살펴보기로 하자.

※ '통전성'(統全性, integrative wholeness)이란 무엇인가?

　'통전' 혹은 '통전성'이라는 용어는[9] 한자의 '거느릴 통'(統)과 '온전할 전'(全)의 합성어이다. 여기에서 '통'과 '전'은 각각 영어의 'wholeness'와 'integrity'의 의미를 그 속에 지니고 있다. 따라서 통전 혹은 통전성은 'wholeness'와 'integrity'의 합성어인 것이다.

　먼저 wholeness의 의미에 대해 살펴보자. wholeness는 부분성(partiality), 분절성(disintegration), 파편성(fragmentation)의 반대 개념이다. 어느 한 조각을 마치 전체인 것처럼 생각하는 것은 과대망상적인 것이고, 어느 한 조각만이 진리라고 주장하는 것은 편파적이다. 그에 비해 wholeness는 진리의 다양한 모습, 다양한 표현, 다양한 조각들을 하나의 전체로 아우르는 포괄성, 수용성, 전체성의 특성을 그 속에 지니고 있다.

Integrity는 충동성(impulsiveness), 변덕성(capriciousness), 부정합(discordance)의 반대 개념이다. 충동적인 것은 안정성을 결여한다. 변덕적인 것은 일관성을 결여한다. 부정합적인 것은 조화로운 정합성(整合性)을 결여한다. Integrity는 안정성, 일관성, 정합성이라는 특성을 그 속에 지닌다.

통전은 이것저것 다양한 요소들을 한데 모아 놓은 것을 가리키는 것이 아니다. 모두를 끌어다 모은 것은 종합(synthesis), 누적(accumulation) 또는 기껏해야 하나의 전체성(totality)에 불과할 뿐이다. 통전은 또한 절충주의(eclecticism)나 중도타협(compromise)과도 다르다. 절충주의나 중도타협은 뜨겁지도 차지도 않은 미지근한 상태이거나 회색지대에 불과하다. 요한계시록은 이런 미지근함이나 회색지대의 교회를 매섭게 책망한다(계 3:16).[10] 통전은 이것저것을 혼합하거나 적당히 섞어놓은 것이 아니다. 그것은 혼합주의(syncretism)에 불과할 뿐이다.

그러면 통전은 무엇인가? 통전은 어느 한쪽에 치우친 극단에 머물지 않는다. 극단은 균형을 상실할 뿐 아니라 창조적 긴장을 놓치고 만다. 통전은 단순한 물리적 중간점에 머무는 것을 거부한다. 단순한 물리적 중간은 이도 저도 아닌 애매함과 모호함에 빠지기 쉽다. 단순한 물리적 중간은 소극적, 부정적 중간점에 머문다. 이것은 참된 의미의 통전이 아니다. 통전은 양극이 보여 주는 가능성, 창조성을 극대화하고 양극이 가진 한계성, 파괴성은 극소화해 나간다. 이를 통해 통전은 "적극적, 긍정적 제3의 지점"(positive third term)을 모색한다.[11] "적극적, 긍정적 제3의 지점"을 지향하는 통전성은 양극의 창조적 긴장과 균형을 놓치지 않으면서 제3의 창조적 가능성을 모색해 나가기에 이러한 논의의 토대 위에서 통전 혹은 통전성을 다음과 같이 정의할 수 있다. 통전 혹은 통전성은 부분, 분절, 파편을 넘어선 진리의 포괄성, 수용성, 전체성을 의미한다. 통전은 충동, 변덕, 부정합을 넘어선 안정성, 일관성, 정합성을 의미한다. 통전은 어느 한 극단에 치우치지도 않고 단순한 물리적 중간점에 머물지도 않는다. 통전은 "적극적, 긍정적 제3의 지점"을 지향한다. 통전은 양극이 가진 창조적 긴장과 균형을 놓치지 않는 동시에 보다 나은 제3의 창조적 가능성을 향해 끊임없이 나아간다. 이러한 통전은 헤겔의 변증법이 아닌 키에르케고르의 "질적 변증법"(qualitative dialectic)을 추구한다. 즉 지속적인 자기 갱신, 자기 개혁을 통한 질적 변화와 변형의 역동성(transformational dynamics)을 지향한다. 이는 곧 "개혁된 교회는 항상 개혁되어야 한다"(Ecclesia reformata, semper reformanda)는 개혁전통의 모토(the motto of Reformed Tradition)와도 일맥상통하는 것이다.[12]

1) 이만열, 『한국기독교문화운동사』 (서울 : 대한기독교출판사, 1992), 60-71 ; 함석헌 외, 『한국역사 속의 기독교』 (서울 : 한국기독교교회협의회, 1985), 219-244 ; 전택부, 『한국교회발전사』 (서울 : 대한기독교출판사, 1987), 144-161.

2) globalization이라는 단어를 중국에서는 전지구화, 일본에서는 범지구화, 한국에서는 지구화 또는 세계화라고 번역하여 사용한다. http://kin.naver.com/qna/detail.nhn?d1id=6&dirId=60503&docId=46788249&qb=7IS46rOE7Zm (2015년 8월 12일 접속).

3) 전태국, 『탈주술화와 유교문화 : 세계화하는 한국의 사회문화』 (서울 : 한울, 2013), 334-335. 소련의 해체, 독일을 비롯한 동유럽 공산권의 몰락 등이 시민사회의 확산에 기여하게 되었다.

4) 이규민, "탈근대화 시대의 기독교교육 과제 설정을 위한 신학적 고찰," 『한국기독교신학논총』 13집 (서울 : 한국기독교교육학회, 1996), 237-252.

5) 전태국, 『탈주술화와 유교문화 : 세계화하는 한국의 사회문화』, 336-338.
6) Eddie Gibbs et. al., *Emerging Churches : Creating Christian Community in Postmodern Cultures*, 김도훈 역, 『이머징 교회』 (서울 : 쿰란출판사, 2008) ; D. Carson, Becoming Conversant with the Emerging Church, 이용중 역, 『이머징 교회 바로 알기』 (서울 : 부흥과 개혁사, 2009) ; Gary Gilly, This Little Church Stayed Home : a Faithful Church in Deceptive Times, 김세민 역, 『포스트모던 신비주의와 이머징 교회의 도전』 (서울 : 부흥과개혁사, 2011).

7) 이규민 외, 『기독교종합대학의 정체성과 제도』 (대구 : 이문출판사, 2000), 88.

8) 김정훈은 성인학습에 대한 전문성을 인정받은 바 있는 브룩필드(Stephen Brookfield)의 비판이론과 비평적 성찰의 다양한 방법들을 중심으로 해서 21세기를 위한 통전적 가르침을 시도한 바 있다. 김정훈, 『21세기 기독교교육을 위한 통전적 가르침』 (서울 : 한들출판사, 2015)을 참조하라.

9) '통전적'이라는 용어는 필자가 1996년 『교육교회』에 기고한 "통전적 회심 이해와 기독교교육"이라는 논문에서 기독교교육과 관련하여 최초로 사용한 바 있다. 초월성, 불연속성에 기초한 '회심'과 내재성, 연속성에 기초한 '양육'은 자칫 '회심주의'나 '양육주의'의 극단에 빠지기 쉽다는 것을 경계하면서, 그보다는 회심을 필요로 하는 양육, 양육이 뒤따르는 회심으로 통전적 관점과 시각에서 기독교교육이 이루어져야 함을 역설하였다. 이규민, "통전적 회심 이해와 기독교교육," 『교육교회』 통권 238 (1996년 7월 1일)(서울 : 장로회신학대학교 기독교교육연구원), 1-10. 한편, 일반교육에서도 '통전교육'이라는 용어를 사용하고 있음을 볼 수 있다. 예를 들어 "통전교육연구소"의 김희동 소장은 '통전교육'을 가리켜 천(얼), 지(몬), 인(새). 즉 자유, 질서, 관계를 함께 통합

적으로 교육해 나가는 것이라고 주장한다. http://cafe.daum.net/onall (2015. 10. 19.) 이러한 이해는 본서의 정의에 비해 다소 단순한 통합에 가까운 것이라 생각된다. 본서에서는 '통전'의 의미를 보다 다각, 다층, 다면적 관점에서의 통합과 통섭을 포함하는 것으로 사용하고자 한다.

10) 계 3 : 16. "네가 이같이 미지근하여 뜨겁지도 아니하고 차지도 아니하니 내 입에서 너를 토하여 버리리라."

11) James Loder, *The Knight's Move*, 이규민 역, 『성령의 관계적 논리와 기독교교육 인식론』(서울 : 대한기독교서회, 2009) 참조.

12) Anna Case-Winters, "What do Presbyterians believe about 'Ecclesia Reformata, Semper Reformanda?'", *Presbyterians Today* (May 2004). http://www.presbyterianmission.org/ministries/today/reformed/ (2015. 10-15).

**Holistic Christian
Education for the
Postmodern Era**

제1부에서는 21세기 포스트모던 사회의 특성들을 고찰하고 이러한 시대가 제시하는 문제들에 대해 기독교교육은 창조적 응전을 어떻게 펼쳐 나가야 할 것인가에 대해 성찰해 보고자 한다.

/ 제1부 /

시대적 통전성 :
포스트모던 사회와
기독교교육

제1장
새 시대 한국사회와 기독교교육

여타 다른 나라 문화에 비해 한국사회와 한국국민이 가진 대표적인 특성 중 하나를 꼽으라 하면 '성취주도성'(achievement dominance)을 꼽을 수 있다. 외국인들이 제일 먼저 배우는 한국말이 "빨리 빨리"라는 사실은 한국인들이 얼마나 성취와 속도에 몰두하는가를 잘 보여 준다. 일단 성인이 되면 서로를 부를 때에도 성이나 이름이 아닌 직책, 직급 등 타이틀을 부르는 곳이 한국사회이다. 그 사람의 타이틀이 곧 그 사람의 정체성이 되는 것이다. 이런 사회에서는 타이틀이 없거나, 있어도 자신의 기대수준보다 낮을 경우 자신의 존재가치가 흔들리기 십상이다. 가장 열심히, 가장 많은 일을, 가장 빠르게 해내면서도 삶의 행복도와 만족도가 최하위에 머무는 이유가 바로 이런 구조적 이유 때문이 아닐까? 올라가야 할 자리, 올라서야 할 위치가 늘 앞에 놓여 있기에 끊임없이 성취를 향해 앞으로만 나아갈 뿐,

자신의 위치에서 삶을 나누고, 누리고, 감사하며 행복해할 수 있는 여유를 갖지 못하고 살기에 행복지수가 낮을 수밖에 없는 것이다.

성취는 필요하고 또 중요한 것임에 틀림없다. 성취가 없으면 개인과 단체의 발전이 없기 때문이다. 하지만 '성취중독'(achievement addiction)은 매우 심각한 문제를 야기한다. 첫째, 성취중독에 걸린 사람은 결코 행복할 수 없다. 늘 '더 많이, 더 높이, 더 빨리'를 향해 나아갈 뿐 감사나 행복을 느낄 수 없다. 내가 성취를 이루어 가기보다는, 성취가 나를 포로로 만들어서 내 인생을 성취의 노예처럼 끌려다니게 만든다. 둘째, 성취중독에 걸린 사람은 자신뿐 아니라 주위 사람을 불행하게 만든다. 95점 받은 아이에게 100점을 요구하고, 100점 맞은 아이에게는 "너희 학교에서 100점 맞은 아이가 총 몇 명이니?" 묻기 때문이다. 끊임없는 비교와 경쟁으로 내몰리는 가정, 학교, 교회는 참된 공동체가 될 수 없다. 서로가 서로에게 비교와 경쟁의 대상이 되고 말 것이기 때문이다.

현재의 한국사회는 어떠한가? 아이, 어른, 남자, 여자 할 것 없이 한국사회는 비교와 경쟁 속에 놓인 것이 현 실정이다. 오죽하면 "부러우면 지는 거다"라는 말이 화두가 되었을까. 부러운 사람들이 많은데, 그래도 이겨야 하기에 안 부러워하려고 애써야 한다는 것이다. 이런 아이러니를 바라보며, 이 사회에 편만한 성취주도성과 성취중독에 대해 기독교교육은 어떠한 대응을 해야 할 것인가 성찰해 보고자 한다.

이러한 주제와 관련하여 본 장은 4가지로 나누어 살펴보게 될 것이다.

1) '성취주도적 생활유형'(achievement-dominated lifestyle)이란 무엇을 뜻하는가, 2) 이러한 생활유형이 왜 21세기 한국사회에 두드러질 수밖에 없는가, 3) '성취'와 '성취주도형' 사이에는 어떤 관련이 있는가, 4) '성취주도적 생활유형' 속에 내포된 중독성과 파괴성은 무엇인지 등에 대해 논의한 후, 이러한 문제들은 새로운 시대의 한국 기독교교육의 핵심 과제 설정에 있어 어떤 함축적 의미를 가지는지 살펴보고자 한다.

I. 새 시대 한국사회의 특징으로서의 "성취주도적 생활유형"

1. "성취주도적 생활유형"의 정의

"성취주도적 생활유형"(achievement-dominated lifestyle)이란 용어를 설명하기 위해서는 "성취주도적"이란 단어와 "생활유형"이란 단어에 대해 생각해 볼 필요가 있다. 먼저 "성취주도적"(achievement-dominated)이란 말은 어느 개인이나 공동체가 자신의 가치 유무나 가치 경중의 척도를 절대적으로 "인간적 성취"(human achievement)에 두고, 자신의 가치를 입증하기 위해선 어떻게 해서든지 남보다 많은 "성취"나 "성과"를 올려야만 한다는 강박적, 자기 방어적 심리상태를 뜻한다.

한편 "생활유형"(lifestyle)은 일시적이거나 단편적인 생활 태도를 뜻하는 것이 아니라 지속적이고 총체적인 삶의 방식을 뜻하는 것이다.[1] 따라서 "성취주도적 생활유형"이라는 말은, 한 개인이나 공동체가 자신의 가치를 입증하기 위해 "인간적 성취"에 강박적, 자기 방어적으로 몰두하는 총체적 삶의 방식(modus vivendi) 또는 존재 방식(mode of being)을 의미한다.

이러한 "성취주도적 생활유형"이 한국사회 속에 어떠한 모습으로 나타나고 있는지 살펴보자.

2. 새 시대 한국사회와 '성취주도적 생활유형'

'성취주도적 생활유형'은 20세기엔 존재하지 않다가 21세기에 갑자기 나타나는, 새로운 삶의 유형은 결코 아니다. 그러나 현대 과학주의의 등장과 세속화의 영향으로 급속한 확산 추세에 놓이게 된 생활 방식으로서의 '성취주도적 생활유형'은 한국이 기술 문명 시대를 열어 가게 되면서 그 확산 정도와 범위가 더욱 가속화되고 있다.[2]

"어머! 얘 아직도 기저귀 차요? 우리 애는 벌써 뗐는데.""얘 세 살인데 아직도 말을 잘 못하네요. 우리 애는 두 살 때 못하는 말이 없었어요." 조금 늦다 싶은 아이의 엄마는 염려의 모습이 역력하고, 조금 빠르다 싶은 아이의 엄마는 '2살 신동'을 둔 덕분에 신이 난다. 엄마의 교육열 덕분에 일찌감치 '기저귀 졸업'과 '말하기'를 끝낸 아이는 속셈학원, 웅변학원, 미술학원, 피아노학원, 태권도장을 전전하며 '만능 천재아이'(superkid) 만들기 교육에 일찍 지쳐 버리고 만다.

한국의 대표기업을 자랑하는 회사에선 "사람들은 2등을 기억하지 않습니다. 우리 기업은 일류를 추구합니다."라는 모토와 더 나아가 '초일류'만이 살아남을 수 있음을 강조한다. 패기 있는 젊은이들은 '무한 경쟁'과 '세계 일류'의 대열에 합류하고자 각종 스펙과 자격증 취득에 여념이 없다.

한국교회는 어떠한가? 한국교회는 1970년 이후 정부주도의 고도성장, 도시화, 대형화 정책에 발맞추어 교회의 물량적 성장 패러다임이 주류를 형성해 왔다. 그러나 이러한 물량적 교회 성장도 한계에 부딪쳐서 정체와 감소로 돌아서고 말았다. 한국교회의 물량주의에 대한 비판의 소리와 자정능력의 실패에 대한 비판에도 불구하고 많은 교회들이 여전히 성장패러다임 외에 다른 대안을 설정하지 못하고 있다.

이런 일련의 모습들이 상징하는 바는 무엇일까? 그것은 곧 현재의 한국 가정, 사회, 교회에 의해 신봉되는 패러다임이 "성취주도성"임을 말해 주는 것이다. 이 "성취주도성"은 한국사회 속에 점점 더 편만해 갈 것으로 보인다. 여기에서 한 가지 질문을 해 볼 수 있다. "성취주도적 생활유형이 뭐가 문제란 말인가? 그럼 과거처럼 비효율적 집단주의, 또는 사회주의적 공생체제로 돌아가자는 말인가?" 물론 이런 주장을 편다면 시대착오에 빠지고 말 것이다. 문제 삼고자 하는 논의의 초점은 바로 다음과 같다.

성취는 분명, 모든 인간에게 있는 내재적 경향성이며, 또한 사회에 의해 권장, 보상, 찬양되는 개인적, 공동적 행위이다. 그러나 성취 그 자체에 절대의 목적이나 최상의 가치를 부여할 수는 없다. 성취는 그 자체로서 목적적 가치를 갖기보다는, 보다 근본적이고 절대적인 목표—개인과 공동체의 진정한 행복과 평안, 신학적으로 말하자면 하나님의 선하신 창조 목적의 구현 등—를 이루기 위한 수단적 가치를 갖는다고 볼 수 있다. 성취가 이러한 근본 목적과 방향성의 기초(foundation) 위에 놓이지 않을 때, 성취주도성 또는 성취절대성이라는 왜곡(distortion)에 빠지게 되며 그 마성(魔性)이 나타난다는 것이다.

성취주도적 생활유형이란 곧, 성취 자체를 최상의 가치 또는 절대적 목표로 삼는 생활 방식을 의미한다. 이러한 생활을 지속하다 보면 점차 성취의 이유와 목적마저 잃어버린 채 그저 외적 성취에 집착하게 됨으로써 성취 중독(achievement addiction)에 빠지게 된다. 그 결과, 자기와 자신이 속한 공동체 파괴라는 비극을 초래한다. 앞에서 언급한 대로 21세기에 예상되는 대표적 특성 중 하나가 성취주도적 생활유형이라면, 이러한 생활유형이 야기하게 되는 문제의 심각성을 경시해서는 안 된다.

II. '성취'와 '성취주도적 생활유형'

1. '성취'와 '성취주도적 생활유형'의 구분

성취는 한 개인이나 공동체의 유지 및 발전을 위해서 필수 불가결한 요소이다. 하지만 앞에서 지적한 대로, 성취에 대한 열망과 욕구에만 집착한 나머지, 성취의 목적과 이유, 근본 의미의 기초를 상실하게 될 때, 즉 성취주도적 생활유형으로 전락할 때 오히려 이것은 개인과 공동체의 생명력을 고갈시킬 뿐 아니라 자기 파괴적이고 소모적인 문제들을 야기하게 된다. 이러한 성취의 양면성은 최근의 심리학이나 상담학자들에 의해서도 인정되고 있다.[3]

데이빗 맥클랜드(David McClelland)는 하버드대학교 교수 재직 시, 성취의 양면성을 일련의 연구들을 통해 밝힌 바 있다. 맥클랜드는 사람들에게 성취의 중요성을 인식시킴으로써 삶의 무의미성, 무방향성, 무목적성 등에 빠진 사람들을 치유할 수 있다는 가정(hypothesis)을 가지고 연구를 시작했다. 그는 심지어 사람들로 하여금 성취주도적 성격 (achievement-dominated personality)을 갖게 함으로써 사람들을 우울증, 또는 정신적, 심리적 침체(depression) 상태에서 벗어나도록 할 수 있다고 주장하였다.

그러나 실제로 반복된 임상 실험과 관찰, 통계 조사 등을 통해 그의 이러한 가정(假定)이 철저히 잘못된 것이었음을 깨닫게 되었다. 이후 보다 심도 있는 연구를 통해, 맥클랜드는 자신의 초기 가정에 완전히 반대되는 연구결과를 내놓게 되었다. 즉, 성취주도적 성격은 일중독(workaholism), 알코올 중독, 가정파괴 등의 심각한 위기 상황을 초래할 가능성이 일반 사람들보다 훨씬 높다고 경고하였던 것이다.[4]

그런데 맥클랜드는 단순히 사회 심리학적 연구 방법(social psychological approach)에만 의존해서 성취주도적 성격을 연구한 데 비해, 제임스 로더(James Loder)는 이러한 연구 결과들을 토대로 해서 신학적, 교육학적, 인성학적(人性學的), 분석심리적 해석과 비교연구를 통해 보다 깊이 있고 통찰력 있는 결론들을 이끌어 낸다. 이러한 주제에 대한 로더의 통찰들을 살펴보도록 하자.

2. 성취적 가치(후천적 가치, achieved worth)와 존재적 가치(본래적 가치, ascribed worth)

인간이 가진 특성을 인성학적, 분석심리적으로 고찰해 볼 때, 인간은 처음부터 두 가지 상반된 경향성을 가지고 태어난다는 것이다. 그것은 곧, 성취적 가치(achieved worth)의 추구와 존재적 가치(ascribed worth)의 추구이다.[5] 성취적 가치란 어떤 사람의 행동이나 활동(doing)에 의해 부여되는 후천적 가치를 의미하는 데 비해, 존재적 가치는 그 사람의 행위나 활동 이전에, 그 사람의 존재(being), 그 사람의 생명 자체에 의해 부여되는 본래적 가치를 의미한다.

1) 성취적 가치

먼저, 성취적 가치를 추구하는 인간의 성향에 대해 살펴보자. 인간은 누구나 성취본능을 가지고 태어난다. 성취본능은 곧 소기의 목적을 이루고자 하는 "목적-수단적 본능"(ends-means instincts)이다. 의식적 자아(ego)가 형성되기 이전, 즉 갓난아기에게서도 이러한 "목적-수단적 본능"을 엿볼 수 있다. 예를 들면, 아기가 손에 들어오는 물체는 무엇이든 쥐고 놓지 않는 본능, 또는 어머니의 젖을 찾아내서 빠는 본능들은 이후 성장과정을 통해 드러나게 될 성취본능의 잠재적 모습이다.

2) 존재적 가치

모든 작은 동물들—아기뿐 아니라 강아지, 새끼 고양이 등의 작은 동물들—이 사랑스럽고 귀여울 수밖에 없는 것은, 그들이 우리 마음속에 내재된 존재적 가치를 자극시켜서 그들의 존재를 있는 그대로 받아들이도록 해 주기 때문이다. 우리 인간에게 있어서 이 존재적 가치는 있어도 되고 없어도 되는 임의적인 것이 아니라 우리의 생존을 위해 필수 불가결한 본질적 가치임을 다음과 같은 실험에서 엿볼 수 있다.[6]

옛날에 과학적 호기심이 많았던 한 왕이 있었다. 그는 후천적 교육에 의해 전수되지 않은 인간의 생래적(生來的) 언어가 있으리라 생각되어, 갓 태어난 아기들을 대상으로 실험을 하도록 명령을 내렸다. 갓 태어난 아기들이 따로 수용되었고 그들은 최선의 돌봄과 양육을 받게 되었다. 그러나 이 최선의 돌봄은 아이들의 모든 생물학적, 생리적인 필요들은 최선으로 채워 주되, 아이들에게 말을 건네거나 안아 주는 것, 함께 놀아 주는 것은 절대 금한다는 규칙하에서 이루어졌다. 왕은 이런 조건에서 일정 기간을 지나다 보면, 아이들 스스로 발달시키게 되는 인간의 생래적 언어가 나오지 않을까 기대하였다.

그 결과는 어떠했을까? 아이들에게서 생래적 언어가 나오긴 고사하고, 시간이 지남에 따라 하나씩, 둘씩 결국 아이들 모두가 죽어 버리고 말았다. 아이들의 모든 생물학적, 생리적 필요조건들을 최상으로 채워 주었음에도 불구하고 왜 다 죽고 만 것일까? 아이들은 사랑의 대화, 말 걸어 주기, 따뜻한 손길과 포옹의 결핍 때문에 죽고 말았다. 생물학적, 생리적 충족은 아이들의 생존에 필요조건(necessary condition)은 될 수 있을지라도, 충분조건(sufficient condition)은 될 수 없었던 것이다.[7] 이것은 마치 인간의 삶에 있어서, 성취적 가치가 필요조건은 될 수 있을지 몰라도, 충분조건은 될 수 없는 것과 같은 원리이다. 존재적 가치가 먼저 인정되어야 한다. 존재적 가치의 토대 없이 성취적 가치만을 요구하다 보면, 성취는 본래의 목적과 의미를 잃게 된다. 본래의 목적과 의미를 잃은 성취는, 개인과 공동체의 생명을 위협하기 시작한다.

[표 1] 성취적 가치 vs. 존재적 가치의 비교[8]

관련요소들 / 가치	성취적 가치 (achieved worth)	존재적 가치 (ascribed worth)
주요 관심	행위(Doing)	존재(Being)
행위 주체	독자성(자아 또는 확대된 자아)	관계성(상호관계적 자기)
관점	사회학적 관점 (sociological perspective)	실존적 & 영적 관점 (existential & spiritual perspective)

평가기준	외적 결과(outer result)	내적 동기(inner motive)
최종적 가치	실현 & 성취 (accomplishment & achievement)	의미 & 목적 (meaning & purpose)

3) 성취 교육과 '반동형성'(reaction-formation)

아이는 태어나면서부터 성취적 가치와 존재적 가치의 욕구(need)를 함께 가지고 태어난다. 건강하고 풍요로운 삶을 위해서는 이 두 가지 욕구가 함께 채워져야 한다. 그러나 불행하게도 사회는 아이의 존재적 가치를 향한 욕구는 무시한 채, 성취적 가치만을 강조하고 요구한다.[9]

서로의 존재적 가치를 가장 많이 인정해 주는 가정에서조차 성취적 가치에 대한 강조는 거듭 강조된다. 예를 들면, 아이의 걸음마, 말하기, 대소변 가리기 등 미래의 생활에 필요한 기능들을 습득할 때마다 부모님의 칭찬, 박수, 보상이 풍성하게 주어진다. 시간이 지남에 따라, 아낌없이 표현되던 아이의 존재적 가치에 대한 인정과 무조건적 사랑은 여러 이유로 인해 다분히 절제되거나 무시된다. 아이 편에서 볼 때, 부모님의 무조건적 사랑이 조건적 사랑(conditional love)으로 바뀌어 버린 것처럼 여겨지는 경우가 점점 늘어난다.[10]

점차 아이가 사회적 기대에 잘 적응하는 아이가 되도록 교육시키기 위해서는, 이런 일련의 성취를 위한 교육이 필요한 것은 분명하다. 하지만 문제가 되는 것은 아이들의 심리 내면에 일어나는 충격과 상처에 대해 부모가 얼마나 알고 있느냐 하는 것이다. 아이는 이런 일련의 성취 교육을 받는 동안, 부모님은 자신의 존재 자체보다는, 자기가 이루는 성취에만 더 관심이 있다고 느끼게 된다.

이러한 인식과 함께, 아이의 내면에는, 일종의 '반동형성'(reaction-formation)이 나타난다. '반동형성'은 무의식적인 자아방어기제(ego-defense mechanism)로서 심리학의 '신포도'(sour grape) 현상과 같은 것이다. 즉, 자기가 실제 원하는 것은 A이지만, A를 가질 수 없을 것 같아 보일 때, 자신은 더 이상 A가 필요하지 않다고 체념하거나 부정함으로써 손상된 자아를 보호하려는 노력이다.

아이가 부모님으로부터 정말 원했던 것은 부모님이 자신의 존재 자체를 그대로 인정해 주고 기뻐해 주는 것이었다. 하지만 성취 훈련의 과정 속에서 아이는, 부모님의 인정과 사랑을 받을 수 있는 길은 성취 외에는 없다고 느끼게 된다. 아이는 자기가 정말 원했던, 부모님의 무조건적 사랑을 받을 수 없다고 느끼면서 일종의 심리적 상처를 입는 것이다. 이러한 상처로부터 자신을 보호하기 위해 아이는 의식적, 무의식적으로 "반동형성"을 하게 되는 것이다.[11] 이러한 반동형성의 결과, 자기는 존재적 가치에 대한 인정과 사랑은 더 이상 필요하지 않다는 마음이 내면에 자리 잡는다. 즉, 있는 모습 그대로 수용되는 '존재 중심적 삶'보다는, 뭔가 만들어 내고 성취해서 인정받는 '성취 중심적 삶'을 택하게 된다는 것이다.

이처럼 성취 중심적 삶을 살아가는 사람은 예수 그리스도의 대속적 구원, 희생적 사랑, 전가된 의를 받아들이는 것이 좀처럼 쉽지 않음을 경험한다. '성취적 가치'라는 자아 방어기제가 강화되면 강화될수록, 그 사람은 하나님의 무조건적 사랑과 값없는 은혜를 받아들이기 힘들어 하는 사람이 된다는 것이다. 그 결과, 자신과 자신이 속한 공동체를 왜곡시키고 파괴시키는 삶을 택하게 된다.

4) 성취주도적 생활유형의 중독성과 파괴성

성취주도적 생활유형은 곧 성취 자체를 최상의 가치 또는 절대적 목표로 삼는 생활방식을 가리킨다. 이러한 생활유형이 갖는 최대의 문제는 '성취적 가치'와 '존재적 가치', 이 두 가치가 갖는 역설적(paradoxical), 역동적(dynamic) 균형을 상실한다는 데 있다. 이러한 균형을 놓쳐 버릴 때 성취는 이제 더 이상 창조적이거나 건설적이기보다는 중독적, 파괴적 마력(魔力)을 가지게 된다.

이러한 성취주도적 생활유형이 가진 중독성과 파괴성을 묘사해 주는 사례들이 로더의 저서 중 하나인 『삶이 변형되는 순간』(The Transforming Moment)에 잘 나타나 있다. 그중에 두 가지 사례만 소개해 보기로 하자.[12]

먼저, 행복한 가정을 만들기 위해 무엇보다 경제적 안정이 중요하다는 생각에서, 아침부터 밤 늦게까지 일에만 몰두한 채, 가족과의 만남과 대화가 결여되었던 한 가장의 사례를 살펴보자. 그는 성취를 향한 끝없는 추구로 말미암아 심신이 탈진하게 되고, 급기야는 알코올 중독과 가정폭력(domestic violence)이라는 파괴성을 보이게 된다. 자기가 성취에 몰두하는 이유는 곧 가족의 행복을 위한 것이라고 합리화를 꾀하지만, 실상 그의 가족은 그가 몰두하는 성취 때문에 파괴되고 불행해지는 아이러니가 그의 삶에 나타나고 있는 것이다.

또한 35세라는 젊은 나이에 뉴욕은행의 은행장이 된 마이클(Michael)이란 감독교회 교인의 경우를 살펴보자. 그는 다른 사람들이 보기에 아주 유능하고 뛰어난 인재요, 젊은 나이에 이미 성공을 거두었기에 부러움을 한 몸에 살 만한 사람이었다. 그러나 그의 나이가 45세도 채 안 되었을 때 그는 출세와 성공이 그에겐 더 이상 아무런 의미가 없다는 회의와 허무주의에 빠지고 만다.[13] 지금까지 그의 인생은 오로지 성취만을 향해 앞만 보고 달려온 인생이었다. 그 결과 그의 내면세계는 황폐해져 버렸고 그의 결혼생활마저 파탄의 위기에 놓이게 된다. 이런 상황 속에서 그가 생각해 낼 수 있는 유일한 탈출구는, "내 명성에 오점을 남기기 전에 차라리 죽어 버리고 싶다"(I want to die before I ruin my reputation)는 현실 도피로서의 자살밖에 없었다. 마이클의 이러한 모습은 성취주도적 생활유형 속에 들어 있는 자기 파괴성을 보여 주는 것이다.

Ⅲ. 21세기 한국 기독교교육의 핵심과제

1. 한국교회의 자기 성찰

지금까지 성취주도적 생활유형이 얼마나 자기파괴적이고 자기중독적인 독소를 그 속에 지니고 있는지 살펴보았다. 전술한 대로, 현금의 한국사회는 성취주도적, 성취중독적 삶을 권장하는 모습이 도처에 나타나고 있다. 이에 대한 신학적, 기독교교육학적 대응방안이 요청되는 실정이다. 교회는 개인과 사회의 병든 모습을 치유하고 해결하도록 도와줄 사회적 책무를 지니고 있다. 하지만 한국교회는 사회변화의 촉매제로서의 사명을 감당하기 전에, 먼저 자신의 모습을 스스로 돌아볼 것을 성서는 촉구한다:"먼저 네 눈 속에서 들보를 빼어라 그 후에야 밝히 보고 형제의 눈속에서 티를 빼리라"(마 7:5).

오늘 우리 한국교회의 모습은 어떠한가? 한국교회는 성취주도적 삶의 경향성을 복음의 진리 속에서 극복해 가고 있는가? 오늘의 한국교회는 다른 어떤 단체보다도 자체 성장과 성취에 집착해 있는 것은 아닌가? 하나님의 은혜마저(존재적 가치)도 산술적 숫자와 통계, 물량적 성장(성취적 가치)과 동일시하는 오류를 범하는 것은 아닌가? 교회의 직분—교역자든 평신도든—역시, 섬기고 봉사하기 위한 직분보다는 종교분야에 있어서 또 하나의 성취의 지표(指標)가 되어 버린 것은 아닌가? 이러한 일련의 질문들 앞에서 솔직하고 겸허하게 자신을 돌이켜 보아야 할 것이다. 교회가 사회변화의 주역으로서의 사명을 감당하고자 한다면, "맹인이 맹인을 인도하면 둘이 다 구덩이에 빠지리라"(마 15:14)는 경고의 음성을 들을 수 있어야 한다.

2. '성취적 가치'와 '존재적 가치'에 대한 신학적 성찰

'성취적 가치'와 '존재적 가치'의 문제는 개신교 신학의 핵심에 닿아 있는 문제라 생각된다. 신학적 관점에서 볼 때, 성취적 가치는 인간의 행위를 중심으로 한 '행위적 가치'라면, '존재적 가치'는 행위 이전에 인간의 "인간됨"(what it means to be human), 즉 인간의 존재적 근원 되시는 하나님의 '은혜적 가치'라 할 수 있기 때문이다. 우리를 구원에 이르게 하는 신앙의 사건은 하나님의 자기계시적 '은혜의 선취'(divine initiative)에 대한 인간의 '응답과 참여'(human response & participation)에 의해 가능해지는 것임을 생각할 때, 비로소 '성취적 가치'와 '존재적 가치'가 상호 어떤 관계에 놓여야 할 것인가를 깨닫게 된다.

'이신칭의'(以信稱義)는 개혁전통(Reformed tradition) 위에 서 있는 교회의 중심된 신앙고백이다. 의롭다 칭함이 '행위'에 의한 것이 아니고 '믿음'에 의한 것임을 분명히 해야 한다. 다시 말하자면, 우리가 의롭다 함을 얻는 것은 '은혜'로 말미암아 '믿음'을 통하여 가능하다는 것이다. 이것을 개혁자들은 "Justification by Grace through Faith"라는 말로 표현했던 것이다. 하나님의 은혜와 사랑이 먼저 우리에게 나타날 때, 우리는 믿음으로 응답하게 되고, 그 선취적 은혜와 사랑에 보답하는 삶을 살기 위해 최선의 노력을 다하며 살아가는 것이 곧 기독교인의 신앙과 삶이라는 것이다.

이러한 기독교적 진리를 본 장의 '가치'라는 주제에 다음과 같이 적용할 수 있다. 하나님의 은혜로 말미암아 우리의 '존재적 가치'가 회복될 때, 우리가 왜 성취해야 하는가에 대한 '성취적 가치'의 진정한 목적과 이유, 그리고 성취의 참된 의미를 깨닫게 된다는 것이다. 결국, '성취적 가치'와 '존재적 가치'는 양자택일의 문제가 아니다. 이 두 가치는 상호 역동적으로 함께 통합시키되, 바르트가 말한 "논리적 우선성"(logical priority)[14] 또는 과학 철학자 폴라니(Michael Polanyi)가 말한 "한계적 조율"(marginal control)[15]이 '존재적 가치'에 놓이게 될 때, 성취 지향성이 가져오게 되는 무목적성과 무의미성, 또한 그로부터 야기되는 성취중독성과 파괴성으로부터 벗어날 수 있다는 것이다.

그러면 우리의 '존재적 가치'는 어디에서 찾을 수 있는 것일까? 우리의 성취와 관계없이, 우리가 누구이든, 우리가 무엇을 하든 상관없이 우리를 한결같은 사랑으로 받아 줄 수 있는 분이 창조주 하나님 외에 어디 있으랴. 부모님마저도 자신의 한계, 그리고 자녀의 사회화에 필요한 성취교육 수행으로 인해 무조건적 사랑과 용납이 불가능하다면, 하나님 외에 어떤 사람, 어떤 방법도 우리에게 절대적으로 필요한 '존재적 가치', '본래적 가치'에의 욕구를 채워 줄 수는 없는 것이다. 바로 여기에 기독교교육의 절대적 중요성이 있는 것이다.

3. 새 시대 기독교교육의 핵심과제 및 과제 수행을 위한 방향 제시

지금까지 이끌어 온 논지를 통해 부각된, 새 시대를 향한 한국 기독교교육의 핵심과제는 무엇일까? 이미 여러 번 앞에서 암시된 바와 같이, 한국교회와 사회가 빠져들고 있는 성취주도적 생활유형의 중독성과 파괴성으로 부터 벗어날 수 있도록 한국교회와 사회에 대하여 도전과 자극, 격려와 훈련의 기회를 어떻게 효율적으로 제공하느냐 하는 것이 21세기를 맞는 기독교교육의 핵심과제라 할 수 있다. 이러한 핵심과제를 수행하고자 하는 노력에 있어서, 위에서 제시한 한국교회의 비판적 자기성찰, 그리고 '성취적 가치' 대 '존재적 가치'에 대한 신학적 성찰 등은 방향을 설정하는 이론적 틀을 제시해 준다.

먼저, 한국교회의 비판적 자기성찰이 과제수행의 방향설정에 어떠한 실마리를 제공해 주는지 살펴보자. 바르트의 영향을 받아 20세기 중엽에 본격적으로 맹위를 떨치게 된 '기독교교육 학파운동'(Christian education movement) 학자들의 주장대로 교회는 기독교교육을 담당하는 가장 중요한 주체(主體, agency)인 동시에 또한 장(場, context)이기도 하다. 이처럼 기독교교육에 절대적 중요성을 차지하는 교회는, 삶의 모습(modus vivendi) 그 자체가 하나의 총체적 형태(gestalt)로서 "암시적 교육과정"(implicit curriculum)을 제공한다. 엘리엇 아이즈너(Elliot Eisner)의 주장처럼, 삶의 모습 전반에서 드러나는 "암시적 교육과정"은 겉으로 드러난 "명시적 교육과정"(explicit curriculum)보다 더 큰 설득력과 영향력을 발휘한다. 왜냐하면 아이들은 단순히 귀로 듣는 것보다(theory) 직접 눈으로 봄으로써(practice), 자기가 속한 공동체가 정말 중요시하는 것이 무엇인지 발견하기 때문이다. 따라서 기독교교육과 교회의 총체적 삶은 단순한 기능적 연결이 아닌 존재론적 표현으로 이어져야 한다.

한편, '성취적 가치' 대 '존재적 가치'에 대한 신학적 통찰 역시 21세기 한국 기독교교육의 과제 수행을 위한 방향설정의 이론적 근거가 된다. 세계화가 급속히 진행되고 있는 현 상황에서 세계는 점점 무한경쟁의 무대가 되어 가고 있다. 이런 치열한 생존경쟁의 현장에서 '정신과 가치', '존재와 비존재', '영혼과 영원' 같은 종교적 주제들은 매력 없는 것으로 여겨지거나 비생산적인 것으로 여겨지기 십상이다.[16]

지금까지 성취주도적 생활유형이라는 주제를 중심으로 21세기 한국사회와 교회에 대한 전망과 그에 따라 제기되는 기독교교육의 핵심과제에 대해 살펴보았다. 본 장의 초점은, 한국사회와 교회에 확산되어 가는 성취주도적 생활유형의 문제점에 대한 심리적, 신학적, 교육학적 분석과 진단, 그리고 이 문제 해결을 위한 기독교교육적 노력의 원리적 방향 설정에 맞추어졌다. 이러한 원리적 방향 설정 후에 따라야 할 것은 "이런 기본 방향 위에서, 구체적으로 어떤 대안, 어떤 실험적 모델을 문제해결의 열쇠로 제시 하겠는가?" 하는 보다 실천적이고 응용적인 적용이 될 것이다. 이 장에서는 소개하지 못하지만 이 책의 결말부에서 제시될 코이노니아 교육론(Koinonia Educational Model)은 이 장에서 제시한 문제들을 해결할 수 있는 대안으로 활용될 수 있다.[17]

**Holistic Christian
Education for the
Postmodern Era**

제2장
포스트모던 시대의 기독교교육

우리는 21세기에 발을 내디뎠고 벌써 두 번째 십년기(second decade) 중반을 지나고 있다. 이 시점에서 말할 수 있는 것은, 21세기는 우리에게 아직 미지의 세계요 불확실성의 시대라는 것이다. 현재 인류가 경험하는 변화의 속도가 너무나도 빠른 것이기에 미래에 대한 예측은커녕 현재에의 적응조차 어려울 만큼 세상은 급변하고 있다.[18] 20세기에 이어 21세기에 들어와 그 모습을 드러내는 포스터모더니즘, 즉 포스트모더니즘의 특징에 대해 살펴보는 것은 필요한 첫걸음이 될 것이다. 점차 확산되어 가는 사조로서의 포스트모더니즘에 대해 기독교교육은 어떻게 대응해야 할 것인가 하는 문제를 기독교교육의 대표적 네 장, 즉 가정, 교회, 학교, 사회를 중심으로 살펴봄으로써 21세기 포스트모던 시대가 요청하는 기독교교육에 대한 큰 그림을 조망해 보도록 하자.

Ⅰ. 포스트모던 시대의 특징

포스트모더니즘(postmodernism)이라는 용어는 접두어 '포스트'(post)와 '모더니즘'(modernism)이라는 의미소가 결합된 것으로서, 포스트모더니즘의 올바른 이해를 위해서는 모더니즘에 대한 이해가 선행되어야 한다.

1. 모더니즘(modernism)의 정의

'모던'(modern)은 라틴어 '모데르누스'(modernus)의 영어표기로서 그 사전적 의미는 "현재의", "고대의 것이 아닌"이라는 의미의 형용사이다.[19] '모데르누스'의 용례는 이미 5세기 말 로마 문헌에 나타나는데, 이 단어는 기독교 공인 이후의 로마와 공인 이전의 로마를 구분하기 위해 사용된다. 이후에도 '모던'이라는 용어가 다양한 시대에 걸쳐 나타되고 있음을 볼 때, '모던'이라는 용어는 한 시대가 이전 시대와 자신을 구별할 때 붙이는 일종의 역사적 술어라 할 수 있다.[20] 그러나 여기에서 특기할 만한 것은, '모던'이라는 개념이 전 시대와의 '분리'보다는 '구별'의 의미를 갖는다는 사실이다. 즉, 모던적 '새로움'(novelty)이란 고전(classic)과의 유기적 관련 속에서의 새로움이지, 절대적 단절과 고립을 뜻하는 것은 아니다.[21]

그런데 이처럼 고대 이래로 유지되던 과거와 현재와의 긴밀한 유대는 소위 '근대시대'의 탄생을 알리는 3대 혁명을 통해 급속히 약화된다. 종교

개혁, 산업혁명, 프랑스 혁명을 거치는 동안 대체적 윤곽을 갖추게 된 계몽주의는 이전까지의 모든 시대와 자신을 분리시키는 혁명적 특성을 그 속에 내포한다.[22] 이러한 혁명적 특성은 곧 과거의 전통 속에 들어 있는 억압적 요소를 철저히 거부함으로써 과거로부터의 완전한 극복을 지향하는 것이다.

결국 '모더니즘'(modernism)은 16세기 이후에 전개되는 '모던'적 사상, 가치관, 세계관에 근거하여 전통적 권위, 도덕, 방법론 등 기성체계를 비판, 극복함으로써 자유와 평등에 기초한 시민사회 건설을 꾀하고자 하는 사상 및 문예사조를 지칭하는 말이라 하겠다.[23]

2. 포스트모더니즘(postmodernism)의 정의

18, 19세기를 휩쓴 모더니즘 물결이 20세기에 다다르면서, 모더니즘 내부에는 새로운 변화가 생겨나게 된다. 이러한 사상적 변화를 '포스트모더니즘'이라 부르는데, 16세기 이후 3, 4세기를 지배해 왔던 근대주의 세계관이 가진 한계와 모순을 비판적으로 극복하고자 하는 사상 및 문예 사조를 가리키는 말이다.

어떤 이들은 포스트모더니즘의 철학적 시원을 19세기 후반까지 소급하지만, 실상 '포스트모더니즘'이라는 용어는 1930년대에 들어와서야 문학을 통해 등장하게 된다.[24] 이후 1970년대 중반에 접어들면서, 포스트모더니즘은 건축, 그림, 춤, 영화, 음악 등 거의 모든 장르에 걸쳐 사용되기 시작한다. 마침내, 1981년 10월 프랑스 일간지 '르몽드'(Le Monde)는 "포스트모더니즘이라는 유령이 지금 유럽에 출몰하고 있다"고 기록할 만큼 20세기 후반을 사는 현대인의 삶 속에 포스트모더니즘은 깊숙이 자리 잡게 된다.[25]

하지만 막상 포스트모더니즘을 구체적으로 규명하고자 하면 이 일이 결코 쉽지 않음을 깨닫게 된다. 우선 포스트모더니즘이 무엇인지 일치된 견해가 없으며, 각자 자기 입장, 전공분야에 따라 다양한 의미로 사용된다는 데에 포스트모더니즘 논의의 어려움이 있다.[26] 그러나 '포스트모더니즘' 논의에 있어서 한 가지 분명한 사실은, 포스트모더니즘이 반드시 모더니즘과의 관련 속에서 정의되어야 한다는 사실이다. 결국 '모더니즘' 앞에 붙은 접두어 '포스트'가 어떤 의미를 담지하느냐에 따라 포스트모더니즘에 관한 정의가 달라지는데, 접두어 '포스트'를 중심으로 포스트모더니즘을 다음과 같이 세 가지 유형으로 나누어 분류해 볼 수 있다.

3. 포스트모더니즘의 세 유형

1) 긍정적 포스트모더니즘

첫 번째 유형은 접두어 '포스트'를 단순히 '후기'의 의미로만 해석하는 입장이다.[27] 이런 입장을 취하는 사람들은 포스트모더니즘을 단순히 모더니즘의 후기적 현상으로 해석한다. 이들은 모더니즘에 대해 기본적으로 긍정적 태도를 견지한다는 의미에서 이들을 '긍정적 포스트모더니스트'(positive postmodernist)라고도 부를 수 있다.[28] 이들은 근대사회의 일탈과 역기능의 원인을 계몽이성 자체의 결함보다는 주로 계몽이성의 부적절한 적용에서 찾고자 한다. 이러한 예는 하버마스(Jürgen Habermas), 맥헤일(Brian McHale), 피더스톤(Mike Featherstone) 등에게서 발견된다.[29]

이들은 근대성 안에서 근대성 자체를 비판함으로써 근대성의 말기적 모습을 분석하려 한다는 점에서 나름대로의 가치를 인정할 만하지만, 이런 방식은 근대성의 근본적 문제를 지적하기에는 미흡할 수밖에 없는 한계가 있다. 따라서 이런 입장을 취하는 사람들은 흔히 개량주의라는 비판을 들을 만큼, 근본적인 문제의 핵심보다 현상적 문제의 해결에 몰두하는 경향성을 가지고 있다.

2) 부정적 포스트모더니즘

두 번째 유형은 '포스트'를 질적 차이와 단절을 가리키는 접두어로 보는 입장이다. 이 사람들은 포스트모더니즘이 모더니즘과의 근본적 단절이요, 전적 탈피라고 주장한다.[30] 이들은 모더니즘 자체를 부정적으로 보기 때문에, 이들을 가리켜 '부정적 포스트모더니스트'(negative postmodernist)라고도 부를 수 있다. 이들은, 긍정적 포스트모더니스트들의 노력에 대해, 이미 파선된 모더니즘을 다시 살려 보겠다는 것 자체가 일종의 위장된 모더니즘이라고 비판한다.[31]

이들은 근대사회가 이성과 과학의 힘으로 주위 모든 것들을 통제, 억압, 지배, 착취함으로써 스스로 위기를 초래하고 있다고 지적한다. 즉, 20세기 인류사회를 위협하는 모든 부정적 요소들은 계몽주의 이성 자체가 가진 근본적인 결함 때문이라는 주장이다. 하산(Ihab Hassan), 제임슨(Fredric Jameson), 칼리네스큐(M. Calinescu), 버진(V. Burgin) 등 많은 포스트모던 사상가들이 기본적으로 이러한 입장을 취하고 있다.[32]

3) 창조적 포스트모더니즘

세 번째 유형은 포스트모더니즘과 모더니즘의 관계가 연속과 단절이라는 단순 이분법적 구도로 나누는 것을 기본적으로 거부하며, 이 둘 사이에는 연속성과 불연속성이 공존한다는 단속적 입장을 취한다. 전술한 대로 포스트모더니즘은 모더니즘을 떠나서는 논의할 수 없는 개념임에는 틀림없다. 그러나 그렇다고 해서 포스트모더니즘을 단순히 모더니즘의 극단적 심화와 확장으로 본다면, 그것은 포스트모더니즘이기보다는 일종의 '극단적 모더니즘'(ultramodernism)이 되어 버리고 만다. 한편, 포스트모더니즘을 모더니즘과의 근본적 단절, 전적 탈피로만 몰고 가는 것 역시, 포스트모더니즘이기보다는 일종의 '반모더니즘'(antimodernism)이 되어 버릴 가능성이 많다.[33]

이처럼 포스트모더니즘 논의를 어느 한쪽의 극단으로 몰고 가지 않으면서, 양 극단 사이의 긴장을 창조적으로 수용하고자 하는 노력이야말로 진정한 의미의 포스트모더니즘이라 할 수 있다. 이처럼 모더니즘의 순기능은 살리고 역기능은 창조적으로 극복하려는 건설적 비판, 비판적 건설의 자세를 가리켜 '창조적 포스트모더니즘'(creative postmodernism)이라 부른다.[34]

'창조적 포스트모더니즘'은 모더니즘에 대한 무조건적 긍정이나 부정이라는 도식을 뛰어넘어, 이 시대가 안고 있는 문제들을 창조적으로 해결하기 위해 모던적 요소들을 비판적으로 수용, 극복, 재창조해 나가려는 진지한 노력을 경주한다. 이러한 입장은 긍정적 포스트모더니즘과 부정적 포스트모더니즘을 창조적, 역동적으로 통합, 수용해 내는 장점이 있다. 이러한 입장에서 모더니즘과 포스트모더니즘 사이에 존재하는 '언어학적 근사성'과 '사상적 불일치'를 함께 수용하는 포스트모던 사상가로서 료타르(Jean-Francois Lyotard), 후이센(A. Huyssen), 뉴만(M. Newman), 바티모(G. Vattimo) 등을 들 수 있다.[35]

Ⅱ. 포스트모더니즘의 공헌 가능성

　계몽주의 이후 근대화 작업은 '객관적 과학', '보편적 도덕률', '자율적 예술'이라는 슬로건을 내걸고 진행되었으며, 이러한 모던 프로젝트를 통해 인류문명은 급속히 발전하게 된다. 예를 들어, 자연에 대한 과학적 지배는 자원의 희소성과 결핍, 변덕스러운 자연재해에 대한 효율적 통제를 가능케 함으로써 물질문명의 비약적 발전을 이룩하였다.[36] 이러한 모더니티의 낙관적 진보에 심취한 콩도르세(Condorcet)는 "예술과 과학이 자연의 힘에 대한 통제력뿐 아니라 세계와 자아의 이해, 도덕적 진보, 제도의 정의(正義), 심지어 인류의 행복"까지도 보장해 주리라는 기대 속에서 근대성의 무한한 발전과 가능성을 예언하였다.[37]

　하지만 20세기에 들어와 콩도르세의 낙관주의는 산산이 부서지고 말았다. 지금까지의 근대적 발전을 통해 쌓아 올린 것 이상의 엄청난 파괴를 가져다준 1, 2차 세계 대전, 히로시마, 나가사키를 통해 드러난 과학의 가공할 파괴력, 인종, 국가, 성, 계급 간에 발생하는 과격한 투쟁과 끝없는 테러, 환경오염과 생태계 파괴 등의 총체적 위기 앞에서 근대적 낙관주의는 뿌리부터 흔들리게 되었다. 결국 그동안 표방해 온 근대화 작업이 '보편적 인간해방'이라는 명분 아래 오히려 '보편적 압제체계'를 구축해 온 것은 아닌가 하는 의구심을 자아내게 되었다.[38]

　근대사회의 문제를 극복하고 전적으로 새로운 인식 틀을 제시하지 못하면, 진보는커녕 인류의 생존마저 위태로워진다는 위기의식 속에 탄생한 것이 바로 위에서 세 번째로 언급한 창조적 포스트모더니즘인 것이다. 따라서 창조적 포스트모더니즘의 공헌은, 모더니즘의 왜곡된 세계관의 부당함을 드러냄으로써 근대화 작업 속에 숨어 있는 억압, 지배, 착취의 고리를 끊어내는 데 있다. 이러한 작업을 위해 포스트모더니스트들은 모더니즘의 양대 기둥, 즉 기계적 세계관과 과학 절대주의의 문제점을 지적하는 동시에, 그 대안으로서 관계적 세계관과 다원주의를 제시하고 있다.

1. 관계적 세계관

근대철학의 효시로 평가되는 데카르트 이래, 사유의 주체는 객체와 분리되고, 관찰자(인간)는 관찰대상(피조세계)과 분리되는 이분법적 사고가 근대적 사고를 지배하게 된다. 그 결과, 세계는 마치 하나의 자동기계처럼 인식되었고, 관찰자의 주관성은 완전히 배제된 채 관찰대상의 작동원리만을 객관적으로 기술하는 것이 곧 진리인 양 생각되었다. 이러한 이분법적, 기계적 이성은 인간의 정서(情)와 의지적 요소(意)를 경시함으로써, 과학 발전은 곧 인간소외와 비인간화를 초래하게 되었다.

이러한 이분법적, 기계적 세계관 위에서 추구되는 과학, 도덕, 예술은 상대적으로 분절화(disintegration)와 파편화(fragmentation)될 수밖에 없었다. 종교 절대주의적 전근대시대에는 과학, 도덕, 예술이 종교 아래 예속됨으로써 파편화는 방지된 반면, 학문적 분화(differentiation)가 이루어지지 않았다. 한편, 과학 절대주의적 근대시대에는 과학, 도덕, 예술 등 각 분야의 학문적 분화는 성취했으나, 다양한 학문을 통한 진리추구라는 통전성을 이루지 못한 채 분절화되어 버리고 말았다. 즉 과학은 지식을, 도덕은 의지적 결단을, 예술은 정서적 아름다움을 각기 추구하는 것으로 분절됨으로써 지, 정, 의를 포괄하는 진리의 통전성을 잃어버리게 되었다.[39]

그러나 근대시대의 기계적 세계관은 20세기에 접어들면서 심각한 도전에 봉착하게 된다. 아인슈타인(Albert Einstein)의 상대성이론, 보어(Niels

Bohr)의 양자물리학(quantum physics), 하이젠베르크(Werner Heisenberg)의 불확정성원리 등이 인과론적 세계관과 기계론적 세계관의 편협함과 오류를 밝히는 데 중대한 공헌을 하게 된 것이다. 이러한 일련의 포스트모던 과학이론의 등장으로 말미암아, 그동안 진리처럼 숭배되어 오던 기계적 세계관의 존립근거가 완전히 무너져 내리게 되었다. 즉, 지금까지 자율적 원리에 의해 운행되는 결정론적 기계처럼 생각되었던 세계가, 결정적이기보다는 비결정적이요, 기계적이기보다는 유기적이요, 폐쇄적이기보다는 변화를 향해 열려 있음이 밝혀지게 된 것이다.[40]

결국 기계적 세계관 대신 포스트모더니스트들은 관계적, 인격적 세계관을 받아들이게 되었다. 관계적, 인격적 세계관 속에서는 사유의 주체와 객체가 상호 분리되는 것이 아니라 상호 유기적으로 연결됨을 깨닫게 된다.[41] 포스트모던 과학철학자 중 관계적 세계관 정립에 공헌을 한 사람 중에 마이클 폴라니(Michael Polanyi)가 있다. 그에 의하면, 관찰자와 관찰대상은 서로에게 참여함으로써 서로에게 숨겨져 있던 진리가 드러나게 됨을 밝히게 되었다.[42] 이것은 데카르트의 이분법적 사고를 극복하고 탐구자와 탐구대상, 연구주체와 객체가 상호 유기적, 간주체적으로 연결되어 있음을 드러내 주는 것이다.

2. 창조적 다원주의[43]

로버트 벨라(Robert Bellah)의 지적대로, 과학은 근대시대 전반에 걸쳐 사회의 상위언어(metalanguage)를 차지함으로써 다른 모든 종교언어, 문화언어들도 자신의 진리주장을 과학언어를 통해 증명해야만 그 정당성을 인정받게 되었다.[44] 결국 종교언어가 전근대시대에 차지했던 왕좌를 근대시대에 들어와 과학이 대체함으로써, 전제적 종교와 전제적 과학은 단순히 자리바꿈만 하는 결과를 낳게 되었다.[45] 따라서, 근대시대로의 시대적 전환은 이루었지만 전근대적 억압, 지배, 착취가 종식된 것이 아니고, 단지 억압, 지배, 착취의 방식전환만을 이룬 것이라 하겠다.[46]

결국, 근대시대는 종교적, 전통적 억압으로부터의 해방은 가져왔지만, 종교 대신 과학이 절대적 권좌에 앉음으로써 과학언어로 무장하지 못한 사물, 자연, 사람들은 전근대시대 못지않게 착취당하는 악순환이 되풀이된다. 이처럼 겉으로는 자유, 평등, 나눔을 표방하면서도 실제로는 억압, 지배, 착취가 가속화되는 근대화 작업의 심각성을 보면서 포스트모더니스트들은, 모던적 과학 절대주의의 횡포를 통렬히 비판한다. 그들은 전근대적 종교절대주의와 근대적 과학절대주의의 폐해를 누구보다 잘 알기에 그 어떠한 절대주의와 전제주의도 거부하고 열린 담론과 대화를 통해 상호간의 협력 및 보완을 지향해 나간다.[47]

Ⅲ. 포스트모던 시대의 통전적 기독교교육 : 대립 - 대결구도에서 협력 - 상호보완구도로의 방향전환

20세기는 인류 역사 중 가장 파괴적인 시대였다. 전례 없는 규모의 세계 대전을 두 차례나 치렀을 뿐 아니라 러시아와 동유럽을 붉게 물들인 볼셰비키 혁명, 강제 수용소에서 일어난 수백만 명의 죽음은 인류를 두려움에 빠져들게 하였다. 한편, 20세기는 전례 없는 경제적, 과학적, 기술적 성장의 시대이기도 하였다. 그러나 이러한 경제적, 과학적, 기술적 성장은 끝없는 경쟁과 적자생존의 틀 위에서 행해진 것이었다. 그 결과 20세기에 들어와 그 어느 때보다 많은 억압, 지배, 착취가 자행되었음을 위에서 살펴본 바 있다.

특기할 만한 사실은 폭력적이고 경쟁적인 길을 택했던 국가들은 경제적, 정신적으로 고통을 당하고 있는 반면, 다른 국가들과 함께 개방과 협력을 추구해 온 국가들은 보다 많은 발전과 번영을 누리고 있다는 것이다. 예를 들어, 무자비한 힘으로 자국과 이웃국가들을 통치하려 했던 공산주의 국가는 합의와 대화에 바탕을 둔 민주주의 국가에 비해 전략적으로 우세할 것이라고 믿어졌다. 하지만 20세기 후반에 들어 이루어진 일련의 변화들은 민주적 시장체제가 통제적 공산체제보다 경제적으로는 물론 군사적으로도 더 우세하다는 사실을 확인해 주었다. 공산주의가 몰락하자 인간 삶의 모든 부문에서 패러다임 전환이 뒤따르게 되었다. 예를 들어 기업 운영 합리화와 효율성 제고를 위한 심도 있는 연구들은 고객이나 직원들에게 무관심하거나 착취적으로 대하게 될 때 단기적으로는 이익을 얻지만 장기적으로는 더 큰 손실을 겪게 됨을 밝혀 주고 있다.

『포춘』지(Fortune 紙)의 표현처럼 경직되고 위계적이며 명령하달 지향적 기업이나 단체들은 일종의 "공산주의의 몰락에 상응하는" 혼란과 쇠퇴를 겪을 수밖에 없게 되었다. 기업에서조차 자발성과 이타주의적 봉사를 후원하는 기업들은 능률이 눈에 띄게 향상될 뿐 아니라 보다 유능한 직원들을 모집할 수 있음을 보여 준다. 또한, 새로운 형태의 조직과 비정통적인 경영 방식, 즉 수평적이고 협력적인 경영방식은 관습적, 권위주의적 경영방식보다 생산성과 효율성면에서 훨씬 더 유리한 위치에 있음을 보여 준다.

조직과 경영에 있어 가장 중요한 요소가 곧 리더십 형태(leadership style)임을 생각할 때, 위에 언급된 사실은 성서적 진리와 부합하는 것이기도 하다. 성서에서 증언하는 리더는 '자기 자신을 내어 주는 리더'(self-giving leader)이며 성서적 리더십은 '섬기는 리더십'(servant leadership)이기 때문이다.

포스트모던 시대가 요구하는 리더의 자질과 리더십 형태는 위계적, 권위주의적보다 평등적, 민주적인 것이다. 그렇다면 포스트모던 시대의 기독교교육은 이러한 새로운 리더십의 바탕 위에서 대립, 대결 구도로부터 협력, 상호보완 구도로의 전환을 필요로 한다. 이러한 협력과 상호보완은 기독교교육의 전 분야 즉 가정, 교회, 학교, 사회에서 이루어져야 할 것이다. 이처럼 협력 및 상호보완 구도에서 이루어지는 기독교교육의 모습을 교육현장별로 살펴보도록 하자.

1. 가정교육

포스트모던 시대에 들어와 가정 형태와 가정의 내적 삶은 어떻게 변화될 것인가? 모든 미래에 대한 예측이 그러하듯 가정에 대한 예측 역시 크게 비관론과 낙관론, 두 방향으로 나뉜다.

『다가오는 세계변혁』(The Coming World Transformation)의 저자 런드버그(Ferdinand Lundberg)는 21세기 가정은 "소멸하기 직전의 상황에 놓일 것"이라고 예단한다.[48] 한편, 윌리엄 울프(William Wolf)는 현대 가정은 이미 "어린아이를 낳아 기르는 1~2년을 제외하고는 죽은 것이나 다름없는" 형편이며 21세기에 들어서면 이러한 상황은 더 악화될 것이라고 주장한다.[49]

반면 낙관론자들은 21세기 후기근대시대에 들어서게 되면 가정은 새로운 황금기를 맞게 될 것이라고 주장한다. 정보화 시대가 본격적으로 열리게 됨에 따라 생산체계의 기본개념이 바뀌면서 중심축이 기업으로부터 가정으로 이동된다는 것이다.[50] 생산형태가 하드웨어 중심에서 소프트웨어 중심으로 바뀌면서 기업이 소호(SOHO)화되고 재택근무가 보편화될 것이라고 예측한다. 이렇게 되면 자녀교육 역시 컴퓨터를 통한 인터넷 수업, 화상 수업 등에 의해 재택교육이 가능해질 것이다. 따라서 가정은 생활 및 휴식공간은 물론, 생산 및 학교 기능을 수행하는 복합공간이 될 것이기에 21세기는 가정의 황금기가 될 것이라는 낙관적 예측을 하게 되는 것이다.

이는 마치 근대사회가 막을 내리면서 전근대적 가정 형태를 회복하는 역사의 반복현상으로 보일 수 있다. 하지만 이러한 판단은 외형적 관찰에 의한 것일 뿐이다. 근대화 과정 이래 가정의 생산기능, 교육기능, 치유기능을 회사, 학교, 병원에 넘겨주고 축소된 휴식의 장소로 전락되었던 가정이 정보인프라 구축을 통해 이러한 기능들을 다시 가정 속으로 끌어들일 수도 있다. 그러나 가정 내에서 이루어지는 생산과 소비라는 외양은 비슷할지 모르지만, 그 내용은 전혀 다른 것임을 간과해서는 안 된다. 전근대적 대가족은 가부장을 중심으로 온 가족이 공동작업을 하는 공동생산의 형태였다면, 탈근대적 가족은 각자가 자신의 일을 따로 수행하면서 가정이라는 물리적 공간만 공유하는 개별업무 수행의 형태이기 때문이다.

이처럼 21세기 포스트모던 시대가 핵가족 제도의 해체 또는 수정의 방향, 그 어느 쪽으로 나아간다 하더라도 한 가지 분명한 사실은 탈근대화(post-modern) 시대는 탈핵가족화(post-nuclear family) 현상이 가속화되는 시기일 것이라는 사실이다. 결국, 21세기 포스트모던 시대는 가정을 위한 새로운 질서와 관계성을 필요로 하는 시기가 될 것임은 분명하다.

가정의 기본 틀을 구성하는 남자와 여자, 남편과 아내의 관계에 있어 남편의 권위를 아내가 수용하는 전통적 가부장적 체제는 더 이상 수용되기 어려울 것이다. 그보다는 하나님의 형상대로 지음받은 양성, 곧 남자와 여자로서 하나님의 내적 관계의 특성이 그 모작(copy)으로 지음받은 남자와 여자 사이에 회복될 때, 비로소 대립과 대결 구도에서 협력과 상호보완 구도로의 전환이 가능해진다.

한편, 부모와 자녀의 관계 역시 일방적인 명령과 순종의 관계가 아니라 협력적, 상호보완적 관계로의 질적 성숙이 요청된다. 인터넷을 통한 정보혁명의 시대에 변화의 가속도가 붙게 됨에 따라 새로운 정보에 대한 적응과 정보 활용능력에 있어서 부모보다는 자녀가 점차 더 앞서게 될 가능성이 높다. 존재론적으로 부모가 자녀에게 양육의 권위와 책임을 지니는 반면, 기능적으로는 자녀가 부모를 도울 수 있는 협력적 보완 관계가 부모와 자녀 사이에도 나타나게 될 것이다.

2. 교회교육

하나님의 직접적 창조에 의해 생겨난 두 기관이 있다면 그것은 곧 가정과 교회이다. 가정은 인간 삶의 탄생과 양육이 시작되는 곳이라면 교회는 보다 분명한 영적 성장과 성숙이 이루어지는 곳이라 할 수 있다. 건강한 가정이 모여 건강한 교회를 이룰 수 있고 성숙한 교회는 가정의 행복을 도모해야만 한다.[51]

1970년대 이후 한국교회는 교회의 양적 성장에 몰두한 나머지 질적 성숙에 대해서는 소홀히 해 왔다. 따라서 선교, 전도, 교회부흥은 강조했지만 상대적으로 교육, 봉사, 가정사역은 목회의 중심부에서 밀려나거나 아예 목회의 관심에서 제외되고 말았다. 이러한 목회구조의 불균형은 교회학교의 정체 및 쇠퇴, 사회봉사를 도외시한 교회의 물량적 성장, 기독교 가정의 파행적 모습을 초래하게 되었다.

목회현장의 일선 사역자들은 흔히 "교육을 통해서는 교회가 성장할 수 없고 교회성장을 위해서는 교육보다 선교와 전도에 치중해야 한다."고 강조한다. 하지만 선교와 전도를 축으로 한 교회성장 모델은 이미 한계에 이르렀음을 한국교회는 90년대에 들어와 경험하게 되었다. 이미 교회성장 정체와 감소추세에 들어서게 된 것이다. 교육을 통한 교회의 내적 성숙과 질적 성장 없이 이루어지는 교회성장에는 한계가 있음을 보여 준 것이다. 목회와 교육, 교육과 목회는 양자택일의 문제가 아니라 상호 유기적, 협력적 관계에 놓여 있다.

마리아 해리스(Maria Harris)는 『교육목회 커리큘럼』(Fashion Me A People)이라는 저서를 통해 교회는 '목회적 소명'(pastoral vocation)과 '교육적 소명'(educational vocation)을 지닌 하나님의 백성들로 이루어진 유기적 공동체임을 분명히 하고 있다.[52] 목회와 교육은 서로 분리될 수도 없고 분리되어서도 안 되는 두 기둥과 같은 것이다. 그러나 그동안의 한국교회는 마치 목회는 담임목사가 하고 교육은 교육목사나 교육부장이 하는 것처럼 목회와 교육을 이분법적으로 분리시켜 왔다. 그 결과 목회는 질적 성숙 없는 양적 성장에 치중하게 되었고, 교육은 충분한 재정적, 행정적 지원 없이 평신도들의 자원봉사에 의존하여 과거의 틀을 답습하고 모방하는 차원에 머무르고 말았다.

이러한 악순환의 고리를 끊으려면 목회와 교육이 유기적 상호 협력과 보완 관계를 유지해야 한다. 이것은 한국교회가 21세기 포스트모던 시대를 맞아 초대교회적 목회구조와 틀을 회복하는 일이기도 하다. "사도들의 가르침(didache)을 받아 서로 교제(koinonia)하고 떡을 떼며(diakonia) 오로지 기도하기(leiturgia)를"[53] 힘썼다는 성서적 증언은 초대교회 때에 이미 마리아 해리스가 주장한 입체적 목회, 커리큘럼을 가진 목회구조가 존재했음을 뒷받침해 주는 것이기 때문이다.

3. 학교교육

교육의 주요 장들 중 가장 늦게 등장한 것이 학교이지만 학교는 이제 오늘 교육의 장들 중 문화적, 교육적 전문성을 독점해 가는 배타적 집단으로 등장하게 되었다. 이반 일리치(Ivan Illich)는 현대사회에 그 위력을 더해 가는 학교의 지배적 힘을 경계하면서 이러한 사회를 가리켜 "학교화된 사회"(schooled society)라 지칭한다.[54] 사회의 필요에 의해 학교가 생겨났기에 존재론적 선재성(ontological priority)이 사회에 있음에도 불구하고 학교가 사회를 위해 존재하기보다 오히려 사회가 학교에 지나치게 의존되어 가는 모습을 지적하는 용어인 것이다.

20세기 말에 들어와 '산학협동'이라는 말이 등장하게 되었다. 이는 학교와 사회가 보다 긴밀하고 유기적인 관계 속에서 상호 협력하고 보완하는 자세가 필요함을 강조하는 말이다. 선교 2세기를 맞이하여 기독교 계통 학교에서 이루어지는 교육 또는 기독교교육은 교회는 물론, 21세기 한국사회, 세계사회가 필요로 하는 인재 양성을 위해 행해져야 한다.

미션 스쿨(mission school)이나 대부분의 기독교 학교들은 전도와 구령 사업을 목적으로 설립되었다. 따라서 채플이나 성경공부 시간에 이루어지는 교육은 죄 사함, 중생, 영혼구원에 주로 초점을 맞추는 경향이 농후했다. 물론, 그리스도를 통한 영혼구원의 필요성은 결코 포기될 수 없는 기독교교육의 주요 과제임에 틀림없다. 하지만 그리스도가 세상과 역사 구원을 위해 성육신된 것처럼 기독교교육 역시 성육화되어야 한다. 즉, 영혼구원 못지않게 실존적 인격성숙과 사회구원의 중요성이 함께 강조되어야 한다는 것이다. 그 이유는 기독교인은 하나님나라 백성인 동시에 이 세상 나라 시민이기 때문이다. 이것은 마틴 루터(Martin Luther)의 두 왕국 사상과 상통할 뿐 아니라 인간의 영혼과 몸, 저 세상뿐 아니라 이 세상 역시 소중함을 가르치는 성서적 증언과도 부합하는 것이다.

메리 보이스(Mary Boys)가 편집, 출간한 『제자직과 시민직을 위한 교육』(*Education for Citizenship and Discipleship*)에 강조된 것처럼 기독교인은 선지자와 율법의 대강령, 즉 '하나님 사랑'과 '이웃 사랑'을 이 세상에서 실천하며 살도록 부름받은 사람들이다.[55] 그렇다면 기독교인은 하나님 백성으로서의 신앙언어와 이 세상 시민으로서의 세상언어를 함께 구사할 수 있는 이중 언어 능력(bilingual capacity)을 갖추어야 한다. 기독교학교는 신앙적 자세를 위한 영성 지수(spiritual quotient), 올바른 시민을 위한 도덕 지수(moral quotient), 학문과 역사 발전을 위한 지능 지수(intelligence quotient)와 감성 지수(emotional quotient)를 전뇌적(全腦的), 전인격적으로 양육해 나가야 한다.[56]

단순히 전도의 목적만도, 대입 진학 실적만도 아닌 진정한 의미의 전인교육이 이루어지기 위해 그리고 하나님나라 실현을 위한 역사발전에 공헌하기 위해 교사와 학생, 학생과 교사는 함께 배우고 함께 가르칠 수 있는 상호 인격적 교류와 상호 유기적 관계를 필요로 한다. 학생은 수동적 객체의 자리에서 능동적 주체의 자리로 초대, 격려되어야 한다. 교사 또한 끊임없이 변화하는 교육환경과 교육내용에 익숙해지도록 끊임없이 배우고 연구하는 자세를 필요로 한다. 학습자의 특성과 동기유발 및 준비도에 대한 분명한 이해 없이는 효율적 교육을 기대할 수 없다. 따라서 학생들로부터 그들의 문화와 특성들을 배우고자 하는 열린 마음을 가지고 눈높이 교육, 성육화 교육, 참여적 교육이 일어나도록 노력해야 할 것이다. 이를 위해 '배우는 교사'(learning teacher)는 물론 '가르치는 학생'(teaching student)이라는 표현이 가능할 만큼 유기적인 교사-학생의 관계 정립이 요청된다.[57]

4. 사회교육

한국의 주일학교는 처음부터 미국주일학교 전통의 교회성장과 영국주일학교 전통의 사회선교가 접목된 형태로 전수되었다. 미국주일학교 전통은 불교, 유교, 무교가 혼재된 사회 속에 복음의 씨앗을 뿌리기 위해 전통과 사회역할로부터 비교적 자유로운 아동들을 대상으로 시행된 주일학교가 교회성장의 견인차 역할을 담당한 점에서 찾아볼 수 있다. 한편, 영국주일학교 전통은 구한말 당시 전근대적 폐쇄성에 빠져 있던 조선 사회에 YMCA, YWCA는 물론 이화, 배재, 정신 학교 등 현대적 학교들을 설립해서 반상과 남녀를 불문하고 교육 기회를 열어 주었다는 데서 찾아볼 수 있다. 이처럼 기독교는 선교초기부터 사회교육을 통해 한국 사회발전에 지대한 공헌을 하였다.

이제 21세기 한국사회를 위해 기독교는 어떠한 교육적 공헌을 할 수 있을까? 이 질문에 답하기 위해서는 21세기 한국사회가 풀어 나가야 할 중요 과제가 무엇인가 살펴볼 필요가 있다. 21세기 한국사회가 당면한 과제 중 가장 시급하면서도 대표적인 것 세 가지를 꼽으라 한다면 그것은 곧 통일, 사회복지, 환경 문제로 압축될 수 있다.

통일문제는 21세기 한국사회가 풀어 나가야 할 가장 중요한 과제이다. 통일은 민족 최대의 염원이요 과제이지만 통일까지의 접근도 쉽지 않을 뿐더러 통일 이후의 정치적, 경제적, 문화적 조화 문제 또한 어려운 문제임에 틀림없다. 전쟁 종식 후에도 오랜 세월의 간격이 놓여 있고 그동안 정치, 경제는 물론 정신, 사상, 문화의 격차가 너무나 크기에 그 격차를 메우는 일은 결코 쉽지 않을 것이다. 하지만 기독교 신앙은 이러한 차이를 뛰어넘을 수 있는 가능성을 지니고 있다. 한때 평양을 한국의 예루살렘이라 부를 만큼 선교초기 이후 평양을 중심으로 한 이북에 기독교 신앙과 교회가 크게 부흥했고, 그러한 신앙을 이어받은 후손들이 지금도 생존하고 있다. 또한 기독교 신앙은 모든 종족, 인종, 성별, 사상을 뛰어 넘어 그리스도 안에서 하나 될 수 있음을 믿고 실천하는 공동체이기에 자본주의, 공산주의 이념을 떠나 남과 북을 하나로 연결해 줄 수 있는 중재적 실재(mediating reality)가 될 수 있다. 물론 이러한 책임을 감당하기 위해서는 비기독교적 전통들과도 대화할 수 있는 여유와 아량, 자신감을 키워 나가야 할 것이다.

또한 한국사회는 근대화 프로젝트를 통해 짧은 기간에 괄목할 만한 경제적 성장을 이루었다. 절대빈곤을 극복하고 경제 성장을 최우선 목표로 하다 보니 분배정의나 사회복지 문제는 자연히 뒤로 미루어지게 되었다. 이제 근대에서 탈근대 사회로의 전환 시점에서 이 분배정의와 사회복지는 더 이상 뒤로 미룰 수 없는 밀린 숙제와도 같은 것이다. 일시에 너무 많은 것을 요구하다 보면 사회가 혼란에 빠지게 되고 정치, 경제적으로도 퇴보할 수 있는 위험이 있음을 생각할 때 이는 결코 쉬운 문제가 아니다. 이러한 미묘한 갈등을 풀어 나가기 위해서는 지나친 욕심과 자기중심성을 극복할 수 있는 기독교 정신, 기독교 윤리가 개인과 사회 속에 스며들어가 공존, 공생, 상생을 위한 국민적 정서와 공감대를 형성할 수 있는 교육적 배려와 지원이 필요하다.

산업화, 근대화를 통해 물질적 풍요가 가능해졌다면 그러한 풍요의 대가로 치러야 하는 지불금은 곧 환경오염과 생태계 파괴의 문제라 할 수 있다. 서구보다 훨씬 짧은 기간 동안 산업화와 근대화를 본 궤도에 올려놓은 한국은 수질 및 대기오염, 생태계 파괴 문제가 이미 위험 수위에 달해 있다. 정부 차원에서 대책을 마련하고는 있지만 이미 만연된 개인 및 기업이기주의가 극복되지 않는다면 어떠한 정책적 대안도 충분한 성과를 기대하기 어려운 실정이다. 개인과 기업이 자신의 이익과 발전을 우선적으로 추구하는 것은 어찌 보면 자연스러운 일이다. 하지만 그러한 눈앞의 이익만을 추구하다 보면 결국은 공멸의 나락에 빠지게 될 것은 너무나 자명하다. 기독교 신앙은 자기중심주의와 이기주의를 극복할 수 있는 힘을 그 속에 내포하고 있다. 세상과 생명을 말씀의 지혜로 창조하신 하나님, 그 창조된 세계를 인간이 대신 다스리도록 통치권을 위임해 주신 하나님을 바로 만나고 발견하게 될 때 절제를 통한 청지기로서의 지혜를 부여받게 된다. 바로 여기에 기독교 환경 및 생태계 교육의 중요성이 자리 잡는 것이다.

지금까지 21세기 포스트모던 시대의 특징은 무엇인가 그리고 이러한 시대가 기독교교육을 향해 던지는 도전과 과제는 무엇인가 살펴보았다. 진정한 의미의 포스트모더니즘은 관계적, 인격적 세계관 그리고 창조적 다원성을 통해 현대적 세계가 지닌 한계성과 문제점들을 극복할 수 있는 가능성도 내포하고 있음을 밝히게 되었다. 또한, 포스트모던 시대의 기독교교육은 대립-대결구도에서 협력-상호보완구도로 교육의 기본 패러다임이 전환되어야 할 필요성에 대해 역설하였다. 그리고 이러한 패러다임 전환이 기독교교육의 네 장, 즉 가정, 교회, 학교, 사회에서는 어떠한 모습으로 나타날 것인가 살펴보았다.

근대나 탈근대를 막론하고 전 시대, 전 역사에 걸쳐 주어지는 기독교교육의 최대 사명은 곧 그리스도의 오는 길(the way of the Lord)을 예비하며 하나님의 나라(Basileia tou Theou)를 이 땅에 건설해 가는 것으로 집약된다. 하나님의 나라 실현은 곧 하나님 백성공동체의 과제요 총체적 과업이라 할 수 있다. 하나님 백성공동체는 그 자신을 위해 존재하는 공동체가 아니라 세계와 역사발전을 위해 존재하는 공동체이다. 근대에 이어 탈근대, 21세기 포스트모던 시대에도 하나님은 그 백성을 부르시고(called-out), 훈련시키시고(called-up), 세상 속으로 보내시는(called-into) 3차원적 구속사역을 위한 신적 교육(divine education)을 계속해 나가실 것이다.[58]

새 술은 새 부대에 담아야 하듯, 21세기 포스트모던 시대에 요청되는 기독교교육은 연속성(continuity)과 함께 변화(change)의 창조적 긴장을 가지고, "한 발은 반석 위에 정초(定礎)한 채 또 한 발은 끝없이 시류(時流)를 따라"(Anchored to the Rock, Geared to the Times)[59] 움직여 나가는 상호협력 및 보완의 새 패러다임을 교육의 구체적인 장 속에서 펼쳐 나가야 할 것이다. 이는 이미 그리스도를 통해 예시된 교육의 근거인 동시에 인식적 방법이기도 하다. 이러한 상호협력과 보완의 패러다임은 이미 그리스도를 통해 시작된 구속사역이 종말론적으로 완성(eschatological consummation)될 수 있도록 21세기의 열린 미래를 향한 기독교교육의 모든 장(場) 속에 스며들어 소중한 열매들로 나타나야 할 것이다.

**Holistic Christian
Education for the
Postmodern Era**

제3장
종말론과 통전적 기독교교육

한국사회와 한국교회에 가장 많은 충격을 주고 무수한 이단들이 발흥하게 된 기독교교리 혹은 주제가 있다면 그것은 곧 '종말' 혹은 '종말론'에 관한 것이다. 전근대(pre-modern)를 넘어 근대(modern)로, 근대를 넘어 탈근대(post-modern)로 시대적 전환이 이루어질 때마다 새로운 세기와 낯선 변화에 대한 불안이 종종 세기의 종말, 역사의 종말, 인류의 종말로 연결되곤 한다. 포스트모던 사회 속의 특징인 불확실성이 미래에 대한 막연한 불안을 가중시키는 현 상황 속에서는 종말 및 종말론의 출현이 그 어느 때보다 쉽게 나타날 수 있다. 이처럼 종말과 종말론이 한국사회와 세계사회에 많은 영향을 미쳐 왔음에도 불구하고 기독교교육 이론 및 실천 속에는 종말 및 종말론에 대한 관심이나 언급이 거의 전무한 실정이다. 본 장에서는 종말 및 종말론과 관련하여 기독교교육은 어떤 방향과 대응을 해야 할 것인가 성찰해 보고자 한다. 그럼으로써 종말 및 종말론과 관련하여 어떠한 교육적 대응을 할 것인가를 살펴봄으로써 이 땅에 하나님의 나라가 도래할 때까지 놓쳐서는 안 될 신앙교육의 기본 틀을 제시하고자 한다.

I. 그리스도의 최후 명령에 나타난 종말과 기독교교육의 상관성

종말과 기독교교육의 상관관계를 밝히는 중심 키(key)는 아래 구절(마 28:19, 20)에 잘 나타나 있다:

> 그러므로 너희는 가서 모든 민족을 제자로 삼아 아버지와 아들과 성령의 이름으로 세례를 베풀고 내가 너희에게 분부한 모든 것을 가르쳐 지키게 하라 볼지어다 내가 세상 끝날까지 너희와 항상 함께 있으리라 하시니라

그리스도께서 그를 따르는 자들에게 제시하는 3가지 명령(the Last Commandment)은 곧 모든 족속으로 "제자를 삼을 것", "세례를 줄 것", "가르쳐 지키게 할 것" 등 3가지로 요약할 수 있으며 이 세 가지 명령은 기독교교육이 수행해야 할 중심 과제를 형성한다. 먼저 '제자'를 삼는 것은 '제자화' 교육(discipleship education)을 의미하며 그 뒤에 따라오는 두 동사 또한 '제자화'에 필요한 양대 축을 형성한다. 즉, '세례를 주는 것'은 회

심(칭의)을 목표로 하는 교육이요(education for justification) '가르쳐 지키게 하는 것'은 양육(성화)을 목표로 하는 교육(education for sanctification)이라 할 수 있다. 회심(칭의)과 양육(성화)은 기독교교육의 양대 축과도 같다.[60] 따라서 본 장에서는 제자화교육과 기독교교육을 거의 동의어처럼 사용하고자 한다. 물론 엄밀한 의미에서 이 둘은 구별된다. 하지만 본 장의 논의는 종말 및 종말론과 관련한 기독교신앙교육에 대해 성찰하는 것이 주된 이슈이기에, 이런 전제하에 제자화교육과 기독교교육을 동의어처럼 사용하고자 하는 것이다.

칭의교육과 성화교육은 기독교 신앙교육의 근본 토대를 형성한다. 그러나 여기 최후 명령과 함께 주어지는 또 다른 중요한 차원의 실재(reality)가 있음을 잊어서는 안 될 것이다. 그것은 곧 "끝날까지 너희와 항상 함께 있으리라"는 그리스도의 지상 최후의 약속(the Last Promise)인 것이다. 이것은 그리스도의 최후 명령(교육 명령)이 종말론적 약속의 토대 위에 주어지고 있음을 의미한다. 즉, 기독교교육은 칭의와 성화 과정을 포함하되 이러한 교육은 반드시 '종말론적 지평'(eschatological horizon) 위에서 이루어져야 한다는 것이다.

지금까지 기독교교육의 이론 및 실천에 있어 종말론적 관점은 거의 다루어지지 않거나 별로 중요시 되지 않았다. 존 윈(John Wynn)은 이러한 실상을 다음과 같이 고발한다:

> 개신교 주요 교단들 사이에 종말, 즉 마지막 때에 관한 기독교교육은 생략하기로 일종의 음모(conspiracy)를 꾸민 것 같다. 왜냐하면 종말에 관한 주제는 교단 차원에서는 전혀 다뤄지지 않고 간혹 개인 출판사들을 통해서만 종말에 관한 기독교교육 교재가 나오고 있기 때문이다.[61]

이처럼 종말론적 주제가 기독교교육에 있어 일종의 '영'(零) 교육과정(null curriculum) 내지 '암시적' 교육과정(implicit curriculum)에 머물 수밖에 없는 이유는 무엇일까? [62] 종말론적 주제를 기독교교육과 직접 연계시키기 앞서, 종말론적 주제가 교단적 차원의 기독교교육에서 도외시되는 이유들에 대해 살펴볼 필요가 있다.

II. 기독교교육에 종말론적 주제가 소홀히 되는 이유들

존 윔은 현대 기독교교육에 있어서 종말에 관한 가르침이 소홀히 되는 이유로서 3가지를 꼽는다. 그것은 곧 종말에 대해 인간이 갖는 불안과 두려움, 심판자로 묘사되는 그리스도의 과격한 이미지, 세속적 진보주의에 의해 종말론적 실재가 유명무실화 되어 버린 영향 등 3가지이다.[63] 종말, 즉 세상 끝에 이루어질 일에 대한 성서의 기록들(다니엘, 복음서, 계시록 등)은 그것을 읽거나 듣는 이로 하여금 공포와 전율을 느끼기에 충분할 만큼 폭력적이고 파괴적인 내용들을 담고 있다. 또한 사랑의 왕인 동시에 약한 자들의 친구 되시는 그리스도가 종말에는 강력한 심판자(judge)인 동시에 무서운 파괴력을 가진 전사(warrior)로 나타난다.

그렇다면 종말은 과연 죽음과 파괴, 전쟁과 형벌로 가득 찬 공포의 날인 것일까? 오히려 성서는 종말을 해방의 날, 승리의 날로 선포하고 있지 않은가? 바로 여기에 종말의 양면성이 있다. 종말은 그리스도와 하나님을 대적하는 자들에겐 진노의 날이요, 그리스도와 하나님을 긍정하는 자들에겐 축제의 날, 승리의 날인 것이다.

세속적 진보주의가 가진 환상은 테오도르 브라멜드(Theodore Brameld)

의 과학에 대한 맹신 속에서 발견된다:

> 우리는 형이상학이나 철학의 사색에 의해서가 아니라 과학의 힘에 의해 전적으로 새로운 세계관을 제시하게 될 것입니다.[64]

이러한 세속적 진보주의 세계관은 언젠가는 인간의 한계를 드러내게 될 것이고 이러한 한계마저 뛰어넘으려는 인본적, 인간중심적 시도는 인간 본연의 유한성이라는 절벽 앞에서 좌절하든지, 아니면 과학 절대주의의 무한한 확장을 꾀하다가 총체적 파국, 인류의 위기를 초래하게 될 것이다.

윈(Wynn)에 의해 지적된 사항 외에도 다음과 같은 여러 가지 이유들로 인해 기독교교육 이론 및 실천에 있어 종말론적 주제가 소홀히 되거나 기피되지 않았는가 생각된다: 1) 임박한 줄 알았던 종말이 오랜 기간 지연됨에 따라 종말이 단순한 상징적 의미로 축소되거나 비신화화 됨으로써 객관적 실재(reality)로서의 생명력을 잃게 됨. 2) "종말이란 무엇인가?"에 대한 다양한 해석과 상이한 입장들 때문에 종말에 대한 규범적 이해가 불가능한 것으로 여겨짐. 3) 왜곡된 종말론이 등장할 때마다 개인 및 공동체에 심각한 해악과 부작용을 끼치는 데 대한 거부감. 이처럼 이런 저런 다양한 이유들로 인해 기독교교육에 있어 종말론적 차원이 소홀히 되어 왔음은 부인할 수 없다. 그러나 그리스도의 오심, 죽으심, 그리고 부활로 인해 종말은 이미 시작되었고, 성령의 내주와 사역을 통해 진행되고 있으며, 장차 새 하늘과 새 땅의 도래로 말미암아 완성될 것이기에 이러한 성서적, 역사적, 객관적 실재가 기독교교육 이론과 실천에서 결코 간과되어서는 안 된다는 데에 문제의 심각성이 있다.

Ⅲ. 그리스도의 종말론적 약속과 비전

왜곡된 종말 이해가 기독교교육에 끼치는 대표적 폐해의 예는, "종말이 피할 수 없는 역사적 사실이라면, 교육은 별로 중요치 않으며 보다 중요한 것은 영혼구원이므로 교육보다는 선교에 치중해야 한다."는 생각이다. 그러나 이러한 생각은 곧 "회심이냐? 양육이냐?"라는 이분법적 사고의 틀 속에서 통전적 교육, 통전적 선교를 이분법적으로 단절, 환원시키는 잘못을 범하게 된다.[65] 왜냐하면 교육이 참된 교육이기 위해선 선교로 이어져야 하고, 선교가 참된 선교이기 위해선 교육이 선교에 선행되는 동시에 선교의 중심축을 형성해야 하기 때문이다. 결국, 종말은 어떤 면으로든 인간의 책임을 면제하거나 약화시키기보다는, 종말론적 성취를 바라보며 인간에게 주어진 책임을 보다 성실하고 구체적으로 감당하도록 촉구한다.

예수께서 그의 제자들을 향해 "제자 삼고, 세례 베풀며, 가르쳐 지키게 하라" 하실 때, 이 명령이 그냥 주어진 것이 아니라 "세상 끝날까지 너희와 항상 함께하겠다"는 약속과 함께 주어진 것이라면 그리스도의 최후명령은 곧 그리스도의 최후약속과 일종의 유기적, 역동적 관계가 있음을 보게 된다. 이러한 유기적, 역동적 관계의 특성을 이해하기 위해, 먼저 그리스도의 최후약속, 즉 종말론적 약속의 의미에 대해 살펴보아야 할 것이다.

1. 끝날까지(εώς της συντελειας του αιώνος) 너희와 있으리라

위에 언급한 대로 끝날(종말)에 대한 해석, 즉 '종말론'에는 다양한 입장들이 공존한다. 종말론(eschatology)이란 마지막 또는 최후(eschatos)의 일들에 관한 교설 및 이론을 뜻하는 것으로서 종말론적 신앙의 주된 초점은 악에 대한 하나님의 심판과 하나님께 속한 자들의 궁극적 구원 및 승리에 맞추어져 있다.[66] 종말론은 19세기 초에 들어와 심판, 죽음, 부활, 죽음 이후의 삶 등 주로 개인적 종말론을 중심으로 조직신학의 한 분야로 체계화가 이루어졌으나 그 이후, 세계의 변혁, 역사의 최후 등을 다루는 우주적 종말론으로 종말론의 주 관심이 바뀌게 된다.

종말론의 주요 흐름은 다음과 같이 나누어 볼 수 있다.[67] 즉, 정통주의 신학자들에 의해 표방된 전천년설과 후천년설의 시각에서 보는 천년사상적 종말론,[68] 쉬바이처(Albert Schweitzer)와 바이스(Johannes Weiss)의 일관된 (철저한) 종말론,[69] 다드의 실현된 종말론,[70] 쿨만, 예레미야스, 큄멜 등의 예시적 종말론[71] 등으로 대별된다. 여기에서 중요한 것은 종말의 실현과정과 모습은 어떠하든지 간에 역사는 무한정 계속되거나 아무런 향방 없이 나아가는 것이 아니라, 역사에는 정해진 끝이 있으며 그 역사의 방향은 창조자의 뜻과 섭리, 경륜에 따라 진행된다는 것이다.

그렇다면 "세상 끝날까지" 함께하시겠다는 그리스도의 약속은 무엇을 의미하는 것일까? 그것은 곧 태초에 하나님의 창조사역에 함께하셨던 그리스도가 2천 년 전 역사 속에 들어오셨던 것처럼(과거) 매일 매 순간 그를 따르는 제자들과 함께하고 계시며(현재) 새 하늘과 새 땅을 향한 새 창조의 그날까지 함께하시겠다는(미래) '임마누엘'(Immanuel)의 약속인 것이다.[72]

또한 "세상 끝날"이라는 것은 "뜻이 하늘에서 이룬 것같이 땅에서도 완전히 이루어지는 그날"을 의미한다. 즉, 하나님나라가 온전히 실현되는 때인 것이다. 이처럼 그리스도의 약속은 분명한 지향점과 목표를 지니고 있으며 그 목표를 이룰 때까지 결코 변개치 않는 약속인 것이다.

2. 너희와 항상(πασας τας ημερας) 함께(μεθ᾽ ὑμῶν) 있으리라

'항상' 함께하겠다는 의미는 "나날이, 매일, 매 순간" 함께하겠다는 의미로서 어느 한 순간도 버려두거나 방관함 없이 제자들의 매 순간이 그리스도의 보호와 섭리 속에 있음을 의미한다. 이것은 곧 개인의 실존적 차원에서는 출생 이전부터 출생, 성장, 사역, 죽음, 사후(死後)까지의 동행을 의미하며 우주적 차원에서는 우주의 과거, 현재, 미래를 포함하는 전 시간적 임재를 의미한다.

이처럼 '항상'이 주로 시간적 의미를 그 속에 내포한다면 '함께'는 시간과 함께 공간의 의미를 가지고 있다. 이것은 제자들의 삶과 사역에 함께하겠다는 약속으로서 시공간적 관점에서 '언제나'(whenever) 그리고 '어느 곳에서나'(wherever) 동행하겠다는 뜻이다.[73]

키에르케고르가 아버지와의 화해를 통해 그리스도 안에서 체험한 영적 기쁨(spiritual joy)을 표현할 때 "(내) 위에, 안에, 옆에, 밑에서 솟아나는 기쁨"[74]이라 노래한 것처럼 그리스도께서 함께하신다는 것은 곧 우리 '위'에서 지켜 주시고, 우리 '안'에 평안과 확신을 일으키시며, 가까이 우리 '옆'에 친구가 되어 주시고, 우리 '밑'에 함께하심으로 좌절과 실패로부터 벗어나 새 희망과 새 비전을 가지고 살 수 있도록 반석이 되어 주심을 의미한다.

IV. 종말론적 관점에서 본 회심과 양육의 기독교교육

1. 종말론적 관점에서 본 회심의 의미

'세례'란 신앙고백을 통한 결신과 그리스도를 통한 새로운 삶의 시작을 알리는 예식임을 생각할 때, 세례는 곧 '회심'의 가시적 표현(visible expression)이라고 볼 수 있다. 회심을 위한 준비를 '회심교육' 또는 '칭의교육'이라 할 때 이러한 회심교육, 칭의교육이 종말론적 지평 위에서 이루어진다는 것은 무엇을 의미하는 것일까?

'회심'은 흔히 '회개'와 동의어로 사용되거나 밀접한 관련 속에서 사용되곤 한다. 하지만 죄에 대한 깨달음과 뉘우침이 '회개'($μετανοια$)라면 '회심'($επιστρεφω$)은 이러한 내적 변화가 외적 결단으로 나타나는 것, 특히 새로운 신앙으로의 개종을 포함하는 것으로서 보다 포괄적 개념이다.[75] 회심은 종종 양육과 분리된 대칭적 개념으로 사용되곤 하였다. 하지만 사실상 회심은 양육과 분리될 수 없을 만큼 상호 유기적 실재임을 인식해야 한다.

물론 회심이 양육과 분리될 수 없다고 해서 회심이 양육과 구분될 수 없다는 말은 아니다. 이것은 마치 눈, 코, 입이 한 유기체 안에서 상호 분리는 될 수 없지만 상호 구별은 될 수 있는 것과 마찬가지이다. 이처럼 회심과 양육은 상호 구별은 되지만 상호 분리는 될 수 없는 수레의 두 바퀴, 새의 양 날개가 되어 기독교교육을 추진해 나가는 양대 축이라 할 수 있다.

세례가 곧 성부와 성자와 성령의 이름으로 행해지는 것이라면 회심 역시 하나님의 부르심에 응답함으로써(과거) 예수를 주(主)인 동시에 그리스도로 받아들이고(현재) 성령의 내주와 인도하심을 좇아 그리스도의 장성한 분량에 이르기까지 자라나겠다는(미래) 결심인 것이다. 이처럼 세례와 회심을 위한 교육은 곧 삼위일체 하나님의 구원 사역 속에서 이루어지는 것이라 할 수 있다. 결국, 종말론적 관점에서 본 회심교육은 세상의 창조, 구속, 영화가 성부, 성자, 성령의 역동적, 상호순환적 사랑과 나눔(perichoretic love and sharing)에 의해 이루어짐을 믿고, 받아들이며 실천하는 것이라 하겠다.

2. 종말론적 관점에서 본 양육의 의미

회심과 구분되는 의미에서의 양육은 회심을 통해 시작된 구원을 심화시켜 나가는 과정이라 할 수 있다. 회심이 '칭의의 순간'이라면 양육은 '성화의 과정'인 것이다. 즉, 칭의가 "나는 너(희)의 하나님" 됨을 선언하는 순간이라면 성화는 그러한 선언에 의해 "너(희)는 나의 백성" 됨이 선언되는 동시에 칭의가 가진 의미와 목적을 실현시켜 나가는 과정인 것이다.[76]

종말론적 관점에서 칭의와 성화를 바라볼 때, 이 속에는 '이미-아직'(already-not yet)의 차원이 들어 있음을 알 수 있다. 이것은 곧 그리스도를 통해 2천 년 전 십자가에서 이루어 놓은 구원 사건(칭의와 성화)이 기독자들 속에 이미 시작되었지만 아직 완전한 실현과 완성은 그때(종말)를 기다리고 있기 때문이다. 그러나 이미 이러한 완성의 형상, 즉 미리 맛보는 사건은 그리스도를 통해 이루어졌기에 성화의 방향이 어디로 나아가야 할지 가늠할 수 있다.

양육은 그리스도의 장성한 분량에 이르기까지 자라는 것인 동시에 성령의 영화(glorification)를 통해 그리스도께서 만유 위에 높임을 받게 될 때 그 영광을 아버지께 돌려 드리는 삼위일체적, 종말론적 구원의 완성을 향해 나아가는 것이다. 결국 삼위일체 하나님의 영광이 인간 개인 및 인류 공동체, 나아가 천지만물 모든 것 안에 충만히(all in all) 임할 때까지 성장, 성숙, 심화, 완성되어 나가는 것을 의미한다.[77]

이런 의미에서 기독교교육에 있어서 교육의 완성은 종말, 즉 주님의 재림 시기까지 유보되며 그때까지 모든 사람은 계속적으로 성장, 성숙, 심화되도록 교육받도록 요청된다. 이는, 모든 사람을 위한 교육(education for everyone), 평생교육의 차원(lifelong education)을 뛰어넘어 영원교육(education for eternity)의 차원을 지향한다고 볼 수 있다.

V. 종말론적 관점에서 본 통전적 기독교교육

1. 왜곡된 기독교교육에 대한 비판

앞에서 회심교육과 양육교육은 기독교교육을 가능케 하는 양대 축으로 제시해 보았다. 하지만 오늘날 한국의 기독교교육은 여러 면에서 비판의 대상이 되고 있음을 볼 수 있다. 그러한 비판 중 주요한 것을 추려 보면 다음과 같다.[78]

첫째, 오늘의 기독교교육은 기독교 신앙을 너무 개인주의 또는 개 교회주의에 빠져들게 한다는 비판을 들 수 있다. 오늘의 기독교교육이 각 개개인들로 하여금 성서에 제시된 기독교인의 덕목들을 갖추게 하는 데는 유용하나 이러한 덕목들을 지나치게 내면화, 개별화시킴으로써 사회와 역사에 대해 개방된 자세 및 책임 있는 삶을 살도록 하는 데는 별다른 도움을 주지 못할 뿐 아니라, 오늘의 기독교교육의 범위가 지역교회 울타리를 벗어나지 못함으로써 교회연합, 교회일치에 오히려 역기능적이라는 지적이다.

둘째, 오늘의 기독교교육은 많은 경우에 기독교교육을 받은 개인 및 공동체로 하여금 엘리트 의식, 지적 우월의식에 빠져들게 함으로써 교회 화합에 걸림돌이 될 뿐 아니라 참된 봉사와 자기희생을 가로막는 저해 요인이 된다는 지적이다.

셋째, 오늘의 기독교교육은 종종 그 교육을 주도한 사람(목회자 또는 평신도 지도자)의 주관적 편향성에 의해 신앙적으로나 신학적으로 어느 한 쪽으로 경도될 뿐 아니라, 교육을 받은 사람들이 교육자의 개인적 제자가 됨으로써 사(私)조직화될 위험성이 있다는 지적이다.

넷째, 위에 언급된 기독교교육의 역기능적 결과로서 상호 배타적이고 경쟁적인 소그룹들을 양산할 가능성이 있다는 것이다.

그러면 이러한 지적들에 대해 어떠한 응답 또는 대안적 처방이 가능할 것인가? 위에 지적된 역기능적 교육의 폐단과 역기능들은 오늘의 기독교교육이 올바른 기초 위에 자리하지 못할 때 나타나는 기현상이라 생각된다. 왜냐하면 마태복음 28장 19~20절에 나타난 "제자를 삼으라."는 그리스도의 교육명령을 "세상 끝날까지 항상 함께 있겠다."는 종말론적 약속의 지평 위에서 받아들이게 될 때만이 비로소 기독교교육이 지향해야 할 바른 방향, 왜곡과 일탈에서 벗어난 통전적 제자화 교육의 참모습이 제시될 수 있기 때문이다.[79]

2. 종말론적 지평 위에 근거한 통전적 기독교교육

커리큘럼 이론의 대표적 학자인 와이코프(Campbell Wyckoff)는 어떠한 교육이론 또는 교육과정의 분석, 진단, 작성을 위한 기본 틀로서 육하(六何) 원칙을 제시한다.[80] 그것은 곧 누가, 언제, 어디서, 무엇을, 어떻게, 왜 가르칠 것인가를 물어봄으로써 그 교육이론, 교육과정이 지향하는 주된 논점이 무엇인지 살피려는 접근방식인 것이다.

종말론적 지평 위에 근거한 통전적 기독교교육이란 어떠한 것인지 살펴보기 위해 와이코프가 제시한 육하원칙에 따라 그 특성을 간략하게 살펴보도록 하자.

1) 누가(Who)

종말론적 지평 위에 근거한 통전적 기독교교육에 있어서는 인간뿐 아니라 하나님(삼위일체 하나님), 교사뿐 아니라 학생이 교육의 주체를 형성한다. 이것은 모든 교육을 인간에 의해, 인간을 위해 진행되는 단순한 인간의 활동으로 만들어 버리는 인본주의나 인간중심주의의 한계를 극복할 뿐 아니라, 인간은 도외시한 채 기독교 교리나 전통 또는 초월과 내세만을 강조하는 교리주의, 초월주의, 초자연주의, 내세주의의 한계마저 극복하려는 시도이다. 이것은 또한 교사는 교육의 주체로, 학생은 교육의 객체로 이분화함으로써 파울로 프레이리(Paulo Freire)가 질책한 "은행예금식 교육"(banking-deposit pedagogy)의 문제점을 극복하려는 시도이기도 하다.[81]

즉, 종말론적 지평 위에 근거한 통전적 기독교교육은 하나님과 인간, 교사와 학생 사이에 존재하는 유기적, 역동적 상호 관계성을 중요시하며, 이 양극(兩極) 사이에 일종의 비대칭적 통일성(bipolar relational unity)이 유지되도록 돕는 교육적 과정인 것이다.[82]

2) 언제(When)

인본주의 교육은 과거의 전통을 현재의 시각에서 분석, 판단, 평가하고 창조적으로 활용함으로써 보다 풍요로운 내일과 미래를 대비하는 것을 목표로 삼는다. 즉, 인본주의 교육의 시점은 과거→현재→미래로 이행되는 것이다. 그러나 종말론적 지평 위에 근거한 통전적 기독교교육[83]은 이러한 인본주의 교육이 던지는 통찰을 중시함과 동시에 교육의 시점이 미래→현재→과거로 역행될 수 있고 또 역행되어야 함을 주장한다.

이것은 곧 그리스도의 십자가와 부활 사건을 통해 예시된 종말론적 희망과 비전(미래)으로부터 현재를 조명하고 과거를 해석하는 가능성을 열어 놓는 것이다. 이 외에도 키에르케고르나 폴 틸리히에 의해 견지된 그리스도를 통한, 그리스도 안에서 이루어지는 '영원한 현재'(Eternal Now)의 관점에서 보면 과거←현재→미래의 시점 또한 가능할 수 있음을 알게 된다.

종말론적 기독교교육은 인본주의 교육이나 일반 교육처럼 역사적 시간 또는 양적 시간(chronos)에 의해 구속되기보다는 이러한 인간적 시간을 하나님의 시간, 즉 질적 시간(kairos)이라는 지평 위에서 새롭게 조명하는 역동적 교육이라 할 수 있다. 이것은 곧 기독교교육이 운명론, 결정론의 산물이기보다는 그리스도의 약속 위에 근거한 종말론적 희망과 가능성을 향해 열려 있는 교육이 될 수 있도록 하는 기독교적 실재(Christian reality)인 것이다.

3) 어디서(Where)

종말론적 기독교교육이 시간적으로 과거, 현재, 미래를 넘나드는 것이라면, 공간적으로는 지교회뿐 아니라 보편적 교회도, 교회뿐 아니라 사회도, 국가뿐 아니라 세계도, 세계뿐 아니라 우주까지도 넘나드는 교육이어야 한다. 예수님 자신이 "모든 민족을 제자로 삼아"(마 28:19), "온 천하에 다니며 만민에게…… 전파하라"(막 16:15), "모든 족속에게 전파"(눅 24:47)하라며 기독교교육의 지평을 전 세계, 전 문화를 향해 확장시켜 놓았을 뿐 아니라 "땅끝까지 이르러"(행 1:8) 증인 될 것을 명령하셨다. 가상적으로, 예수님 당시의 땅끝이 니느웨, 다시스, 사마리아, 소아시아였다면 15세기 신대륙 개척 시에는 인도 또는 서인도제도였을 것이며, 20세기 지구촌 시대에는 전(全) 지구, 나아가 21세기에는 전(全) 우주로 확장될 수 있을 것이다.

"광범하게 생각하고 구체적으로 행동하라"(Think globally, act locally)는 말처럼 종말론적 기독교교육은 시간과 공간을 뛰어넘는 초시간적, 초공간적 메시지의 의미를 '오늘 여기'(hic et nun)라는 구체적 삶의 현장에 적용, 실천할 수 있어야 한다. 또한 역(逆)으로 "구체적으로 생각하고 광범하게 행동"(Think locally, act globally)하는 것도 필요하다. 2,000년 전 나사렛 동네에 사셨던 예수, 갈릴리 지방에서 활동했던 예수, 그가 골고다 언덕에서 성취한 구원의 의미를 깊이 생각하고 어떠한 상황, 어떠한 장소에서도 이 구체적 의미가 광범하게 적용될 수 있도록 행동하는 것 또한 필요하기 때문이다.

4) 무엇을(What)

종말론적 기독교교육을 통해 시행하고자 하는 교육의 기본 내용은 회심과 양육, 칭의 및 성화교육이라 할 수 있다. 이것은 곧 통전적 기독교교육을 의미하는 것으로서, 그 중심 축은 곧 통전적 관계성의 회복이라 할 수 있다. 하나님의 형상대로 지음 받았을 뿐 아니라 하나님의 대리자로서 세상을 다스리도록 부름 받은 인간은 태초부터 다양한 차원의 관계성 속에서 통전적 균형을 이루며 살도록 요청받아 왔다.

그 다양한 차원의 관계성이란 곧 신(神)-인(人), 개인-공동체, 인간-자연 사이에 놓인 관계성을 의미하며 이러한 차원의 관계성의 원형은 곧 인간의 원형(原形) 되신 하나님의 존재방식과 사역방식 속에서 발견된다. 먼저 신-인의 관계성은 그리스도의 양성(兩性)에서 그 기원을 찾아볼 수 있다. 그리스도는 참 신이요 참 인간으로서, 그의 신성과 인간성 사이에는 양극의 비대칭적 통일성이 존재함을 볼 수 있다.

또한 개인-공동체의 관계는 삼위일체 하나님의 성부, 성자, 성령의 각 위격(位格)의 개별성(individuality)과 공동체성(communality)이 갖는 페리코레시스(perichoresis) 사이에서 그 원형적 모습을 찾을 수 있다.[84] 페리코레시스, 즉 상호 내재성, 상호 순환성, 상호 침투성이라는 상호 보완적이고 상호 대등한 역동적, 유기적 관계성이 하나님의 개별성과 공동체성 사이에 존재하는 것처럼 그의 형상대로 지음 받은 인간의 개별성과 공동체성 사이에도 이러한 관계적 특성이 유지되어야 하지만, 타락 이후 인간의 이기성과 자기중심성으로 인해 이러한 관계적 특성이 왜곡, 일탈되고 말았다. 이처럼 왜곡, 일탈된 관계성은 인류가 그리스도의 재림을 통해 새롭게 변화된 존재로 새롭게 빚어질 때까지 그리스도의 십자가와 부활 사건에 참여하는 개인 및 공동체를 통해 점차적으로 변형되어 나가는 것이다.

인간-자연 사이의 관계성 역시 신-인적 관계성에서와 마찬가지로 양극의 비대칭적 통일성의 관점에서 조명되어야 한다. 인간이 자연을 필요로 하는 것처럼 자연도 인간의 돌봄을 필요로 하고 있으며 인간이 자연을 일방적으로 지배, 훼손, 파괴할 때, 자연 역시 인간을 지배, 훼손, 파괴 — 생태계 파괴와 환경오염을 통해 — 하게 된다는 사실을 자각해야 한다. 따라서 인간과 자연은 상호 의존적이며 보완적인 관계에 놓여 있다고 볼 수 있다.

결국 종말론적 기독교교육의 내용은 회심과 양육의 과정을 통해 하나님-개인-공동체-자연세계 사이에 통전적 균형을 유지하도록 돕는 것으로 요약될 수 있다.

5) 어떻게(How)

종말론적 기독교교육의 내용을 수행하는 방법은 교육의 내용 및 목적의 성격과 상호 부합하는 것이어야 한다. 따라서 종말론적 기독교교육은 관계성 위에 기초한, 관계성을 중심으로 한 교육이되 그 관계의 원형은 하나님의 '존재방식'(perichoresis)과 '사역방식'(bipolar relational unity)임을 분명히 해야 한다.[85]

교사는 삼위일체 하나님의 존재방식과 사역방식에 참여함으로 신앙적, 실존적, 관계적 변화를 체험한 사람으로서 학생 개인과 공동체 속에 그리스도의 은혜, 하나님의 사랑, 성령의 교제가 나타나도록 돕는 안내자, 촉발자, 모범자, 설명자, 도전자 역할을 수행한다. 따라서 교사의 언행, 지식뿐 아니라 교사의 삶, 인격, 신앙 등 전(全) 존재를 통하여 하나님의 존재방식과 사역방식이 반영되도록 함으로써 교사와 학생의 신-인적, 개인-공동체적, 인간-자연적 관계성이 통전적으로 회복될 수 있도록 돕는 코이노니아(koinonia) 방식에 따라 교육이 이루어져야 한다.[86]

6) 왜(Why)

"왜 종말론적 기독교교육을 하는가?"에 대한 답은 앞에서의 논의를 통해 어느 정도 윤곽을 드러내었다. 종말론적 기독교교육의 목적은 전술한 대로, 인간 개인과 공동체 속에 들어 있는 다면적(multi-faceted), 다층적(multi-layered), 다가적(multi-valued) 관계성을 통전적으로 균형 있게 회복, 복원, 유지하는 데 있다.

물론 이것은 이미 이루어진 것이라기보다는 종말론적 완성(eschatological

consummation)을 기다리고 있다. 현재의 시점에서 이러한 종말론적 이상(理想)을 온전히 성취할 수는 없지만 그리스도를 통해 나타난 종말론적 희망과 약속의 지평 위에서 그러한 가능성을 미리 맛보며 개인 및 공동체에 부여된 책임과 사명을 "세상 끝날까지" 실행해 나가도록 부름 받았기에 오늘 우리는 종말론적 기독교교육을 수행해야 하는 것이다.

종말론적 관점에서 볼 때 기독교교육 및 인간이 해낼 수 있는 최대의 사역은 결국 '주의 오심'(coming of the Lord)을 예비하는 것이라 할 수 있다. 이는 세례 요한이 담당했던 사역으로서 "여자가 낳은 자 중에 가장 큰 자"(마 11:11; 눅 7:28)라는 인정을 받게 된 것도 그가 인간이 할 수 있는 최선의 일을 하였기에 그러한 인정을 받게 된 것이 아닐까?

"주의 길을 예비하라"(Prepare the way of the Lord)(마 3:3; 막 1:3)는 명령은 개인뿐 아니라 공동체에도 함께 적용된다. 이미 '주의 오심'의 의미와 역동성을 맛본 사람들이 종말론적 공동체를 이룸으로써 겨자씨와 누룩은 온 세상을 향해 번져 나가게 되는 것이다. 기독교 신앙 및 실천은 자기 안에 갇혀 살거나(self-contained), 자기 충족적이거나(self-sufficient), 홀로 고립된(isolated) 것이 아니라 상호관련성 속에서 깨어진 개인 및 공동체의 관계를 회복해 나가는 생명력을 그 속에 지닌 역동적인 것이다.

이러한 생명 공동체는 신-인, 개인-공동체, 인간-자연 사이에 틈입된 균열과 파괴를 회복, 복원하며 삼위일체 하나님의 종말론적 구원을 향해 끊임없이 구성, 재구성, 변형해 나가도록 부름 받고 있다. 이러한 종말론적 공동체는 이 땅 위에 '하나님의 나라'(Basileia tou Theou)를 구축, 확장, 완성해 나가는 종말론적 약속과 비전의 담지자인 동시에 주체인 것이다.

결국 지금까지 논의된, 종말과 관련된 기독교교육의 목적은 다음과 같이 압축, 요약될 수 있다.

종말과 관련된 기독교교육의 목적은 세상 끝날까지 항상 함께하시겠다는 그리스도의 종말론적 약속과 비전 위에서 회심교육(칭의교육)과 양육교육(성화교육)을 통해 세상의 모든 백성, 모든 민족들로 하여금 그리스도의 제자가 되도록 돕는 '통전적 제자교육'(wholistic discipleship education)을 수행하며, 나아가 종말론적 제자 공동체(eschatological disciple community) — 즉, 코이노니아(koinonia) — 형성 및 심화 과정을 통해 '하나님나라'(Basileia tou Theou)의 확장 및 실현이 이루어지도록 '주의 길'(the way of the Lord)을 예비하고자 하는 데 있다.

우리가 이미 그리스도의 은혜로 용서받았기에 회개할 수 있는 것처럼, 이 세상에서 그리스도께서 이미 승리하셨기에(D-Day) 우리는 땅끝까지 그리고 세상 끝날까지(V-Day)[87] 싸울 수 있음을 기억할 때, 종말론적 약속과 비전은 하나의 분명한 실재(reality)로 우리 앞에 다가오게 될 것이다.

1) James Loder, "Transformation and Christian Education," ch. Ⅲ, 2f., unpublished monograph.

2) 미국의 New School for Social Research에 교수 겸 Fortune 紙 부편집장으로 있는 앨빈 토플러는 1970년에 『미래 쇼크』(Future Shock)를 시작으로, 1980년에 『제3의 물결』(The Third Wave), 그리고 1990년에는 『권력이동』(Powershift) 등, 매 10년 단위로 세계적 베스트셀러를 써냄으로써 미래학계의 뛰어난 권위자로 인정받게 되었다.

3) Rodney Hunter ed., The Dictionary of Pastoral Care and Counseling (Nashville : Abingdon Press, 1990), 208 f.

4) 다음의 책들을 참조하라. David McClleand et. al., The Achievement Motive (New York : Appleton-Century, 1953) ; David McClleand, The Achieving Society (Princeton : Van Nostrand, 1961). 맥클랜드의 성취주도형 성격에 대한 연구는 또한 Roger Brown, Social Psychology (New York : The Free Press, 1965)에도 소개되어 있다.

5) 로더는 "ascriptive worth"라는 표현을 사용하고 있으나 필자는 보다 사전적 의미의 정확성을 기하기 위해 "ascribed worth"라는 표현으로 대치하고자 한다. James Loder, "Transformation and Christian Education," ch. III, 7.

6) James Loder, "Transformation and Christian Education," ch. III,7.

7) 빅터 프랭클의 "의미요법"(Logotherapy) 이론의 기초를 형성한 것은 프랭클 자신이 겪었던 나찌 집단 수용소에서의 체험이었다. 프랭클이 수용소 체험을 통해 깨달은 하나의 진리는, 왜 살아야 하는지 삶의 분명한 목적과 이유를 가진 사람은 극한 상황에서도 살아남을 수 있다는 것이었다. Viktor E. Frankl, Man's Search for Meaning (New York : Beacon Press, 1959). 프랭클의 이러한 주장은, 인간의 생존에 있어서 생물학적, 생리적 조건의 충족 못지 않게 정신적, 심리적, 영적 조건의 충족이 필수 조건임을 밝혀 주는 것이라 하겠다.

8) 이 비교표는 성취적 가치와 존재적 가치의 사상적 관심, 주체, 관점, 추구방향 등을 중심으로 제시해 보았다.

9) 아이의 건강한 인격 형성을 위해서는 성취적 가치와 존재적 가치 사이의 역동적 균형이 필요하다. 하지만 아이를 사회화하기 위한 성취 교육에 내재해 있는 성취적 가치에 대한 일방적 강조는 아이가 아주 어렸을 때부터 부모에 의해 의식적, 무의식적으로 주입되기 시작한다.

10) 요즘의 한국 사회같이 성취주도적 삶이 보편화된 사회에서는 3살, 4살 때부터 벌써 여러 가지 예능교육, 특기교육을 시킨다. 이때 아이가 이루는 성취의 정도와 속도에 비례하여 돌아오는 부모님의 칭찬과 비난은 아이에게 엄청난 부담―어떤 의미에선 life & death struggle―과 충격을 안겨 주게 된다.

11) James Loder, "Transformation and Christian Education," ch. III, 8.

12) James Loder, *The Transforming* Moment (Colorado Springs : Helmers & Howard, 1989) ; James Loder, "The Direction of Transformation," 연세대학교 출판부 편, 『구원과 종말』 (서울 : 연세대학교 출판부, 1993), 410ff.

13) 마이클은 매일 밤 오로지 다음 날의 승진만을 꿈꾸며 잠자리에 들었었다. 출세, 성공만이 마이클이 이 세상을 살아온 유일한 의미, 유일한 보람이었다. 그는 자기가 성취한 것에서 오는 정당한 보상 외에 다른 것을 바라는 것은 허황된 것이라 여겨 왔었다. 그러나 어느 날 갑자기 걷잡을 수 없는 허무, 회의, 삶의 무의미성이 그를 엄습해 오게 되었다. 마이클은 왜 이렇게 갑작스럽게 그동안 그가 쌓아 온 수많은 성취들이 있음에도 불구하고, 무너져 버릴 수밖에 없는 것일까? 엄밀한 의미에서 보면 그의 무너져 내림은 갑작스러운 것이라기보다 그의 성취 지향성 내부에 자리 잡고 있던 삶의 무의미성과 무목적성이라는 절망(despair)의 늪이 누적되어 오다가 한꺼번에 그 실체를 드러내 보인 것이라 생각된다.

14) Deborah Hunsinger, "Becoming Bilingual," Union Theological Seminary Ph.D. Dissertation.

15) Michael Polanyi, *Personal Knowledge* (Chicago : The Univ. of Chicago Press, 1962).

16) 21세기의 한국사회, 나아가 지구촌이라는 커뮤니티가 당장 눈앞의 실리만을 추구하다가, 그들의 진정한 삶의 의미와 목표를 잃어버린 채 표류, 좌초함으로써, 공멸(共滅)의 나락으로 떨어지는 비극을 막기 위해서라도, 기독교교육은 기독교 진리의 핵심을 새로운 언어, 새로운 전달 방법으로 가르쳐야 한다. 21세기 한국의 기독교교육은 영성(靈性)뿐 아니라 전문성(專門性)을, 또한 전문성(專門性)뿐 아니라 영성(靈性)을 함께 추구함으로써, 과학 시대에 하나님을, 기술 시대에 신앙을, 인간의 '행위에 의한 의'(righteousness of human)에 집착하는 시대에 하나님의 '은혜에 의한 의'(Righteousness of God)의 "논리적 우선성"과 "한계적 조율성"을 가르치는 공동적, 총체적 노력을 기울여야 한다.

17) Paul Lehmann은 그의 책 *Ethics in a Christian Context*에서 'koinonia'를 "교제를 형성케 만드는 예수 그리스도의 실재"(fellowship creating reality of Jesus Christ)로 정의하고 있는데, 그의 이러한 정의는 필자의 코이노니아 이해와 상통한다.

18) Klaus Schwab ed., *Overcoming Indifference : Ten Key Challenges in Today's Changing World* (New York : New York Univ. Press, 1995).

19) *Webster's Unabridged Dictionary* (New York : Dorset & Baber, 1983), 1156.

20) 예를 들어 12세기 찰스 대제 당시의 사람들은 스스로 모던하다고 여겼으며, '신구교 논쟁'이 한창이던 17세기말 프랑스 사람들 역시 스스로 모던하다고 느꼈다. Barry Smart, *Postmodernity*, 이규헌, 이형권 역, 『탈현대성의 개념』 (서울 : 현대미학사, 1995), 282.

21) 이러한 인식은 '모던'이라는 용어가 역사기록 속에서 사용될 때마다, 고전(classic)이 일종의 모방을 통해 회복되어야 할 모범으로 여겨지던 시기에는 어김없이 등장하였다는 사실을 통해 분명해진다. '모던'(modern)은 또한 '모드'(mode) 또는 '모두스'(modus)와도 같은 언어적 뿌리를 가지고 있다. '모드'와 '모두스'가 하나의 '유행', 하나의 '방식'으로서 과거와의 관련성 속에서 생겨나는 것임을 볼 때, '모던' 역시 과거와의 관련을 떠나서는 존재할 수 없음을 알 수 있다. Barry Smart, Ibid., 282.

22) 이진우, 『포스트모더니즘의 철학적 이해』 (서울 : 서광사, 1993), 12.

23) '모더니즘'을 흔히 '근대주의' 또는 '현대주의'라고 번역하는데 본 장에서는 이 세 가지를 동의어로서 교환적으로 사용하고자 한다. 하버마스는 모더니즘이 17세기 계몽주의의 발현과 18세기 숙성과정을 거쳐 인류역사 전면에 등장함으로써 현대인의 삶 전반에 영향을 미치게 된 사조라고 설명한다. 근세 초기 17세기 후반에 영국의 로크(John Locke)는 형이상학적 인식론에 대해 비판적 태도를 취하면서 과학적 인식론을 주장하게 되었다. 이러한 로크의 사상은 18세기 프랑스로 들어와 볼테르(Voltaire), 몽테스큐(C.L. de Montesquieu) 등에 의해 본격적, 급진적 계몽사조의 형태를 갖추게 되었다. 『세계 철학 대사전』 (서울 : 고려출판사, 1992), 52.

24) 오니스(Francisco de Onis)가 그의 문학비평 중 "거의 소진되고 약간 보수적인 현대주의"를 묘사하기 위해 '포스트모더니즘'이라는 말을 사용하는가 하면, 또한 1950년대 후반 미국에서, 현대적 운동의 소멸을 한탄하며 "현대주의의 종말과 새로운 감성의 출현을 암시하는 농후한 징조들"을 묘사하는 데 사용되고 있음을 볼 수 있다. Barry Smart, Ibid., 19-20.

25) 이진우 엮음, Ibid., 11.

26) 포스트모더니즘 논의의 난해성을 고조시키는 요인으로 다음과 같은 것들을 지적할 수 있겠다. 첫째, '포스트모더니즘'의 무분별한 사용이다. 시대적 유행과 상업주의에 자극받아, 다소 "새로운" 또는 "기발한" 것들은 모두 '포스트모던'이라는 꼬리표를 달고 나타나는 경향이 있으며 이는 포스트모더니즘의 개념을 모호하게 만든다. 둘째, 포스트모더니즘의 학문적 광범위성에서 오는 어려움이다. 포스트모던 문학, 건축, 춤, 그림, 영화, 음악 외에도 포스트모던 철학, 정치학, 경제학, 사회학, 신학, 자연과학 등 인간의 삶 전반을 포괄하는 개념으로서의 포스트모더니즘은 그 범위와 포괄영역이 너무 방만함으로 인해 어떤 분명한 정의를 내리기가 어렵다. 셋째, 포스트모더니즘에 내재한 성격적 이중성에서 오는 어려움이다. 이러한 이중성은 모더니즘의 이중성에 그 뿌리를 두고 있다. 즉, 포스트모더니즘은 곧 모더니즘을 비판적으로 극복하고자 하는 사조임을 생각할 때, '비판적 극복'이라는 방법 자체가 '모더니즘'의 정신적 뿌리이기 때문

에, 결국 포스트모더니즘이 '비판적 극복'을 시도하는 한, '모더니즘'을 완전히 극복할 수 없다는 논리적 역설이 존재한다. 그러나 비판적 극복을 시도하지 않는다면 '모더니즘'의 단순한 현상유지를 탈피하기 어렵다는 데 포스트모더니즘의 난점이 들어 있다고 하겠다. 이진우 엮음, Ibid., 12, 13.

27) 이러한 입장을 따르는 사람은 '포스트모더니즘'을 '후기근대주의' 또는 '후기현대주의'로 번역하는 경향이 있다. 물론 단순히 번역 하나만으로 그 사람의 입장이 판명될 만큼 번역 자체가 교조적 의미를 갖는 것은 아니다. 정정호, 강내희 편, 『포스트모더니즘의 쟁점』(서울 : 도서출판 터, 1991), 15.

28) '긍정적 포스트모더니스트'란 곧 모더니즘적 이상을 긍정적으로 평가하는 사람들을 뜻한다. Barry Smart, Ibid., 17.

29) David Harvey, *The Condition of Postmodernity* (Oxford, UK : Blackwell, 1992), 구동회, 박영민 역, 『포스트모더니티의 조건』(서울 : 한울, 1994), 31, 82.

30) 이 입장에 선 사람들은 '포스트모더니즘'을 주로 '탈근대주의' 또는 '탈현대주의'로 번역하는 경향이 있다. 정정호, 강내희 편, Ibid., 15.

31) David Harvey, Ibid., 31.

32) Ibid., 82, 87.

33) David Griffin, *God and Religion in the Postmodern World*, 강성도 역, 『포스트모던 하나님 포스트모던 기독교』(서울 : 조명문화사, 1995), 45.

34) 본 장은 바로 이 창조적 포스트모더니즘의 맥락에서 포스트모더니즘 논의를 다루고자 한다.

35) Barry Smart, Ibid., 19.

36) David Harvey, Ibid., 30.

37) Ibid.

38) 이러한 의구심은 아도르노와 호크하이머가 집필한 『계몽의 변증법』(*The Dialectic of Enlightenment*, 1972)에 잘 나타나 있다. 이들은 히틀러의 독일, 무솔리니의 이태리, 스탈린의 러시아는, 모더니티 프로젝트 아래 지배와 압제의 논리가 숨어 있었던 대표적인 예라고 지적한다. 같은 맥락에서 볼 때, 인류의 자연지배라는 외연에는 인류지배라는 내연이 함축되어 있었으며, 이것은 인간의 자기지배와 자기적대를 통한 공멸이라는 어리석음을 드러내는 것이었다. David Harvey, Ibid., 31.

39) 과학적 지식이 하나의 진리로 나타나기 위해서는 그 속에 도덕성과 함께 심미성이 들어 있어야 한다. 어떤 사실을 지적으로 설명한다고 해서 그것이 곧 진리는 아니다. 그것은 하나의 과학적 이론이나 원리는 될 수 있다. 그러나 그것이 진리가 되려면 도덕적으로 선한 동시에 심미적인 아름다움을 포함하는 것이어야만 한다. 이처럼 참된 진리를 구성하는 진, 선, 미의 통전성이 기계적 세계관에 의해 상호 괴리, 균열되어 버림으로 말미암아 근대사회는 자유, 평등, 나눔의 기치와는 반대로 소위 과학을 통한 진리추구라는 이름으로 자연과 주위환경에 대한 억압, 지배, 착취적 약탈이 계속될 수밖에 없었다. 이처럼 과학에 의한 전횡과 힘의 논리가 약자들을 지배하는 상황을 타개해 나가기 위한 대안으로 제시된 것이 곧 포스트모던적 다원주의 또는 상대주의가 아니었나 생각된다. Michael Polanyi, *Personal Knowledge* (Chicago : The Univ. of Chicago Press, 1962), 145f.

40) 이것은 근대과학의 비신화화와도 같은 충격을 현대인들에게 안겨다 주었다. 이것은 곧, 그동안 자연과학이 누려 왔던 절대성과 문화적 헤게모니에 종지부를 찍는 동시에 기계적 세계관의 종말을 의미하는 것이었다. 그 결과, 과학언어는 상위언어, 절대언어로서 차지해 왔던 왕좌에서 내려와 탈근대사회를 형성하는 다양한 언어 중 하나로서 원래 자신의 위치로 복귀하도록 포스트모더니스트들에 의해 요청받게 되었다.

41) 관찰자와 관찰대상은 인식론적으로, 또한 생태학적 관점에서는 존재론적으로 상호 연결되어 있다. 즉, 관찰자의 절대적 객관이란 있을 수 없는 것이므로, 똑같은 관찰대상을 놓고도 관찰자 자신의 주관성에 따라 관찰되는 내용과 그 해석이 달라질 수 있다. 또 거시적, 생태학적 관점에서 볼 때 관찰자와 관찰대상은 상호 유기적 관련 속에서 서로에게 영향을 미치고 있다고 할 수 있다.

42) Michael Polanyi, Ibid., 249f.

43) '창조적 다원주의'라 함은 본 글에서 논의하는 '창조적 포스트모더니즘' 정신에 입각해서 상대방의 다른 점과 다양성을 무조건 거부하기보다는 그것이 던져 주는 도전과 순기능을 창조적으로 수용함으로써 자신의 정체성을 유지하면서도 새로운 발전의 가능성으로 나아가고자 하는 다원주의를 뜻한다.

44) Frederic Burnham ed., *Postmodern Theology : Christian Faith in a Pluralistic World* (New York : Harper & Row, 1989), 세계 신학연구원 역, 『포스트모던 신학』 (서울 : 조명문화사, 1990), 10.

45) 전근대시대에는 일부 종교지도자나 종교적 특권층에 의해 신앙언어 사용이 독점되었다 해도 과언이 아닐 것이다. 이들 소수의 종교적 특권층에 의해 자행된 억압, 지배, 착취에 의한 피해 역시 결코 간과할 수 없다. 예를 들면 종교재판을 통한 파문, 징계, 화형, 십자군 전쟁, 강요된 개종, 무조건적 복종과 헌금의무 등, 수많은 종교적 억압과 폭력이 근대 이전까지의 시대를 얼룩지게 하였음을 세계교회사를 통해 볼 수 있다. 이러한 종교적 폭압과 전횡에 대한 항거가 결집되어 나타난 근대화 3대 혁명 중 하나로 종교개혁을 꼽을 수 있다. 또한 이러한 종교적, 전통

적 억압에 대한 저항이 결집되어 한 시대 의식으로 나타난 것이 곧 계몽주의요. 이 계몽주의 이성의 기조 위에 근거한 역사가 곧 근대시대인 것이나.

46) 이렇게 과학언어가 절대화되어 감에 따라, 인간 이성은 모든 종류의 초월적 규범과 도덕률로부터 탈피하여 과학적 성취와 진보만을 추구하는 도구적 이성으로 환원되어 버렸다. 과학절대주의에 의해 축소된 도구적 이성은 부단한 노력을 통해 드디어 과학문명의 발전을 이룩하게 되었다. 하지만, 축소된 이성은 자신과 자신이 이룩한 문명의 의미와 목적을 제시해 줄 초월적 규범을 잃어버렸기 때문에, 그동안 이룬 업적은 물론 지구전체를 순식간에 파멸의 구렁텅이로 몰아 넣을 수 있는 엄청난 파괴력을 그 속에 함께 키워 오게 되었다.

47) 이러한 포스트모더니즘에서는 다양한 이야기들 사이의 불가공약성(incommensurability)이 강조된다.

48) Alvin Toffler, *Future Shock*, 이규행 역, 『미래의 충격』(서울 : 한국경제신문사, 1970), 236.

49) Ibid.

50) Alvin Toffler, *The Third Wave*, 이규행 역, 『제3물결』(서울 : 한국경제신문사, 1980), 222-269.

51) 고용수, "가정과 함께하는 교회교육," 『교육교회』 258호 (1998년 5월) 4-6.

52) Maria Harris, *Fashion Me A People* (Louisville : Westminster/John Knox Press, 1989).

53) 사도행전 2 : 42에 괄호 안의 내용이 첨가되었다.

54) Ivan Illich, *Deschooling Society* (New York : Harper & Row, 1970) ; 은준관, 『기독교교육현장론』 (서울 : 대한기독교출판사, 1991), 307에서 재인용.

55) Mary Boys ed., *Education for Citizenship and Discipleship* (New York : The Pilgrim Press, 1989), xii-xiii.

56) Howard Gardner, *Frames of Mind : The Theory of Multiple Intelligences* (N.Y. : Basic Books, 1983) ; *Intelligence Reframed : Multiple Intelligence for the 21st Century* (N.Y. : Basic Books, 1999) ; 김정준, 『융심리학과 영성교육』(서울 : 이머징북스, 2008), 381-386.

57) 교사와 학생의 역할이 유연성 있게 상호보완적 소통을 하는 학습법을 가리켜 "거꾸로 학습"(flipped learning)이라고 부른다.

58) 은준관, 『신학적 교회론』 (서울 : 연세대학교 출판부, 1995).

59) 이규민 외, 『기독교종합대학의 정체성과 제도』 (대구 : 이문출판사, 2000), 88.

60) 이규민, "통전적 회심 이해와 기독교교육," 『교육교회』 (1996년 7－8월). 여기에서 회심과 양육이 왜 기독교교육의 양대 축을 이루는가를 밝히고 있다.

61) John Wynn, *Christian Education for Liberation* (Nashville : the Abingdon Press, 1977), 89.

62) Elliot Eisner, *The Educational Imagination* (New York : MacMillan Pub. Co., 1985), 87－107.

63) John Wynn, op. cit., 89－100.

64) Ibid., 92.

65) 회심과 양육의 상호 유기적 관계성에 관한 논의는 이규민, "통전적 회심 이해와 기독교교육," 『교육교회』 (1996년 7－8월), 1－10을 참조하라.

66) David Freedman ed., *The Anchor Bible Dictionary* Vol. II (New York : Doubleday, 1992), 594f.

67) Ibid., 599－601.

68) 정통주의 신학자들은 그리스도의 재림과 천년왕국의 선후 관계를 중심으로 전천년설과 후천년설 (또는 무천년설)로 나뉘어 논쟁을 벌였다. 이 견해는 곧 하나님의 나라는 교회라는 대리자를 통해 역사 속에서 이루어진다는 입장으로서 오늘날 별로 유력한 지지기반을 가지지 못하고 있다.

69) 이는 예수를 임박한 종말을 믿고 가르쳤던 종말론적 교사로 이해하는 입장이다. 결국 이들은 예수를 실패한 종말론 교사로 이해한다.

70) 일관된 종말론자들이 예수를 실패한 예언자로 본 것에 반하여, 실현된 종말론자들은 예수의 가르침과 삶 속에 이미 역사를 넘어선 상징, 즉 예수의 인격 속에서 시간과 공간의 제약을 넘어 들어온 절대 타자를 통해 하나님나라의 실현이 이루어졌다고 본다.

71) 이들은 일관된 종말론의 미래적 집착, 실현된 종말론의 현재적 집착을 함께 비판하면서 하나님 나라의 미래성과 현재성, 예수의 가르침 속에 나타난 미래성과 현재성을 함께 부여잡고자 한다. 즉, 이들은 하나님나라의 미래적 모습은 이미 예수의 존재와 사역을 통해 선취되었으나 현재적 선취는 아직 본격적인 세계적, 우주적 실현의 날을 고대하고 있다 하여 현재와 미래 사이에 일종의 유기적 상관성과 역동적 긴장관계를 설정한다. 현재는 이 예시적 종말론이 가장 많

은 설득력을 지니고 있는 것으로 받아들여지고 있다.

72) Gerhard Friedrich ed., *Theological Dictionary of the New Testament* Vol. VIII (Grand Rapids : W. M. B. Eerdmans Pub. Co., 1975), 64-66.

73) *The Interpreter's Bible* Vol. VII (Nashville : the Abingdon Press, 1990), 624-625.

74) James Loder, *The Transforming Moment* (Colorado Springs : Helmers & Howard, 1989), 2.

75) '회개'와 '회심'의 의미상의 차이점에 대해서는 이규민, "통전적 회심 이해와 기독교교육," 2-3을 참조하라.

76) Ibid., 5-7.

77) Jürgen Moltmann, *The Trinity and the Kingdom*, trans. by Margaret Kohl (New York : Harper & Row Pub., 1981), 158f.

78) 한국교회의 기독교교육에 나타나는 역기능과 폐해에 대해서는 은준관, 『기독교교육 현장론』 (서울 : 대한 기독교 출판사, 1991) ; 한국 성서학 연구소 & 장로회 신학대학교 기독교교육 연구원 편, 『한국교회 성경공부의 진단과 개선방안』 (서울 : 도서출판 한국성서학, 1995) ; 이성희, 『미래 사회와 미래 교회』 (서울 : 대한 기독교 서회, 1996)를 참조하라.

79) 여기에 제기된 비판에 대해 일일이 응답하기보다는 대안적 기독교교육론, 즉 '종말론적 지평 위에 근거한 통전적 기독교교육론'을 제시함으로써 왜곡된 제자화 교육에 대한 수정안을 도출해 보도록 하겠다.

80) Campbell Wyckoff, "Understanding Your Church Curriculum," *The Princeton Seminary Bulletin* 63 (Winter, 1970), 77-84 ; Campbell Wyckoff, *Theory and Design of Christian Education Curriculum* (Philadelphia : The Westminster Press, 1961), 114-146.

81) Paulo Freire, *Pedagogy of the Oppressed* (New York : Continuum, 1990), 57f.

82) 교사와 학생 사이에 나타나는 양극의 비대칭적 통일성에 관한 논의는 Kyoo Min Lee, *Koinonia* (Princeton Theological Seminary Ph.D. Dissertation, 1995), 7-13을 참조하라.

83) "종말론적 지평 위에 근거한 통전적 기독교교육"은 보다 축약된 형태인 "종말론적 기독교교육"과 상호 교환 가능한 용어로 쓰인다.

84) Jürgen Moltmann, op. cit., 175f.

85) 하나님의 존재방식, 사역방식을 기독교교육적 관점에서 논의한 내용은 이규민, "탈근대화 시대의 기독교교육 과제 설정을 위한 신학적 고찰," 『포스트모더니즘과 탈식민지 시대의 신학』 (서울 : 한국신학연구소, 1996), 253 – 267을 참조하라.

86) Kyoo Min Lee, *Koinonia*, 149f.

87) Oscar Cullman, *Christ and Time* (Philadelphia : The Westminster Press, 1949).

제2부에서는 실천신학의 한 분야로서의 기독교교육의 학문적 특성과 방법론에 대해 고찰해 보고자 한다. 이를 통해 기독교교육은 근본적으로 학제 간 연구를 통해 수행되는 이론적 성찰임을 다시금 확인하게 될 것이다. 기독교교육은 또한 텍스트와 콘텍스트의 해석학적 순환을 통해 이루어지는 프락시스에 기반한 이론인 동시에 실천임을 밝혀 보고자 한다.

/ 제2부 /
신학적 통전성 :
실천신학과
기독교교육

제4장
실천신학 및 기독교교육 방법론

이론(theory)과 실천(practice)의 상관성에 관한 문제는 과거 이래 계속 논의되어 온 일종의 반복되는 논제라고 할 수 있다. 단 브라우닝(Don Browning)은 *A Fundamental Practical Theology*(1991, 『근본적 실천신학』)란 저서를 통해 신학은 실천에서 시작되었으며 이러한 실천에 대한 성찰의 과정을 통해 신학적 이론이 생겨나게 되었음을 역설하며 모든 신학은 근본적 의미에서 실천신학이어야 함을 주장한다.[1] 또한 에드워드 팔리(Edward Farley)는 *Theologia*(1983)라는 그의 저서에서 신학은 본래 현재의 모습처럼 지나친 전문화를 통해 분절화, 파편화되지 않고 총체적 학문으로서 "구원에 이르게 하는 지혜를 담지한 학문"(salvation-oriented knowledge of God)이었음을 밝히고 있다.[2] 그러나 슐라이어마허 이후 신학이 대학에서의 교과목으로 세분될 수 있도록 신학의 분야를 3구분 또는 4구분으로 나누게

되었고, 이것이 오늘날 신학 분야의 분절화를 고착시키게 되는 배경을 형성하게 되었다.[3]

이러한 분절 속에서 실천신학은 흔히 다른 신학, 소위 이론신학이 정립해 놓은 이론들을 현장에 단순히 적용시키는 기능적 역할을 감당하는 것으로 축소, 왜곡되게 되었다. 이러한 왜곡의 결과 실천신학은 흔히 '응용신학'라 불리게 되었고 자체의 이론 및 방법론이 확고히 정립되지 못한 채 지나온 것 또한 사실이다. 그러나 1980년대에 들어오면서부터 실천신학 이론 및 방법론에 관한 연구가 새로운 활기를 띠기 시작하였다.

유수한 학자들이 스스로를 실천신학자로 명명하고 실천신학의 독특한 방법론에 대한 인식과 비판적 성찰을 심화시키게 되었다. 이러한 노력의 결과 많은 실천신학자들은 실천신학적 방법론을 통해 다른 신학, 소위 이론신학으로 평가되던 분야들에 대해 건설적 도전과 공헌을 할 수 있게 되었다. 즉, 신학의 각 분야들이 인문과학이라 불리는 비신학적 학문들을 사용하게 되는데, 인문과학의 활용에 있어 신학의 자아 정체성, 목적, 내용 등과 부합하는 방법론들이 실천신학자들의 연구를 통해 지속적으로 심화, 발전된 것이다.[4]

이러한 실천신학적 노력의 결과 1993년 "국제실천신학학회"(International Academy of Practical Theology) 창립총회가 미국 프린스턴 신학대학원에서 열리게 되었다. 50여 명의 세계 실천신학자들이 모여 실천신학의 학문적 성격과 방향에 대해 논의하게 된 데 이어 1995년에는 스위스 베른(Bern)에서 2차 총회가 개최되었고 3차 총회 후보지를 놓고 캐나다와 경합을 벌인 결과 한국이 1997년 3차 총회 개최지로 선정된 것이다. 이는 세계 및 한국 기독교계의 실천신학 발전에 견인차 역할을 할 수 있는 계기가 되었다.

이제 실천신학의 특성을 간학문적 역동성을 중심으로 살펴보고자 한다. 실천신학(Practical Theology)은 신학과 인문과학 사이에 이루어지는 일종의 학제간 연구(an interdisciplinary study)라 할 수 있다.[5] 예를 들어, 목회상담학은 심리학 및 상담학을, 설교학은 의사소통 이론(communication theory)과 연설이론(theories of speech)을, 기독교교육학은 심리학, 철학, 교육학 등을 인접학문으로 사용한다.

이러한 학제간 연구 실행에 있어서 실천신학의 정체성 형성을 위해서는 인간 이해, 하나님 이해, 성서와 계시의 권위 등을 비롯한 신학적 입장을 분명히 해야만 한다. 그러나 분명한 신학적 입장을 견지하는 것이 곧 일종의 근본주의(fundamentalistic) 신학 또는 전제주의적(imperialistic) 신학으로의 퇴행을 하는 것은 아니다.[6] 실천에 비해 신학만을 지나치게 강조한 나머지 근본주의 신학의 입장에 있는 사람은 아마도 인문과학이 실천신학에 제공하는 통찰의 효용성을 거부할 것이다. 반면, 신학적 정체성은 소홀히 한 채 효율적 실천만을 추구하며 인문과학에만 치중하는 사람은 그 실천이, 타당한 신학적 근거 위에 기초해야 한다는 정당한 요구마저 묵살하기 쉽다.

이처럼 실천신학이 실천과 신학 중 어느 한 가지만을 추구하는 극단에 빠져들지 않고, 실천과 함께 신학을 그리고 신학과 함께 실천의 중요성을 동시에 존중하는 대안은 없을까? 이러한 대안적 노력은 곧 신학과 인문과학 두 분야를 연계시키려는 학제간 연구(interdisciplinary study)를 통해 나타난다. 이처럼 신학과 인문과학의 연계를 시도하는 학제간 연구에 있어서도 신학과 실천 중 강조점이 어디에 실리느냐에 따라 실천신학 방법론은 다양하게 분류된다.

실천신학 방법론에 관한 보다 구체적 성찰을 위해 이 장에서는 실천신학의 주요 분야 중 하나인 기독교교육학, 그중에서도 토마스 그룸(Thomas Groome)의 공유된 프락시스 접근(shared praxis approach)을 중심으로 논해 보고자 한다.[7] 그룸의 방법론을 택한 이유는 그의 방법론이 현행의 기독교교육 흐름을 잘 보여 줄 뿐 아니라, 기독교교육의 실천신학적 성격을 명확히 드러내 주기 때문이다. 본 장은 그룸의 방법론을 비판적으로 성찰함으로써, 신학적 통전성과 교육적 타당성을 함께 만족시키려면 신학과 인문과학이 상호 어떠한 관계와 위상을 가져야 할 것인가에 대해 고찰해 보고자 한다. 이러한 작업을 위해, 우선 그룸의 프락시스 접근이 실천신학의 전체 구도 속에서 어떤 위치를 차지하는지 살펴보도록 하자.

I. 실천신학의 한 분야로서의 기독교교육

기독교교육 역시 실천신학의 중요한 분야로서 신학과 인문과학 사이에 놓인 긴장을 그 속에 지니고 있다. 이러한 긴장은 기본적으로 신학과 인문과학의 기본전제와 출발점이 다른 데서 기인한다. 신학은 비록 그 의미는 다양하다 하더라도 '하나님의 현존'(the presence of God)을 하나의 실재(reality) 또는 전제(presupposition)로 하고 있다. 그러나 인문과학에서는 하나님의 현존이라는 것 자체가 무의미할 뿐 아니라 그것이 학문을 위한 실재나 전제로서의 위상을 가질 수 없다. 따라서 실천신학 방법론에서 가장 문제가 되는 것은 신학자가 인문과학을 사용함에 있어서 어떻게 신학적 통전성을 유지할 수 있는가 하는 것이다.

기독교교육학자들은 신학과 교육학 사이의 관계성에 대해 다양한 이견들을 보여 왔다. 사라 리틀(Sara Little)은 "오늘날, 신학과 교육의 관계성은 점점 더 모호해지고 있다"고 지적함으로써 기독교교육의 방법론적 문제성을 제기하고 있다.[8] 기독교교육의 실천신학적 방법론에도 다양한 입장들이 있지만 이것들을 크게 세 범주로 나누어 볼 수 있다. 그것은 곧 신학과 교육학 사이에서 어느 한 쪽에 일방적 강조점을 두는 것과 둘 사이에 역동적 상호관계성을 인정하는 입장이다.

1. 신학에 대한 일방적 강조

전통적으로, 신학자들은 신학이 모든 학문의 정점으로서의 자리를 차지한다고 생각해 왔다. 이러한 입장을 반영하듯, 신학이 교육학을 주도해야 한다고 주장하는 기독교교육학자들이 있다. 부쉬넬(Horace Bushnell)의 영향을 받은 밀러(Randolph Miller)의 주장 속에 이러한 입장이 잘 나타나 있다.

> 기독교교육은 기독교의 계시적 진리의 타당성에 관여한다. 신학은 곧 인간과 관련하시는 하나님에 관한 진리(the truth-about-God-in-relation-to-man)이다. 따라서 신학은 교육철학, 교육목적, 교육방법 그리고 학습자의 성품의 발전에 있어서의 결정적 요소라 할 수 있다.[9]

이러한 입장에 있는 사람은 인문과학적 통찰을 너무 소홀히 하는 경향이 있다. 물론, 기독교교육에 있어서 신학의 중요성은 아무리 강조해도 지나치지 않다. 하지만 신학의 중요성만을 강조하다 보면 학습자의 삶의 자리와 정황의 중요성은 소홀히 될 수밖에 없다. 신학적 전범성(textuality)만을 강조하고 교육적 정황성(contextuality)을 무시하는 교육은 일종의 교리교육 내지는 신앙전수 교육 차원을 벗어나기 어렵다는 것이 이러한 방법론의 한계를 드러내 준다.

2. 교육에 대한 일방적 강조

교육에 대한 일방적 강조는 전술한 입장과 상반되는 태도를 취한다. 이러한 입장을 가지고 기독교교육을 수행하는 대표적 인물로 제임스 리(James Michael Lee)를 꼽을 수 있다. 그는 "종교교육[기독교교육]은 근본적으로 일종의 사회과학"임을 주장한다.[10] 따라서 그는 신학이 교육학에 대해 일종의 제국주의적(imperialistic) 입장을 취하는 것을 강력히 비판한다. 그는 한 걸음 더 나아가 신학이 효율적 기독교교육을 방해하는 일종의 걸림돌과 같은 것이라고 여긴다.

> 나의 입장은 비록 신학이 종교교육에 있어서 일종의 규범 역할을 수행하는 것은 사실이지만 그러한 규범 역시 절대성이나 우선성을 가지는 것은 아니다. …… 오히려 그러한 규범은 종교교육의 전체과정과 관련된 중요한 변인(variables)들 중 하나로서의 역할에 불과한 것이다.[11]

이러한 입장은 곧 자유주의 신학과 맥을 같이하는 것이라 할 수 있다. 자유주의 신학은 하나님의 내재성만을 강조한 나머지 하나님의 초월성은 무시하는 경향이 있다. 제임스 리와 비슷한 입장에 서 있는 사람으로서 코우(George Albert Coe)를 꼽을 수 있다. 그는 기독교교육에 대한 신학적 간섭과 개입을 방지하려는 나머지 믿음 또는 은혜에 의한 구원이 아닌 "교육에 의한 구원"(salvation by education)을 외치기까지 이르렀다.[12] 이러한 입장을 견지하는 사람들은 다른 어떤 것보다 학습자의 사회화(socialization)와 인간화(humanization)가 기독교교육의 중심 목적이 되어야 한다고 주장한다.

3. 신학적 프락시스(Theological Praxis)로서의 교육

'프락시스'란 이론과 실천의 유기적 관계 속에서 '이론을 담지한 실천'(theory-laden- practice) 또는 '실천을 담지한 이론'(practice-laden-theory)을 가리키는 용어이다. 프락시스적 방법론을 추구하는 이들에게는 신학이 명사라기보다는 동사이며 교육은 곧 신학함(theologizing)의 본질적 요소라고 생각한다. 이들은 이러한 신학을 가리켜 "행동하는 신학"(doing theology)이라 명명하며 "행동하는 신학" 자체가 또한 교육이라고 생각한다. 이러한 입장을 견지하는 사람들로는 그룸(Thomas Groome), 무어(Mary Moore), 쉬파니(Daniel Schipani) 등을 들 수 있다.[13]

앞에 소개된 두 극단과 비교해 볼 때, 프락시스적 접근이야말로 양 극단의 중간 입장(centrist)을 취한다. 즉, 프락시스적 접근은 앞의 두 방법에 비해 신학과 인문과학의 상호 균형을 유지하는 학제간 연구를 존중하는 방법론이라 할 수 있다. 이러한 방법론적 특성 때문에 프락시스적 접근은 현재의 많은 기독교교육학자들에 의해 받아들여지고 있는데 그중 가장 대표적인 모델로 꼽히는 것이 바로 그룸의 공유된 프락시스 접근(shared praxis approach)인 것이다.

II. 그룸(Groome)의 공유된 프락시스 접근

그룸의 프락시스 모델의 논지를 이해하기 위해서는 프락시스 개념의 역사적 배경에 대해 먼저 살펴볼 필요가 있다.

1. 프락시스 개념의 역사적 배경

그룸의 프락시스 모델은 그룸이 "프락시스적 앎"(praxis way of knowing)이라고 부르는 "관계적, 성찰적, 경험적" 인식의 기초 위에서 형성된 기독교교육 이론이다.[14] 그룸의 '프락시스적 앎'과 유사한 동의어로서 '성찰적 행동'을 꼽을 수 있다. 이 말은 곧 "이론적 성찰에 의해 제시된 실천, 또는 실천에 의해 형성된 이론적 성찰"과도 같은 말이다.[15] 즉, 기독교교육 프락시스는 복음의 도전을 실천하려는 참여자들의 나눔에 의해 활성화되는 것이다.

그룸은 프락시스 인식론(the epistemology of praxis)의 역사를 아리스토텔레스로부터 시작해서 헤겔, 막스, 하버마스 등에 이르기까지 프락시스 개념의 역사적 줄기를 추적하고 있다. 이러한 역사적 흐름에 대해 간략히 살펴보도록 하자.

먼저 아리스토텔레스는 인지의 종류를 세 가지로 구분하여 제시한다. 그것은 곧 테오리아(theoria), 프락시스(praxis), 포이에시스(poiesis)이다. 테오리아는 지혜에 이르게 하는 궁극적 진리를 향하는 사색적, 성찰적 추구를 의미한다.[16] 한편, 프락시스는 거의 모든 종류에 걸친 의도적 노력을 의미하거나 또는 보다 협의의 의미로는 "합리성과 목적성을 가진 인간의 행동"을 가리킨다.[17] 따라서 프락시스는 어떤 특정한 활동에 있어서의 이론적 성찰과 동시에 실천적 참여를 포함한다. 이처럼 프락시스가 성찰적 행동이라면 포이에시스는 숙달된 작업(skilled making)을 의미한다. 즉, 포이에시스는 무언가를 생산해 냄으로써 실재(reality)와 관련을 맺는 방법을 의미한다. 예를 들면, 조각가나 장인(匠人)의 작품 등을 통해 나타나는 것이 바로 포이에시스이다.

테오리아, 프락시스, 포이에시스의 특성을 좀더 구별해 보자. 먼저, 테오리아는 현상이나 삶의 정황으로부터 초연한 사색적, 성찰적 노력을 통해 궁극적 진리를 파악하고자 하는 노력을 의미한다.[18] 이것은 인간으로 하여금 행복의 가장 완전한 형태인 '지혜'(sophia)에 이르도록 인도하며, 이러한 과정 속에서 얻어지는 지식을 곧 '테오리아적 지식'(theoretical knowledge) 또는 '초월적 지혜'(transcendent wisdom)라 할 수 있다.

프락시스는 단순한 '실천'(practice)과는 구별되는 것으로서 '행동과 성찰' 또는 현대적 의미에서의 '이론과 실천' 두 가지를 하나의 유기적 통일체로 묶어 주는 개념이다. 이것은 마치 성경적 앎, 즉 'yada'와 같이 '실천적 지식'(practical knowledge)의 지속적 발생을 가능하게 한다.

포이에시스는 프락시스와의 비교, 대조를 통해서 그 의미가 더 명확해지게 된다. 프락시스적 작업을 '행함'(doing)이라 한다면, 포이에시스적 작업은 '만들기'(making)라 할 수 있다. 프락시스는 "운동, 사업, 정치" 등을 할 때처럼 특정한 행위를 함에 있어서 끊임없는 성찰을 동반한다.[19] 또한 한 번의 행위가 그 자체로써 종료되는 것이 아니라, 이후 지속적 행위를 통해 성찰과 행동의 변증법이 반복적으로 일어남으로써 '실천적 지식'이 순환적 증가를 계속하게 된다. 한편, 포이에시스는 프락시스와는 달리 "집, 배, 동상" 등을 만들 때와 같이 하나의 작품 또는 목적하는 결과를 달성함으로써 종료되는 지식을 의미한다. 즉 포이에시스는 '생산적 지식'(productive knowledge)을 산출하는 일종의 기술적 과정(technical process)을 의미한다.[20]

아리스토텔레스는 테오리아를 궁극적 진리 파악을 위한 노력 또는 최상의 행복의 상태, 즉 '지혜'(sophia)를 발현시키는 것으로 설명함으로써, 테오리아가 프락시스나 포이에시스에 비해 일종의 우월성을 가질 수 있는 가능성을 열어 놓았다. 하지만 아리스토텔레스는 테오리아, 프락시스, 포이에시스를 상호 분리나 단절 속에서는 존재할 수 없는 인간 삶의 유기적 관계성을 드러내는 것으로 여겼음에 비해, 신플라톤주의자들은 포이에시스를 아예 인지적 관심의 영역 밖으로 추방시키고는, 테오리아와 프락시스를 상호 대립적 개념으로 이분화시킨다. 그 결과 '테오리아'는 실천과는 대립되는 '이론'을, '프락시스'는 이론과 대립되는 '실천'을 뜻하는 것으로 그 의미가 왜곡되고 말았다. 결국 서구의 철학은 흔히 이성적 성찰을 통해 이론을 먼저 형성(formation of theories)하고 난 후에 비로소 실천적 적용(practical application)을 시도하는 이분법적 도식을 고착시키게 되었다.

이처럼 테오리아와 프락시스의 이분법적 분리는 헤겔(Hegel, 1770-1831)에 의해 다시 변증법적 긴장(dialectical tension)의 과정을 통해 그 유기적 관계성을 회복하게 되었다. 하지만 헤겔의 프락시스 개념은 아리스토텔레스의 프락시스와 구별되는 차이가 존재한다. 그 주된 차이는 헤겔이 칸트(Kant)와 계몽주의로부터 '비판적 이성'(critical reason)의 중요성을 배워 옴으로써 프락시스의 이성적 성찰의 깊이와 예리성을 한층 더하게 된 사실에 기인한다. 헤겔의 변증법적 역사 이해는 그룹의 프락시스 이해에도 중요한 통찰을 제공한다. 헤겔은 프락시스의 역사적 발전을 중요시하며 프락시스의 과거 경험들은 인간자유의 지속적 발전이라는 미래적 프락시스의 형성을 위해 수용, 인정된 후 또한 극복, 초월되어야 함을 강조한다.[21]

테오리아와 프락시스의 이분법적 분리가 헤겔에 의해 극복된 이후, 막스, 하버마스, 프레이리 등을 거치면서 프락시스의 의미와 함축은 더욱 풍부해진다. 다양한 입장에 따라 프락시스의 특성과 성격도 다르게 되지만, 그룹은 프락시스 개념의 기본 특성 위에 자신의 철학적, 신학적 관점으로부터 프락시스의 의미를 규정해 나감으로써 그의 공유된 프락시스적 접근을 시도한다.

프락시스를 자신의 기독교교육 방법론의 핵심개념으로 삼는 이유에 대해 그룹은 다음과 같이 설명한다. 첫째, 프락시스는 성서적 앎, 즉 'yada'의 의미를 부각시켜 준다. 둘째, 이론과 실천의 결합과 일치를 유지시켜 준다. 이것은 곧 크리스천의 신앙고백과 실제적 삶의 불일치를 극복하는 중요한 통찰을 제공해 준다. 셋째, 기독교교육이 지향하는 궁극적 목적인 인간의 자유와 해방을 실현함에 있어 일방적인 '이론정립과 실천'이라는 이분법적 도식보다 프락시스적 '성찰-행동'의 유기적 일치가 훨씬 더 효율적이다. 이상과 같은 이유에서 그룹은 프락시스를 그의 기독교교육 방법론의 핵심 개념으로 사용하는 것이다.

2. 기독교교육의 프락시스적 접근의 중심 개념

1) 프락시스 교육의 목적

그룹은 기독교교육의 개괄적 목적이란 곧 사람들로 하여금 온전한 기독교인으로서 살 수 있도록 돕는 데 있다고 주장한다. 그는 교육이 일어나는 종교 공동체의 전통을 "이야기"(Story)와 "비전"(Vision)이라는 말로 대변한다. 그리고는 교육과 관련된 사람들의 임무는 그 종교공동체의 신앙전통을 분별해 내어 공동체 구성원들로 하여금 전통 속에 들어 있는 중심 가치

에 따라 살도록 돕는 것이다.[22]

그룸은 교육이란 일종의 정치적 활동이라고 이야기한다. 그 이유는 교육이란 사람들의 삶에 의도성을 가지고 개입하는 구조화된 작업인 동시에, 사람들이 사회 속에서 어떤 모습으로 살아야 할지를 제시해 주기 때문이다. 이러한 의도성(intentionality)이란 개인과 공동체의 현재 상황뿐 아니라 과거의 전통, 그리고 또한 미래의 가능성에 대한 인식과 자각을 일깨우기 위한 노력을 의미한다.[23]

그룸은 하버마스(Jurgen Habermas)의 자기성찰적 지식에 대한 강조와 프레이리(Paulo Freire)의 프락시스에 대한 강조를 수용함으로써 종교교육은 억압으로부터 "해방의 방법으로"(in an emancipatory way) 시행되어야 한다고 주장한다. 이러한 해방을 실현하기 위해서는 교육이 단순한 전수, 습득, 활용 차원을 떠나 질문, 회의, 비판, 변증적 작업을 향해 나아가야 한다는 것이다.[24] 이러한 교육활동을 위해 그룸은 종교공동체와 개인은 물론, 기독교공동체와 주변 사회에 대한 변증법적 성찰과 검증의 작업이 중요하다고 역설한다. 이러한 작업을 통해 개인과 종교공동체 그리고 사회의 해방을 향한 변화가 가능해지기 때문이다.

2) 학습자

그룸의 방법론은 모든 인간은 진정한 의미의 인간화(humanization)를 달성하도록 부름 받고 있다는 인간 됨의 소명(召命)을 전제한다. 인간화의 시작은 억압으로부터 자유로워지고자 하는 사람들의 열망 속에 이미 배태되어 있다. 그룸은 교사와 학습자 모두가 자유를 향한 열망과 능력을 소유하고 있으며 비판적 성찰을 통해 역사의 주체자로 설 수 있는 가능성을 지니고 있다고 본다.[25] 이것을 위해서는 교사는 물론 학습자들 역시 교육의 단순한 객체이기보다는 주체로서의 권한과 동시에 책임 및 역할을 감당해야만 한다. 학습자가 교육의 주체자로 인정받기 위해서는 학습자 자신이 그에 따른 책임과 역할을 수행하는 것이 필요하다.

3) 내 용

기독교교육의 내용을 형성하는 지식에는 3가지 차원이 존재한다. 그 중 첫 번째 것은 "이미"(already)의 차원이다. 이것은 곧 학습자가 이미 알고 있는 내용, 이미 습득한 경험 등을 가리킨다. 지식의 두 번째 차원은 "현재진행"의 차원이다. 이것은 학습자가 현재 배움을 통해 발견해 나가고 있는 지식을 뜻하는 차원이다. 마지막으로, "아직"(not yet)의 차원이 있다. 이것은 앞으로 얻어질 내용, 교육을 통해 달성할 미래적 차원의 지식을 의미한다.[26]

지식은 현재의 경험 속에서 새로운 자기발견이 일어날 수 있도록 돕는 과정을 통해 생겨난다. 이것은 곧 어떤 특정 상황 속에서 일어나는 경험들에 대해 비판적 성찰을 계속함으로써 계속적인 프락시스가 발생하도록 돕는 과정을 의미한다. 이러한 과정을 통해, 교육은 표방된 궁극적 목적을 향해 합목적적이고 의도적이며 자기성찰적 행동을 취할 수 있도록 활성화시켜 나가게 된다.[27]

4) 교수-학습의 역동성

그룸은 개인이 처한 환경 자체가 교육의 중요한 요소가 됨을 강조한다. 이것은 일종의 간접적 교육이라 할 수 있다.[28] 이러한 간접적 교육이 곧 단순히 기존 사회의 가치를 주입, 전달하는 사회화(socialization)를 뜻하는 것은 아니다. 물론 기존 사회의 가치가 궁극적으로 교육이 지향하는 목적과 부합할 때는 사회의 가치를 전달하는 일종의 사회화 과정이 그 속에 포함될 수 있다. 하지만 기존 사회의 가치는 종교공동체를 통해 내려오는 중심 가치와 비판적으로 비교, 성찰함으로써 변증법적 긴장을 잃지 않도록 하는 것이 그룹의 방법론이 취하는 교수-학습 역동성의 핵심요소라 할 수 있다.

그룹은 교수-학습 역동성의 과정을 5단계로 나누어 기술한다.[29] 첫째, 학습자들은 어떤 특정 사안에 대한 그들의 현재 활동모습을 파악하도록 요청받는다(Naming Present Action). 둘째, 학습자는 그들의 현재 활동모습의 근원, 배경, 이유와 그들이 결과적으로 지향하는 목표 등에 대해 비판적으로 성찰하도록 요청받는다. 즉, 이 단계는 "그들이 왜 그러한 활동을 하고 있는가?"라는 질문을 통한 근본 이유에 대한 성찰, 그리고 "그러한 활동을 통해 그들이 추구하는 것은 무엇인가?"라는 질문을 통한 근본 목적에 대한 성찰 등을 하는 단계이다(The Participants' Stories and Visions). 셋째, 논의되고 있는 사안에 대해 기독교 전통과 공동체는 어떠한 "이야기"와 "비전"을 제시해 주는가 교사의 도움을 통해 깨닫게 되는 단계이다(The Christian Community Story and Vision). 넷째, 학습자들은 자기들 이야기의 관점에서 기독교 이야기를 비판해 보고 또한 기독교 이야기의 관점에서 자기들 이야기를 상호 비판해 보도록 요청받는다. 이것은 곧 학습자들의 이야기(stories)와 기독교 이야기(the Story) 사이에 변증법적 해석을 시도하는 것을 의미한다(Dialectical Hermeneutic between the Story and Participants' Stories). 마지막으로, 학습자들은 기독교 비전(the Vision)의 관점에서 그들의 비전(visions)을 비판적으로 성찰할 것을 요청받는다. 이것은 곧 "현재 우리의 행동이 기독교 비전과 얼마나 부합하는 것인가?"에 대한 성찰인 동시에 "이제 앞으로는 어떻게 행동할 것인가?"를 묻고 결정하는 교수-학습 역동성의 마지막 단계이다(Dialectical Hermeneutic Between the Vision and Participants' Visions).

3. 공유된 프락시스에 대한 비판적 성찰

1) 강 점

(1) 교사와 학습자의 상호 참여

그룹의 공유된 프락시스 교육론은, 교사와 학습자가 협력하는 가운데 교육의 목표와 과정 등을 설정할 수 있어 참여도와 효율성을 높일 수 있다는 것이 가장 큰 장점이라 할 수 있다.[30] 이러한 방법은 학습자의 준비도, 열망, 관심사, 특성 등을 교육의 과정에 효율적으로 반영할 수 있을 뿐 아니라 그들의 자발적 참여와 결단, 또한 그 결단에 따른 책임과 역할을 수행하도록 동기를 부여할 수 있다. 또한 상호 참여와 대화를 통해 분명하지 않은 개념과 혼동 등을 명료화해 나가게 된다.

(2) 지, 정, 의의 유기적 관계성

프락시스 개념의 역사적 성찰을 통해 밝혀진 것처럼, 프락시스 중심의 교육은 테오리아나 포이에시스 중심의 교육에 비해 사고와 행동을, 그리고 앎(knowing)과 실천(acting)을 유기적으로 연결시켜 주는 장점을 가지고 있다.[31] 또한 이것은 지식(知)을 감성(情) 및 의지(意)와 연결시킴으로써 지, 정,

의의 전 인격적 교육 실현에 많은 도움을 줄 수 있다. 또한 그룹의 공유된 프락시스 교육은 단순한 인격교육의 차원에 머무르지 않는다.

학습자들의 이야기(stories)와 비전(visions)이 나누어진 후에는 기독교 이야기(the Story)와 비전(the Vision)에 비추어짐으로써 학습자들의 이야기와 비전이 전혀 새로운 각도에서 인식과 통찰의 변형을 가져올 수 있기 때문이다.[32]

(3) 개인의 권리와 다양성 존중

그룹의 방법은 특히 현대 및 후기현대사회에서 그 효용성을 인정받을 수 있다. 현대 및 후기현대사회에서는 개인의 권리와 독특성, 그리고 다양성이 그 어느 때보다도 중요한 것으로 여겨진다. 한편, 그룹의 공유된 프락시스 방법은 상호간의 나눔과 교류를 통해 구성원 각 사람이 차지하는 위치가 중요해질 뿐 아니라 독특한 입장을 대변해 줌으로써 새로운 통찰과 아이디어를 얻어낼 수 있는 가능성이 높아지게 된다.[33] 공동체 구성원이 상호간에 경쟁자로서의 구도에 붙잡혀 있기보다는 서로의 경험과 독특한 시각들을 교환함으로써 서로가 서로를 수정, 보완, 완성해 나갈 수 있는 창조적, 건설적 구도를 형성하게 되는 것이다.

결국 위에 언급한 공유된 프락시스 이론의 역동성을 통해 그룹은 서로가 서로를 돕는 동반자적 관계를 형성함으로써 공동체의 참된 공동체성이 회복되어야 함을 강조하고 있다고 평가된다. 따라서 그룹의 방법론은 현대 및 후기현대사회의 특성들을 수용하는 데 매우 유용한 방법이라 할 수 있다.

2) 약점

그룹의 방법론에는 강점뿐 아니라 그 한계성과 취약점 역시 공존한다. 우선 그의 방법론이 주로 나눔과 공유에 의해 이루어진다는 것은 그 이론의 강점인 동시에 실현 가능성에 관한 문제를 그 속에 내포하고 있다. 즉, 그룹이 주장하는 나눔과 공유가 과연 공동체 속에서 실제로 이루어질 수 있는가 하는 의문이 제기된다는 것이다. 이러한 의문에 대해 신학적 개방성과 개인 및 공동체의 실제 능력이라는 두 범주로 나누어 설명해 보기로 하자.

(1) 교단의 권위와 개인의 자유

먼저 신학적 개방성이라는 범주 속에서, 나눔과 공유가 과연 얼마나 효율적으로 일어날 수 있는지에 대해 살펴보자. 그룹의 방법은 개인의 이야기와 비전뿐 아니라, 종교전통 또는 공동체의 이야기(the Story) 및 비전(the Vision) 역시 변증법적 성찰 과정을 통해 자연스러운 교류와 개방, 비판과 변형이 일어나야 한다고 주장한다. 예를 들면, 4번째 단계에서는 기독교 이야기의 관점에서 개인의 이야기가 비판되어야 함은 물론, 개인 이야기의 관점에서 기독교 이야기 역시 비판되어야 한다고 주장한다. 이러한 비판은 활발한 교류와 해석의 과정을 통해 기독교 이야기(the Story)가 새롭게 해석, 수정, 보완되는 것을 포함한다.[34] 하지만 몇몇 개인이나 개인들의 모임에 의해 성경, 교리, 전통 등으로 대표되는 기독교 이야기가 비판, 수정, 변형될 수 있도록 개인과 공동체에게 자유와 가능성을 허용하는 교단이 과연 얼마나 될 것인가?

특히 그룹 자신이 속해 있는 공동체가 로마 가톨릭임을 생각할 때, 가톨릭의 권위주의적 교회체제, 권위주의적 성경해석, 교리의 절대적 확정성과 무오성 등에 눌려 과연 그룸의 방법론이 표방하는 변증법적 상호 비판 및 교정의 역할이 제대로 수행될 수 있을까? 가톨릭뿐 아니라 개신교에 있어서도 보수 입장을 취하는 교단들이 과연 개인들의 이야기에 의해 그들이 신봉하는 기독교 이야기, 즉 성경과 교리의 비판, 수정, 변형을 얼마나 허용할 수 있을까? 대다수 한국교회처럼 교단의 입장이 다소 폐쇄적, 권위주의적일 때 그룸의 방법론이 과연 얼마나 실행될 수 있을지 그 효율성을 낙관하기가 쉽지 않으리라 생각된다.

(2) 하나님나라의 정치, 윤리적 환원성

그룸의 교육론이 추구하는 궁극적 목표는 곧 '하나님나라'의 도래로 요약할 수 있다. 그러나 그룸이 의미하는 하나님나라는 다분히 정치적 차원과 동일시되는 경향이 있다. 즉, 정의, 평화, 사랑의 정치적 실현을 곧 하나님나라의 도래와 대등한 것으로 보고 있는 것이다. 비록 하나님나라의 종말론적 완성을 그룸이 언급하고 있긴 하지만 여전히 그에게 있어선 하나님나라의 정치적 또는 윤리적 차원이 그의 교육론이 지향하는 목표의 거의 절대 위치를 차지한다.[35]

하나님의 나라가 종말론적으로 완성될 뿐 아니라 "이미-아직"(already-not yet)의 긴장 속에서 지금 여기에서도 이미 이루어져 가고 있으며, 하나님의 나라가 정치, 윤리적 의미를 갖는 것도 사실이다. 그러나 하나님나라를 지금 여기에서 이루어지는 정치, 윤리적 정의, 평화, 사랑의 실현과 동일시하는 것은 부분을 전체화하는 축소주의(reductionism)에 빠지게 만든다.

(3) '하나님 사랑'의 환원적 이해

하나님나라의 환원적 이해는 하나님나라와 관련된 다른 개념들, 즉 '하나님 사랑'에 대한 이해 역시 환원적으로 제시하는 문제를 야기시킨다. 그룸은 하나님 사랑과 이웃 사랑을 동일한 것으로 제시한다.[36] 하나님 사랑과 이웃 사랑은 상호 유기적으로 연결되어 있는 두 차원임은 분명하다. 그러나 이 둘 사이에는 연속성과 동시에 불연속성도 있음을 분명히 해야 한다. 두 개념 사이의 불연속성을 무시한 채 연속성만을 강조하게 되면 기독교의 하나님 사랑이 단순히 하나의 윤리, 도덕적 사랑으로 축소되어 버리는 오류를 범하게 된다.

(4) 비판적 성찰 능력의 과대평가

그룸의 방법론에 나타난 다섯 단계의 움직임을 가능하게 하고 해방을 향한 변화를 가능하게 하는 원동력으로 제시된 것이 바로 '비판적 성찰' 또는 '비판의식'(critical consciousness)이다.[37] 물론, 억압적 전통으로부터의 해방이나 발전과 변화를 위한 비판적 성찰의 중요성은 아무리 강조해도 지나치지 않을 것이다. 그러나 인간의 비판적 성찰을 통해 인간의 죄성과 자기중심성, 구조적 억압과 불의 등의 근본적 문제들이 해결될 수 있을까? 또는 인간의 비판적 성찰의 능력을 과연 절대적으로 신뢰할 수 있는 것일까? 다익스트라(Craig Dykstra)는 비판적 성찰의 위험성에 대해 다음과 같이 경고한다.

> 인간의 삶을 비판적으로 성찰한다는 것은 대단히 위험한 작업이다. 인간의 삶 속에 나타나는 문제들은 결코 단순한 게 아니다. 현재의 삶을 비판적으로 성찰할 수 있을 만큼 자유로워지기 위해서는 [우리 주위의 환경을 바꾸려는 노력뿐 아니라] 우리 자신이 스스로 변화되고자 하는 열망 또한

있어야만 한다. 이것은 곧 우리 자신의 [현재적 모습의] 포기를 의미한다. 그러나 과연 이러한 포기가 가능할 만큼 인간이 자유로운가에 대해 결코 낙관해서는 안 될 것이다.[38]

다익스트라의 경고대로 그룸은 인간 이성의 능력과 비판적 성찰의 가능성에 대해 너무 낙관적 입장을 견지한다. 인간의 능력과 가능성 못지않게 인간의 한계성과 죄성을 인정하는 것이 보다 실제적이고 책임 있는 모습이 아닌가 생각된다.

지금까지 그룸의 공유된 프락시스적 접근을 통해 학제간 연구로서의 기독교교육이 이론과 실천, 그리고 신학과 인문과학 사이에서 어떻게 상호 유기적인 관계성을 유지할 수 있는지 살펴보았다. 그리고 그룸의 방법론이 가진 가능성과 한계성에 대해 비판적으로 고찰해 보았다. 그러면 이제 그룸의 방법론이 가진 가능성은 살리는 한편 한계성을 극복할 수 있는 대안적 고찰을 시도해 보도록 하자.

Ⅲ. 그룸의 공유된 프락시스 교육론의 방법론적 비판

앞에서 지적된 공유된 프락시스 교육론의 장점과 단점의 근본 토대는 무엇일까? 공유된 프락시스 교육론이 근거하고 있는 실천신학 방법론이 바로 그 근본 토대이다. 그룸의 방법론은 브라우닝(Don Browning)이 지적한 대로 트레이시(David Tracy)의 '수정된 상관관계 모델'(revised correlational model) 또는 브라우닝이 명명한 '비판적 상관관계 모델'(mutual critical correlational model)에 근거해 있다.[39] 이 말은 곧 기독교 이야기와 비전―전통―이 개인의 이야기와 비전―상황―에 의해서도 얼마든지 수정, 비판될 수 있다는 말이다. 이처럼 그룹의 교육론은 기독교적 전통과 현대적 상황 사이에 놓여 있는 상호 유기적 관계성을 강조하고 있다. 이것은 곧 전통을 대변하는 교사와 상황을 대변하는 학습자 사이의 상호참여가 가능할 뿐 아니라 각 개인의 권리와 다양성을 존중하는 방법론적 틀을 제공해 준다.[40]

그러나 그룹의 방법론은 이러한 장점과 함께 어쩔 수 없는 단점을 그 속에 내포하고 있다. 그룹의 방법론은 신학과 인문과학이 상호 비판을 통해 상호수정과 교정을 얼마든지 할 수 있도록 열어 놓고 있다. 하지만 신학과 인문과학을 철저히 대등한 위치에 놓게 될 때 문제가 되는 것은 과연 누가, 무슨 기준으로, 어떠한 근거 위에서 이러한 수정과 교정을 진행시킬 것인가 하는 문제이다. 이 문제에 대해 그룹, 브라우닝, 트레이시 등은, 기독교인 개인과 공동체는 그들 자신과 공동체 및 전체 사회에 기독교적 이상 — 그룹에게 있어서는 '하나님나라'의 도래 — 을 실현해 나가도록 하는 기독교교육의 근본 목표가 이러한 수정과 교정을 위한 기준이요 근거가 된다고 대답할 것이다.

언뜻 상당히 설득력 있는 대답처럼 들릴지도 모른다. 하지만, 이 대답엔 여전히 핵심적 요소가 빠져 있다. 예를 들면 그룹에게 있어서 하나님나라의 도래는 곧 이 땅에 자유, 정의, 사랑이 실현되고 확장되는 것을 의미한다. 그러나 이 땅에 이루어져야 할 자유, 정의, 사랑의 의미는 무엇일까? 그리고 신학과 인문과학 사이의 간학문적 노력이 자유, 정의, 사랑의 구현에 도움이 되는지 안 되는지, 되면 얼마만큼 되는지의 여부는 어떻게 알 수 있는가?

이러한 질문이야말로 간학문적 노력의 기준과 근거를 묻는 핵심적 질문이라 할 수 있다. 그룹은 물론 브라우닝, 트레이시 역시 이러한 질문에 대해, 그러한 것들은 개인 및 공동체의 '비판적 성찰'(critical reflection) 혹은 '비판 의식'(critical consciousness)을 통해 얻어질 수 있다고 응답할 것이다.[41] 즉, 이들 세 사람의 방법론의 핵심은 곧 '비판적 성찰'로 요약될 수 있다. 바로 여기에 그룹이 의존하는 비판적 상관관계 모델 혹은 수정된 상관관계 모델의 한계가 드러난다. 개인 및 공동체의 '비판적 성찰'이 가진 근본적 한계와 문제점에 대해서는 이미 앞에서 설명한 바 있다. 비판적 성찰의 오류성은, 20세기 한 세기 동안 벌어진 전쟁, 환경오염, 생태계 파괴 등을 생각해 보면 금방 알 수 있다.

이처럼 비판적 성찰이 취약한 것임에도 불구하고 비판적 상관관계 모델은 진리 규명의 핵심적 근거를 인간의 비판적 성찰의 능력에만 의존하고 있다. 이것이 바로 그룹의 교육론이 그 이론적 해석과 실천적 적용에 있어서 '하나님나라'와 '하나님 사랑' 개념을 정치, 윤리적으로 축소시킬 수밖에 없는 이유이다. 그러면 그룹의 교육론과 비판적 상관관계 모델의 이러한 문제점을 극복할 수 있는 대안으로 어떤 것을 제시할 수 있을까? 그 대안적 가능성에 대해 살펴보기로 하자.

VI. 대안적 가능성 : 칼케돈 신앙 모델(the Chalcedon Pattern)

그룹의 교육론과 비판적 상관관계 모델의 문제점은 인간의 비판적 성찰의 가능성을 너무 과신함에서 비롯된다. 인간의 비판적 성찰이 종종 빠져들게 되는 왜곡과 일탈에 관해서는 앞에서 이미 언급한 바 있다. 그렇다면 인간의 비판적 성찰이 이러한 왜곡과 일탈에 빠져들지 않도록 일종의 비판, 검증, 감시 및 조절 기능을 해 줄 수 있는 것은 없을까? 성서, 설교, 그리스도를 통해 드러나는 하나님의 계시(revelation)야말로 인간 이성

(rationality)의 비판적 성찰 능력에 대해 일종의 비판, 검증, 감시 및 조절 기능을 하고 있지 않은가? 그룹은 이러한 질문에 대해, 신학과 인문과학이 상호 대등한 관계를 유지하듯 하나님의 계시와 인간 이성의 비판적 성찰 역시 상호 대등한 관계를 유지한다고 응답할 것이다. 그러나 실제 내용에 있어서는 그룹의 방법론적 실천의 핵심 역할을 하는 것은 인간의 비판적 성찰임이 이미 앞에서 밝혀진 바 있다.

그룹의 방법론에 왜 이처럼 하나님의 계시성이 약화되고 있는 것일까? 그 이유는 신학과 인문과학의 철저한 대등성을 강조하는 것 자체가 인간 이성의 중심성, 비판적 성찰의 중심성을 드러내는 것이기 때문이다. 인간 이성은 하나님의 계시에 의해 조명되며 계시에 의해 그 의미와 방향성이 정립될 때 왜곡과 일탈에서 벗어날 수 있다. 그러나 그렇다고 해서 하나님의 계시가 인간 이성의 통전성을 일방적으로 억압하거나 훼손시키는 것은 아니다. 하나님의 계시는 인간 이성의 통전성을 억압하기보다는 그 본래의 모습과 기능을 회복할 수 있도록 안내, 조명, 역동화한다. 하나님의 계시가 인간에 의해 포착, 이해, 실천되기 위해서는 인간의 이성은 반드시 필요한 필수 조건이다. 따라서 하나님의 계시와 인간의 이성은 서로 분리, 고립되어 있기보다는 서로 유기적으로 연결되어 있다. 또한 이 둘은 상호 배타적이기보다는 상호 보완적인 관계를 가지고 있다. 그러나 하나님의 계시는 인간 이성이 포착, 이해, 실천해야 할 내용을 선제적으로 제시한다는 점에서 인간 이성에 대해 일종의 논리적 우선성(logical priority)을 갖는다.

하나님의 계시와 인간 이성의 상호 유기적, 보완적 관계성을 드러내 주는 범례를 어디에서 찾을 수 있을까? 그 대표적 범례가 "vere Deus, vere Homo", 즉 그리스도는 참 하나님이며 동시에 참 인간임을 고백하는 칼케돈 신조(the Chalcedon Creed)를 통해 찾아볼 수 있다. 그리스도의 신성과 인성은 하나님의 계시와 인간 이성 사이의 관계를 설명해 주는 하나의 유비(analogy)와도 같은 것이다. 그리스도의 신성은 "하나님이 왜 인간이 되어야 했는가?"(Cur Deus Homo?), 즉 그리스도의 인성의 의미와 목적을 제시해 준다. 한편, 그리스도의 인성은 그리스도의 신성이 의미하는 바와 목적하는 바를 실천하는 역할을 한다. 이러한 신성을 통한 인성의 목적 제시와 인성을 통한 신성의 목적 실현은 단회적으로 끝나는 것이 아니다. 그것은 인간과 세계를 위한 구속 사역과 영화(榮化) 사역이 종국적 완성(eschaton)을 향해 나아가도록 변증법적, 해석학적 순환을 반복함으로써 역동성을 유지해 나가게 된다.

그리스도의 양성(兩性)의 관계성을 중심으로 헌싱어(Deborah Hunsinger)는 '칼케돈 모형'(the Chalcedonian Pattern)이라는 이름으로 목회상담학에 있어서의 신학과 심리학 사이의 정위(正位)적 관계성을 설명한다.[42] 그녀에 의해 설명된 칼케돈 모형은 신학과 심리학의 통전성을 인정하고 유지하는 한도 내에서 두 학문 사이의 상호 유기적 관계를 통한 학제 간 연구를 수행한다. 그러나 그리스도의 신성이 인성에 대해 논리적 우선성(logical priority)을 갖는 것과 마찬가지로 신학이 심리학에 대해 일종의 논리적 우선성을 가져야 함을 그녀는 역설하고 있다.

위에 지적된 그룹의 방법론이 가진 문제점들을 해결하기 위해서도 역시 이러한 방법론상의 논리적 우선성이 신학과 기독교 전통에 대해 주어질 때, 인문과학과 개인의 이야기 및 비전 등이 올바른 의미와 방향성을 회복하게 될 것이다. 그때에야 비로소 '하나님나라'와 '하나님 사랑'의 진정한 의미를 깨닫게 될 뿐 아니라 인간의 비판적 성찰을 과대평가하는 오류로부터 해방되는 것이다.

마지막으로 그룹의 공유된 프락시스 접근을 불가능하게 만드는 교단의 권위적 태도와 폐쇄성 역시 하나님의 절대성과 초월성 앞에서 개인, 지교회, 교단이 모두 자신의 상대성과 한계성을 인정할 때 비로소 새로운 변화의 가능성이 싹틀 수 있다. 교회의 교단주의나 교권주의의 폐해에서 개인 및 신앙 공동체를 보호하기 위해서도 칼케돈 모형의 적용 및 실천의 중요성이 강조되어야 한다. 즉, 하나님의 영적 임재로서의 '코이노니아'($\kappa o \iota \nu \omega \nu \iota a$)가 인간의 제도적 친교로서의 '에클레시아'($\varepsilon \kappa \kappa \lambda \eta \sigma \iota a$)에 대해 일종의 논리적 우선성 및 한계적 조율성(marginal control)을 행사하도록 자신을 개방함으로써, 개인, 지교회, 교단 모두가 하나님의 임재와 친교에 함께 참여할 수 있는 기쁨을 공유하게 되는 것이다.

우리는 지금까지 실천신학의 학문적 성격과 방법론을 간학문적 역동성을 중심으로 살펴보았다. 또한 그룹의 공유된 프락시스 교육론의 간학문적 위상과 장단점을 비판함으로써 이 이론이 가진 문제점을 실천신학 방법론의 견지에서 조망하였다. 그리고 이러한 방법론적 문제점을 시정, 보완할 수 있는 대안적 모델로서 헌싱어(Deborah Hunsinger)의 '칼케돈 모형'(the Chalcedonian Pattern)을 제시하였다. 칼케돈 모형은 이론과 실천, 신학과 인문과학 양쪽의 통전성과 동시에 상호 유기적 관계성을 유지해 준다는 점에서 그룹의 공유된 프락시스 접근의 장점을 잘 살려 낸다. 또한 칼케돈 모형은 그룹의 방법론에 나타나는 '하나님나라'와 '하나님 사랑'의 환원적 이해, 그리고 비판적 성찰 능력의 과대평가 등의 단점들을 극복함으로써 교육학적 타당성과 동시에 신학적 통전성을 함께 견지할 수 있는 모델로 평가되어야 할 것이다.

**Holistic Christian
Education for the
Postmodern Era**

제5장
실천신학 및 기독교교육에 있어서의 이론과 실천의 관계성

명망 있는 기독교교육학자이자 세계적 연구재단의 부이사장인 다익스트라(Craig Dykstra)는 "실천에 대한 재고"(Reconceiving Practice)라는 논문에서 다음과 같이 역설한다:

> 실천(practice)에 대한 과거적 개념은 많이 왜곡되어 온 것이 사실이다. 실천이라 하면 자체적 이론의 깊이나 성찰이 결여된 채 현장에서 필요로 하는 것을 무조건 그리고 단순히 수행하는 것이라는 왜곡된 생각을 해 왔던 것이다. 그러다 보니 실천신학이 마치 일종의 응용신학이라는 오해를 하게 된 것이다.[43)]

다익스트라는 전통적인 기독교교육이나 실천신학이 지닌 문제점을 잘 지적해 주고 있다. 하지만 그는 보다 근본적인 차원의 문제는 여기에서 언급하지 않는다. 오늘날 기독교교육적 실천 및 실천신학의 문제를 보다 책임 있게 다루기 위해서는 '실천'이 의미하는 보다 근원적 차원에 대해 성찰해 볼 필요가 있다.[44] 이러한 심도 있는 성찰은 오늘날의 기독교교육과 실천신학 속에 내재한 구조적 문제점을 살펴볼 수 있는 눈을 열어 주게 될 것이다. 이러한 구조적 문제를 들여다본 후에 보다 균형 잡힌 실천을 위해 아리스토텔레스, 아퀴나스, 하우어워스로부터 얻을 수 있는 통찰과 지혜를 제시해 보도록 하고자 한다.[45]

I. 실천신학의 주요 문제

실천신학은 그 자체만으로도 방대한 역사와 범위를 지니고 있다. 실천신학의 방대한 역사를 경시하는 것은 실천신학이 가지고 있는 전통과 자원들을 사장시키는 결과를 초래한다. 하지만 본 장은 실천신학의 역사 전반을 고찰하기보다는 오늘날에도 지대한 영향을 미치고 있는 주제를 중심으로 해서 고찰해 보고자 한다. 이는 실천신학의 특성과 목적에 대해 다시 생각해 보는 기회를 제공하게 될 것이다.

1. 실천신학의 전통적 범위

실천신학이 본격적인 학문적 성찰의 대상이 된 것은 슐라이어마허(Friedrich Schleiermacher)에게로 거슬러 올라간다. 그는 신학을 크게 철학신학, 역사신학, 실천신학으로 3구분하였다.[46] 신학에 대해 슐라이어마허는 다분히 실증적 접근을 시도하였다. 그는 신학적 성찰, 노력, 구분 등의 모든 시도들은 결국 실천적 필요와 효용성 증대를 위한 것이라고 보았다. 슐라이어마허는 이렇게 주장한다 : "일반적으로 하나의 실증과학(a positive science)은 그 실증과학에 속한 각 하위분야들을 체계적으로 조립해 놓은 과학이다. 각 하위분야들이 하나의 종합적 체계를 이루는 것은 특정한 실천과제를 수행하고자 하는 것이다."[47] 슐라이어마허는 신학의 실천과제는 교회의 운영을 위한 것이라고 보았다.

슐라이어마허의 이러한 이해는 분석적이고 체계적이기는 했지만 신학을 일종의 "목회신학"(pastoral theology)으로 축소시키는 결과를 초래하였다. 슐라이어마허가 제시한 "목회를 위한 신학"은 그 이후 지금까지도 많은 사람들의 뇌리에 신학의 기능과 역할로 새겨지게 되었다. 물론 교회현장과 유기적으로 상응하는 신학교육을 실시하는 것은 중요하다. 하지만 신학의 학문적 범위가 목회현장으로 제한되거나 축소되어서는 안 된다. 화이트(J. Whyte)는 이렇게 주장한다 : "실천신학에 대한 이러한 해석은 신학의 실천적 특성을 강조해 주지만, 이것을 실천신학 자체와 동일시해서는 안 된다."[48] 목회적 실천은 신학의 중요한 현장이요 과제임에는 틀림이 없다. 하지만 실천신학의 대상과 장이 교회와 목회로만 한정될 때, 그것은 하나님의 창조세계 전체에 대한 신학적 성찰과 실천을 교회로 축소하고 한정시키는 환원주의에 빠지게 된다. 이러한 이해는 일종의 "성직자 패러다임" 또는

"목회 패러다임"(clerical paradigm)에 머물고 만다.

2. 실천신학에 있어서의 전통적 성찰 방식

실천신학에 대한 성직자 패러다임 또는 목회 패러다임적 이해가 초래하는 또 다른 문제가 있다. 그것은 곧 "기술적 성찰" 또는 "도구적 성찰"(technical reflection)의 문제이다. 실천신학을 단지 목회를 위한 것으로 생각할 때, 이러한 실천신학은 다분히 응용적이다 못해 기술적이고 도구적인 성찰의 차원에 머물게 된다는 것이다.[49] 슐라이어마허는 다음과 같이 주장한다:

> 교회에서의 리더십의 목적은 교회의 사역에 필요한 다양한 역할들을 효율적으로 수행해 내는 것이다. 이러한 사역들을 위해 필요로 하는 지식들은 일종의 기술들과 유사하다. 이러한 다양한 기술과 방법들을 체계화시킨 것을 가리켜 실천신학이라 할 수 있다.[50]

틸리히 역시 조직신학 속에서 "실천신학은 조직-역사신학 이론을 교회의 삶 속에 응용하는 도구적 이론"이라고 제시하고 있다. 하지만 실천신학에 대한 이러한 이해는 그것이 실천신학이 아닌 "응용신학"(applied theology)이 되게끔 만드는 왜곡을 초래한다.[51] 실천신학은 다른 이론신학들이 만들어 놓은 것을 단순히 응용하고 수행하는 신학은 아니다.[52]

알래스테어 캠벨(Alastair Campbell)은 이러한 응용신학적 이해에 대해 통렬히 비판한다. 실천신학이 응용적이고 도구적이라는 잘못된 생각은 조직-역사신학을 더욱 추상적인 것이 되게 하는 한편, 실천신학을 더욱 기술적 이론이 되게 만든다는 것이다.[53] 따라서 이 둘 사이에 괴리와 단절이 더욱 가속화되는 문제를 야기하게 된다는 것이다: "이런 불편한 관계는 조직-역사신학과 실천신학이 점점 더 방황하게 만든다."[54]

목회적 패러다임이 초래하는 또 하나의 문제는 실천신학이 마치 그 속에 신학적 내용이나 요소가 결여되어 있는 것처럼 만든다는 것이다. 목회적 패러다임은 실천신학의 신학적 내용은 이론신학에서 빌려오고 도구적인 실천방안은 인문과학이나 사회과학에서 빌려오는 것으로 만들어서 실천신학이 공허하고 빈약한 것이 되도록 왜곡한다는 것이다. 게르하르트 에벨링(Gerhard Ebeling)은 목회적 패러다임이 실천신학을 무용한 것으로 만드는 결과를 초래한다고 비판한다.[55] 목회적 패러다임이 가진 가장 큰 문제점은 이론과 실천을 분리시키고 일방적인 응용의 문제로 지나친 단순화를 초래한다는 것이다. 사실 이론과 실천은 결코 분리된 것이 아니고 상호 유기적으로 연결되어 있다. 따라서 실천신학은 '실천적 성찰'에 대해 보다 전문적 연구를 시도하는 분야이다. 위르겐 하버마스(Jürgen Habermas)는 다음과 같이 주장한다:

> 기술적(technical) 탐구는 소기의 목표를 달성하고자 하는 실용적 방안을 모색하는 시도이다. 반면에 '실천적(practical) 탐구'는 특정 규범의 타당성과 수용성 여부를 판가름하고자 하는 시도이다. 특히 행동을 위한 규범, 즉 어떠한 일을 할 것인가 말 것인가를 결정하는 규범을 탐구하고자 하는 것이다.[56]

기술적 성찰은 소기의 목적을 달성하고자 하는 도구적 특성을 지니고 있다. 반면, 실천적 성찰은 그 목적 자체가 정당성이 있는가를 성찰한다. 실천적 성찰은 또한 목적을 이루기 위해 채택하는 수단의 정당성과 효율성에 대해 성찰한다. 그리고 행동규범에 대해 성찰한다. 실천적 성찰은 본래

이처럼 목적, 수단, 규범의 정당성을 묻고 성찰하는 것이었지만 그것이 목회적 패러다임이 지닌 기술, 도구, 방안에 대해 주된 관심을 기울이게 됨에 따라 정당성과 관련한 성찰은 실천신학이 아닌 이론신학 분야에 해당된다는 착각이 나타나게 되었다. 이런 왜곡 속에서 인문과학과 사회과학의 다양한 방법과 수단들을 신학적 검증이나 비판적 성찰 없이 무비판적으로 수용하는 우를 범하게 된 것이다.[57]

II. 실천적 성찰을 위한 논의

1. 실천신학의 맥락과 범위

실천신학은 그것이 진정한 의미의 실천에 관한 성찰이 되기 위해서는 그 연구 및 성찰의 범위를 하나님의 창조세계 전반을 향해 확대, 확장할 수 있어야 한다. 하나님은 온 세상과 우주의 하나님이시다. 그렇다면 실천신학의 연구 및 성찰 역시 하나님에 의해 피조된 모든 세계를 향한 것이어야 한다.

캠벨은 실천신학의 맥락과 범위는 무엇보다 교회와 세상의 관계성에 대한 올바른 이해에 기초해야 한다고 주장한다. 그리고 또한 신앙인과 비신앙인과의 관계성에 대한 성찰 역시 필요함을 역설한다: "실천신학은 다음과 같은 것들에 대해 성찰할 수 있어야 한다. 기독교인에 의해 이루어진 모든 것들이 왜 그렇게 이루어져야 했는가? 비기독교인들에 의해 이루어진 것들에 대해 그것들은 어떤 의미와 관계성을 지니고 있는가?"[58] 이러한 질문들은 또한 다음과 같은 주장과도 일맥상통한다: "실천신학은 세상을 이끌어 가시는 하나님의 행위에 대해 주목한다. 하나님이 하시는 일들은 교회 내에서도 나타나지만 교회 밖에서도 얼마든지 나타난다."[59]

이러한 이슈들은 교회론과도 직, 간접적으로 맞닿아 있다. 목회적 패러다임이라고 부르는 협소한 교회론의 한계와 울타리를 넘어서 이 세상과 역사를 이끌어 가시는 하나님의 구원행위에 대한 성찰을 필요로 하는 것이다. 이렇게 함으로써 교회 내에 함몰되는 신학이 아닌, 교회를 포함하되 교회를 넘어 사회를 포괄하는 실천신학이 되어야 한다.

2. 아리스토텔레스(Aristoteles), 아퀴나스(Aquinas), 하우어워스(Hauerwas)와 실천적 성찰

온당한 실천신학을 위한 성찰은 기술적(technical) 성찰이 아닌 실천적(practical) 성찰이 되어야 한다. 여기에서 말하는 실천적 성찰은 그 범위가 확장되어야 하는 것 외에도 그 심도와 깊이를 함께 갖추어야 함을 의미한다. 여기에서 말하는 실천은 단순한 적용이나 응용을 넘어서는 것이다. 단순한 적용과 응용이 자신의 비판적 성찰보다는 일방적 수용과 적용에 머무는 것이라면, 실천은 "이론을 담지한 실천"인 동시에 "실천을 염두에 둔 이론"으로서의 '프락시스'(praxis)를 의미한다. 이처럼 적용과 응용이 아닌 '프락시스'의 의미를 보다 분명히 이해하기 위해서 역사적으로 의미 있는 실천이론에 대해 살펴볼 필요가 있다. 여기에서의 프락시스는 '실천적 지혜'(practical wisdom) 또는 '사려분별'(prudence)과 일맥상통하는 것이기에 이에 대한 철학적 토대가 되는 아리스토텔레스, 아퀴나스, 그리고 이러한 전통에 입각한 윤리적 실천을 주장하는 하우어워스에 대해 간략히 살펴보기로 하자.

1) 아리스토텔레스의 포이에시스(Poiesis)와 프락시스(Praxis) 이해

아리스토텔레스는 인간의 이해를 촉진하는 3가지 형태의 행위를 구분하였다. 그것은 테오리아, 포이에시스, 프락시스이다.

테오리아는 관찰대상에 대한 이론적 지식을 가리킨다. 테오리아는 눈앞의 관찰대상을 이해할 수 있도록 지식을 제공한다. 하지만 이론은 이미 눈앞의 현상을 넘어 관찰대상의 본질에 참여한다. 테오리아는 심오할 정도로 관상적이고 성찰적인 노력이기에 궁극적 진리에 도달하고자 노력한다. 이러한 이론적 추구를 통해 얻게 되는 것이 곧 '지혜'(sophia)이다.[60]

테오리아보다는 보다 의도적이고 인간적인 노력을 통해 관찰대상에 대한 지식을 얻고자 하는 것이 곧 프락시스이다. 프락시스는 "합리적이고 의도적이고 목적지향적인 인간적 지식의 추구행위"를 의미한다.[61] 프락시스는 행위와 성찰, 성찰과 행위를 언제나 함께 추구한다. 테오리아는 내적 성찰과 명상을 통해 궁극적 진리에 도달하고자 하는 반면, 프락시스는 관찰대상과의 교류, 경험, 관찰 등을 통해 관찰대상에 대한 지식을 얻고자 한다. 프락시스는 실천적 지혜, 즉 프로네시스(phronesis)의 도움을 통해 지식을 얻게 된다. 프락시스는 또한 열정을 필요로 하는 것이기에 프락시스 속에는 감성의 요소도 필수적으로 요청된다.[62]

프락시스가 성찰이 동반된 실천이라면, 포이에시스(poiesis)는 숙달된 제조능력을 의미한다. 포이에시스는 무언가를 만들어 내는 것을 의미한다. 프락시스는 생각을 실천(doing)과 연결시키는 것이라면, 포이에시스는 생각을 제조(making)과 연결시킨다. 전통적으로 이론신학은 프락시스에 대한 의식 없이 단지 테오리아(theoria)에만 치중해 왔기에 실천신학은 포이에시스를 위한 것이라는 오해를 했던 것이다. 그 결과 실천신학은 단지 이론신

학에 의해 생성된 테오리아를 현장 속에 적용, 응용하는 학문이라는 단선적 사고를 하였던 것이다. 적용신학, 응용신학에서 요청되는 성찰은 무언가를 만들어 내는 데 필요한 '기술적 성찰'(technical reflection)일 뿐이다. 이것은 하나의 기술(techne) 또는 제조(poiesis)에 불과할 뿐이다. 하지만 실천신학에서 요청되는 성찰은 참된 실천을 위한 '프락시스'다. 즉, 실천을 전제로 한 성찰인 동시에 자체적인 이론적 토대에 기초한 실천인 것이다. 왜 이러한 실천을 해야 하는가 하는 것과 올바른 실천을 위한 행동규범은 무엇인가를 진지하게 성찰하는 것을 그 속에 포함하는 것이 실천신학이 요청하는 성찰이라는 것이다.

현대 실천신학을 논함에 있어서 고전적 인물인 아리스토텔레스를 논하는 것이 타당한가 의문을 제기할 수 있다. 시간적, 역사적 차이와 함께 분명한 신앙의 차이와 가치관의 차이가 있지 않은가 하는 문제를 제기할 수 있다. 아리스토텔레스와 현대 실천신학 사이에는 차이점과 불연속성이 존재하는 것은 사실이다. 하지만 동시에 유사성과 연속성 또한 존재한다. 이러한 유사성과 연속성을 나타내 보여 주는 인물들 중에 아퀴나스와 하우어워스를 들 수 있다. 아퀴나스는 신학과 철학의 종합을 이룬 대표적 학자이고 하우어워스는 아리스토텔레스의 프락시스를 자신의 실천신학 속에 포괄하는 대표적 학자이다. 아퀴나스의 사상 속에 들어 있는 예술과 지혜 사이의 분별과 하우어워스의 사상 속에 들어 있는 성찰의 규범으로서의 덕의 윤리학(ethics of virtue)은 아리스토텔레스의 사상이 실천신학에 던져주는 통찰의 빛을 잘 드러내 주리라 생각된다.

2) 아퀴나스의 예술 및 지혜의 이해

아퀴나스는 아리스토텔레스를 기독교사상 속에 훌륭하게 조화시켜 낸 대표적인 인물이다. 그의 신학적 통찰과 분석력을 통해 이러한 시도를 훌륭하게 완성할 수 있었던 것이다. 그는 이러한 조화를 통해 기독교사상과 아리스토텔레스의 사상 양 쪽 모두에 새로운 변화가 가능하게 해 주었다:

> 토마스 아퀴나스의 신학대전 제2부는 참된 영적 신학에 대해 다룬다. 이것은 니코마코스 윤리학(Nicomachean Ethics)에 나오는 주제들을 다룬 것은 아니다. 하지만 아퀴나스의 신학대전에는 아리스토텔레스의 영향력이 선명하다. 에라스무스가 일찍이 언급한 것처럼, 기독교스콜라주의가 없었더라면 헬라사상은 멸절되고 말았을 것이다. 아리스토텔레스가 현대에까지 이렇게 잘 알려질 수 있었던 것은 기독교사상 덕분이라 할 수 있다.[63]

아퀴나스의 실천적 이성은 아리스토텔레스의 목적지향적 이성과 일치한다. 실천적 이성은 일종의 도덕적 능력(moral capacity)을 의미한다. 실천적 이성은 단순히 소기의 성과를 이루기 위한 기술적 능력(technical capacity)을 넘어서는 것이다. 아리스토텔레스와 마찬가지로 아퀴나스는 이론적 성찰과 실천적 성찰을 구분한다. 실천적 이성은 선을 이해하고 선을 추구하는 이성이다. 인간은 일종의 편향성(inclination)을 가지고 있다. 인간은 완벽하지 않으며 인간 내에 무엇인가가 결핍되어 있기에 인간은 무언가를 사모하는 편향성을 지니고 있다는 것이다. 이러한 인간의 편향성을 의식하면서 실천적 이성은 인간에게 바람직한 것이 무엇인가 하는 것을 판단하고 규명하게 된다.[64]

아퀴나스는 인간의 실천적 이성을 온전하게 해 주는 것이 지혜와 예술이라고 주장한다. 지혜는 곧 올바른 실천을 위한 이성이라면 예술은 이러한 올바른 실천을 통해 구체적인 작품제작의 형태로 구현된 것을 의미한다. 지혜와 예술은 상호 연관되어 있긴 하지만 동일한 것은 아니다. 지혜와 예술을 구별해 주는 것은 '실천'과 '제작'이다.[65] 지혜가 실천을 위한 이성적 성찰이라면, 예술은 이러한 지혜를 제작의 형태로 표현한 것이다.[66] 예술은 사람이 아닌 사물의 아름다운 모습과 완벽한 형태를 추구한다면 지혜는 궁극적으로 사람의 아름다움과 인격의 완벽한 모습을 추구한다. 예술은 외적 아름다움을 추구한다면 지혜는 내적 아름다움을 추구한다. 예술은 만들어진 작품의 외적 아름다움을 의미한다면 지혜는 실천하는 사람의 내적 아름다움을 의미한다.[67]

지혜로운 행동은 그러한 지혜로운 행동을 하는 사람의 내적 특성과 직접적으로 연결되어 있다. 하지만 예술에 있어서는 예술의 아름다운 외적 표현이 예술가의 내적 특성과 반드시 직접적으로 연결되어 있다고 단정할 수 없다. 지혜로운 행동의 아름다움이 지혜자의 존재로부터 발원된다면 아름답게 표현된 예술은 예술가의 외적 행위로부터 그 아름다움이 표출되는 것이다.[68] 예술은 실천적 행위요 습관이라 할 수 있다. 예술의 심미적 탁월성은 예술가의 외적 능력이어서 작가의 내면도 반드시 그 탁월성에 부합하는 것은 아니다. 하지만 지혜의 덕목은 지혜자의 내적 특성이기에 지혜자의 내면이 그 속에 반영된다.[69] 따라서 예술보다는 지혜가 그 속에 더 많은 덕성과 덕목을 지닌다. 예술보다 지혜가 지혜자의 내면과 삶을 반영한다면, 지혜는 또한 단순한 이론에만 머물지 않고 좋은 행동, 지혜로운 행동을 삶 속에서 구현하고자 하는 실천성을 그 속에 지닌다. 지혜와 도덕적 덕목은 매우 밀접한 관계에 놓여 있다. 덕은 능력을 올바로 활용하

기 위해 요청되는 것으로서 힘을 정당하게 쓸 수 있도록 완성시켜 준다.[70]

아퀴나스에게 있어서 지혜와 예술의 특성은 아리스토텔레스에게 있어서 프락시스와 포이에시스의 특성과 상당히 유사하다. 참된 실천신학이 필요로 하는 성찰의 특성은 아리스토텔레스의 포이에시스보다는 프락시스, 아퀴나스의 예술보다는 지혜에 부합한다.

3) 하우어워스의 도덕적 성품 및 윤리 이해

아리스토텔레스와 아퀴나스의 도덕적 성찰에서 다음과 같은 것을 발견할 수 있다. 이 두 사람에게 있어서 덕과 윤리는 단순히 어려운 문제의 해결이나 처리할 수 있는 능력 이상의 것이라는 것이다. 덕과 윤리는 사람이 어떤 삶을 살아가야 하는가와 관련되어 있는 것이다. 현대 사회 속에서의 덕과 윤리가 흔히 도덕적 난제들 속에서 어떤 결정을 어떻게 내릴 것인가의 문제로 축소되곤 하는 것을 볼 수 있다.[71] 그에 비해 아리스토텔레스와 아퀴나스의 덕과 윤리는 보다 근원적이고 통전적이고 존재적인 것을 볼 수 있다.

이와 유사한 관점에서 하우어워스는 비전(vision)의 개념을 발전시키고 있다. 그가 비전을 강조하는 이유는 세상을 환상이나 왜곡 없이 바라보아야 하는 중요성을 부각하고자 하는 데 있다. 그의 이러한 주장은 비전과 윤리에 관한 그의 사상 속에 드러난다:

> 도덕적 삶의 근거와 목적은 진리를 바로 바라볼 수 있도록 하는 데 있다. 우리가 진리를 바로 볼 수 있을 때 실재에 기초한 삶을 살아갈 수 있다. 비록 우리의 선택을 통해 선이 구현된다 할지라도 우리가 선을 만들어 낼 수 있는 것은 아니다. …… 우리의 비전은 올바로 훈련될 필요가 있다. 비전

이 일종의 신경증적인 자기중심성에 구속되어서는 안 된다. 그리고 우리의 일상성이 진리와 실재를 구속해서도 안 된다.[72]

여기에서 주목할 것은 우리의 비전이 임의적이거나 작의적인 것이 되어서는 안 된다는 것이다. 비전은 훈련되어야 하고 바로 정향되어야 한다. 도덕적 비전은 교육되어야 한다는 것이다. 도덕적 비전은 도덕적 덕목에 의해 바로 세워져야 한다. 아리스토텔레스와 아퀴나스의 도덕적 전통 위에 입각한 하우어워스는 도덕적 덕목은 도덕적 삶과 부합되어야 한다고 주장한다. 비록 하우어워스의 논점들이 늘 명료하기만 한 것은 아니다. 하지만 한 가지 분명하고 일관된 것은 도덕적 결정보다 우선되는 것은 도덕적 비전이라는 것이다. 도덕적 비전은 그 사람의 도덕적 특성과 가치관에 직접적으로 연결되어 있기 마련이다. 하우어워스는 이렇게 주장한다: "기독교윤리는 일종의 성품윤리이다. 기독교의 도덕적 삶은 근본적으로 자기의 정향성과 관련된 것이기 때문이다."[73] 하우어워스는 성품이란 오랜 시간에 걸쳐 형성된 자기의 독특성, 일치성, 통전성을 향한 기본적 정향성으로 이해한다.[74]

하지만 하우어워스가 종종 성품을 다양한 방식으로 정의한다고 오글트리(Thomas Ogletree)는 지적한다.[75] 이러한 특징은 하우어워스의 주된 관심이 도덕적 성품에 대한 조직적 체계를 형성하려는 데 있지 않음을 보여 준다. 그는 성품을 일종의 규범적 틀로 사용하고자 한다. 그의 관심은 도덕적 삶을 향한 기독교적 확신에 대한 신학적 성찰에 놓여 있다. 하우어워스는 현대의 신학적, 철학적 윤리가 주로 도덕적 난제 해결을 중심으로 이루어지는 것에 대한 비판적 대안을 제시해 주고 있다.

아리스토텔레스, 아퀴나스, 하우어워스는 공히 이론과 실천을 위한 변증법적 상호작용을 위해 행위자의 내적 특성과 성품이 중요함을 역설한다. 이들은 또한 실천적 이성은 단순한 기술이나 제작이 아닌 프락시스와 참된 지혜를 위한 것임을 보여 주고 있다. 기술이나 제작이 아닌 프락시스와 지혜는 실천적 이성이 필요로 하는 성찰의 대표적인 특성이라 할 수 있다.

Ⅲ. 실천신학의 재고

아리스토텔레스, 아퀴나스, 하우어워스 속에 나타나는 대표적인 공통점은 다음과 같은 것이다. 실천적 이성을 위해서는 도덕적 이성이 필요하고 실천적 성찰을 위해서도 도덕적 성찰이 필요하다는 것이다. 도덕적 덕은 오랜 기간 특정 공동체와의 지속적, 비판적 대화와 교류를 통해 형성된다. 도덕적 덕은 일단 형성되고 나면 그것이 일종의 제2의 본성과 같은 것으로 자리 잡게 된다. 덕은 하나의 성품으로 자리매김됨으로써 일종의 내적 확신 내지 습관과 같은 것이 된다. 이것은 어떤 일을 수행함에 있어서 늘 준비된 성찰 및 행동의 습성과도 같은 것이다.

덕을 이런 관점에서 바라보는 것은 실천신학에서 요청되는 성찰의 특성에 대해 새로운 통찰을 제공한다. 실천신학의 각 하위분야들이 함께 공유할 수 있는 성찰적 특성이 어떤 것이어야 하는가를 제시해 주기 때문이다. 대표적인 실천신학자 중 한 사람인 에드워드 팔리(Edward Farley) 역시 이와 유사한 입장을 견지한다. 팔리는 현대의 분절화, 파편화된 신학이 아닌 본래의 통전적 신학적 특성을 가리켜 '테올로기아'(Theologia)라고 명명한다. 그는 테올로기아는 곧 "지적 특성을 가진 영혼의 습성 또는 상태"라고 정의한다.[76] 그는 또한 다음과 같이 주장한다 : "마음의 습성(habitus)으로서의 신학은 일종의 실천적 습관으로서 [구원에 관한] 지혜(wisdom)와도 같은 것이다."[77]

축적된 실천적 지혜로서의 사려분별(prudence)은 기독교공동체의 핵심 덕목이다. 실천적 지혜로서의 사려분별을 실천신학을 위한 성찰적 특성으로 제시하는 것은 여러모로 의미가 깊다. 오늘날의 실천신학의 각 하위분야들은 지나친 세분화와 각자 전공심화로 말미암아 분절화, 파편화되어 가는 상황 속에 놓여 있다. 또한 오늘날의 실천신학을 자칫 적용신학 내지 응용신학으로 축소화시키는 경향성이 있음을 볼 수 있다. 이런 상황 속에서 축적된 실천적 지혜로서의 사려분별이야말로 실천신학의 하위분야들을 상호 연결시킬 수 있는 공통분모가 될 수 있다. 또한 이러한 성찰에 기초한 실천신학은 일종의 '기술'(techne) 또는 '제작'(poiesis)이라는 단순성, 일방성에서 벗어나 실천의 이유와 목적, 실천을 위한 바른 규범을 포괄하는 참된 실천신학으로 자리 잡을 수 있게 될 것이다.

1. 실천신학을 위한 바른 성찰유형으로서의 프락시스

흔히 손쉽게 의존하기 쉬운 도구적, 타산적 이성에 대한 대안으로서 축적된 실천적 이성으로서의 사리분별 개념은 현대 공리주의에 대한 비판적 대안이 될 수 있다.[78] 사리분별은 도덕적 삶의 목표일 수도 있고 동시에 도덕적 삶을 위한 수단이 될 수도 있다. 반면, 포이에시스나 예술과 같은 도구적 이성은 어떤 제작이나 표현을 통해 사람들의 욕구를 만족시켜 줄 수는 있지만 어떠한 삶의 목표를 제시해 줄 수는 없다.

프락시스의 목표는 단지 실천 그 자체가 아니다. 프락시스의 목표는 바른 실천이며 아리스토텔레스는 한 걸음 더 나아가 바른 삶이 프락시스의 목표라고 주장한다. 무언가를 만들고 생산하는 것 못지않게 중요한 것은 훌륭한 성품을 갖게 되는 것이라고 아리스토텔레스는 주장한다.[79] 프락시스의 목표는 인간의 덕목을 형성할 수 있도록 나아가는 것이다. 이런 관점에서 볼 때 실천신학의 궁극적 목적은 바른 실천과 더 나아가 바른 삶을 위한 것이라 할 수 있다. 실천신학은 이론과 실천 사이의 상호작용에 대해 끊임없이 성찰하고 연구하는 학문이다.

트레이시(David Tracy)는 다음과 같이 주장한다: "프락시스는 실천적 지혜(practical wisdom)를 가진 성품을 개발하도록 돕는 실천인 동시에 도덕적 삶을 살아가는 사람의 행위이다."[80] 트레이시는 실천신학적 성찰에 있어서 도덕적 가치추구의 중요성을 강조한다. 프락시스를 도덕적 가치추구로 해석하는 것은 다음과 같은 의미를 가지고 있다. 즉, 실천신학의 각 하위분야에 대한 비판적, 건설적 해석을 가능케 하는 공통분모를 제공해 준다는 것이다.

실천신학이 회복해야 할 것은 실천적 규범에 대한 성찰이다. 즉, 실천신학은 기술적 성찰(technical reflection)이 아닌 실천적 성찰(practical reflection)을 할 수 있어야 한다는 것이다.[81] 실천적 규범에 대한 충분한 성찰이 이루어지지 않을 때, 이론과 실제 사이의 괴리와 간극이 점점 더 벌어질 수밖에 없다. 실천신학은 그 실천방법론에 있어서 윤리적 책임에 대한 의식을 가져야 한다.

2. 실천신학의 위치

실천신학은 인문사회과학을 활용함에 있어서 실용성 외에도 그러한 학문들이 전제하는 가치관이나 규범에 대한 의식과 각성을 촉구해야 한다. 이러한 학문들이 가진 가치관과 규범이 기독교신학과 어떤 연속성과 불연속성을 가지는가에 대해 유의할 필요가 있다. 이러한 변증법적, 비판적 성찰은 실천신학 방법론 정립을 위해 매우 중요한 것임에 틀림없다.

슐라이어마허는 모든 신학적 성찰의 꽃과 열매가 실천신학이라고 주장한다. 신학적 성찰과 연구의 열매를 거두는 분야가 실천신학분야라는 것이다. 하지만 슐라이어마허가 이해하는 실천신학은 목회자의 교회 내에서의 역할과 기능만을 의미하는 한, 목회 패러다임(clerical paradigm)의 한계를 벗어나지 못하고 있다. 한편, 옥덴(Schubert Ogden)은 슐라이어마허의 실천신학에 대한 편협한 이해를 벗어나서 전체의 신학이 실천적이어야 함을 주장한다:

> 신학은 모두가 다 "실천적"인 학문이다. 신학은 인간 삶의 특정분야만을 위한 학문이 아니다. 신학은 인간 삶의 전 분야, 즉 삶의 전체성과 진정성을 위한 학문이며 이러한 목적을 위해 봉사하는 학문이다.[82]

어떤 의미에서 신학은 인간으로서 삶을 어떻게 살아가야 할 것인가를 보여 주고 가르쳐 주는 학문이다. 신학이 이처럼 근본적 전체성을 가진 학문임을 생각할 때, 실천신학이나 실천신학의 하위분야들은 신학의 다른 분야들과 유기적인 연관성을 가지고 있음을 기억해야 한다.

에벨링(Gerhard Ebeling)은 다음과 같이 주장한다.

> 신학의 각 분야들은 전체적인 해석적 과정에 참여한다. 하지만 동시에 신학의 각 분야들은 상호의존적인 동시에 또한 스스로의 효율성과 자율성을 가지고 있다.[83]

신학의 방대함과 다양함으로 인해 각 분야의 상호연결성 못지않게 자율성을 인정해 줄 필요가 있다. 이러한 상호성과 자율성에 대한 인식의 토대 위에서 조직-역사신학과 실천신학의 관계성에 대해 살펴보자.

조직-역사신학은 전체 신학의 한 분야인 동시에 기독교적 삶과 실천의 한 분야이기도 하다. 조직-역사신학은 기독교의 총체적 전통 속에 전해 내려오는 모든 문서, 상징, 의식, 예전, 실천 등 기독교 자원의 총화에 대한 설명, 해석, 의미, 가치판단 등을 내리는 학문이기 때문이다. 브라우닝은 이렇게 주장한다:

> 신학은 진리의 문제에 대한 관심과 함께 실천과 행동에 대한 관심을 가진 학문이다. …… 조직신학은 전통적으로 진리와 기독교신앙의 통전성에 대해 주된 관심을 기울여 왔다. 따라서 조직신학의 관심이 실천신학의 규범과 실천에 이르기까지 열려 있다 하더라도 여전히 주된 관심은 사변적이며 인지적인 것이었다.[84]

조직-역사신학의 성찰이 주로 지적, 비판적 성찰에만 의존하고 있음을 볼 때 과연 조직-역사신학이 실천신학과 공통된 성찰방식을 채택할 수 있을까 하는 것은 여전히 의문이다.

조직-역사신학의 성찰은 실천신학적 성찰과 비교할 때 유사성과 함께 차이점이 있음을 인정하는 것이 보다 현실적이다. 조직-역사신학이 실천신학처럼 프락시스적 성찰을 시도한다 해도 그것은 인지적 해석과정상의 프락시스일 가능성이 높다. 반면, 실천신학의 프락시스는 인간의 삶과 실천의 형성 및 변형을 위한 이론과 실천의 유기적 변증법적 성찰 및 행동이 되어야 한다. 하지만 조직-역사신학적 프락시스와 실천신학적 프락시스는 질적으로 전혀 다른 범주적 차이이기보다는 강조점의 차이를 가진 것이어야 한다. 그래야만 조직-역사신학과 실천신학이 서로 분리, 괴리되지 않고 유기적 연결성을 유지할 수 있기 때문이다.

신학은 삶 속에서 일어나는 모든 일들과 경험들에 대해 기독교적 해석을 하고자 하는 학문적 노력이다.[85] 이런 관점에서 볼 때 신학의 각 전공분야는 이런 일들과 경험들을 각자 주어진 전공의 관점에서 해석하고자 하는 것이다. 신학의 각 전공분야는 나름대로의 실천적 영역을 가지고 있다. 모든 학문적 성찰과 연구들이 자신의 실천적 영역 속에서 어떻게 실현될 수 있는가를 연구하는 것은 매우 중요하다. 이러한 연구를 통해 실천신학뿐 아니라 모든 신학은 근본적으로 실천적 학문임을 자각할 필요가 있다. 이렇게 함으로써 신학 본연의 사명과 책무를 교회뿐 아니라 하나님의 창조세계 속에서 실현해 나갈 수 있기 때문이다.

　실천신학과 조직-역사신학의 성찰에는 유사성과 함께 차이점이 있다. 일반적으로 조직-역사신학이 문헌, 상징, 신념구조들에 보다 관심하는 반면 실천신학은 다양한 경험, 행동, 실천 등에 보다 직접적인 관심을 가지고 있다. 하지만 이런 차이들이 분리와 괴리를 향해 나아가는 것이 아니라 상호 보완(complementation)과 비옥화(enrichment)를 향해 나아갈 때, 신학은 하나의 통전적 하비투스(habitus)로서의 테올로기아(theologia)가 되고 참된 구원에 이르게 하는 지혜로서의 학문성과 실천성을 담보하게 될 것이다.

**Holistic Christian
Education for the
Postmodern Era**

제6장
신앙과 교육의 상호 관계성

'신앙'과 '교육'은 상호 어떤 관계성을 지니고 있는가? 특히 기독교교육이 '기독교'와 '교육'의 합성어임을 생각할 때, 기독교로 대변되는 신앙과 교육이 서로 어떠한 관계 속에 있는지 살펴볼 필요가 있다. 신앙과 교육의 관계성은 플라톤의 『메논』에 등장하는 덕과 학습의 관계성에 대한 소크라테스의 가르침과 유사한 유비관계에 놓여 있다.[86] 신앙과 교육 그리고 덕과 교육이 가지고 있는 상호 유사성을 의식하면서 『메논』에 대한 성찰을 통해 신앙과 교육 사이의 관계성에 대해 좀 더 살펴보고자 한다.

플라톤의 대화록 중 하나인 『메논』은 그 속에 소크라테스의 인식론을 잘 보여 주고 있다. 우리는 소크라테스의 인식론에 대해 신학 및 기독교교육적 관점에서 고찰해 봄으로써 신앙과 교육이 상호 어떠한 관계성을 가지고 있는가에 대한 새로운 통찰을 얻을 수 있다.

이러한 연구를 위해 다음과 같은 질문들이 제기되어야 한다. 기독교신앙이란 무엇인가? 기독교신앙은 과연 가르쳐질 수 있는가? 가르쳐질 수 있다면 어떻게 그리고 어디까지 가르쳐질 수 있는가? 이때 기독교신앙의 어떤 차원은 가르치는 것이 불가능한가? 기독교교육 이론 및 실천에 있어서 이러한 질문들이 지향하는 총체적인 의미는 무엇인가? 마지막으로 보다 성숙한 기독교교육을 위해 어떠한 시도가 요청되는가를 묻지 않을 수 없다.

I. 소크라테스의 인식론

1. 딜레마

신앙과 교육의 관계성 이해에 있어서 『메논』은 여러 면에서 중요한 통찰을 제공한다. 소크라테스와의 대화를 통해 메논은 다음과 같은 질문을 던진다: "덕은 가르쳐질 수 있습니까? …… 사람은 자기가 아는 것이든 모르는 것이든, 그것을 탐구한다는 것 자체가 불가능해 보입니다. 자기가 이미 아는 것이라면 탐구할 필요가 없기 때문입니다. 또한 자기가 그에 대해 모른다면 자기가 모르는 것을 어떻게 탐구할 수 있겠습니까? 탐구하고자 하는 대상에 대한 지식이 없다면 탐구 자체가 불가능합니다."[87]

이를 통해 메논은 소크라테스에게 일종의 딜레마를 제시하고 있다. 소크라테스는 메논에게 자신은 덕이 무엇인지 알지 못한다고 먼저 고백한다. 그 후 그는 "덕이란 무엇인가?"에 대한 답을 찾을 수 있다면 메논이 제시한 딜레마에 대한 답도 찾을 수 있다고 주장한다. 이처럼 『메논』은 우리가 어떻게 덕을 체득하게 되는가에 대해 그리고 지식의 속성에 대해 심도 있는 논의를 제시한다.[88] 덕은 선천적으로 타고나는가 아니면 후천적으로 얻어지는가?

"덕은 선천적으로 타고나는가 아니면 후천적으로 얻어지는가"를 묻는 메논의 질문에 대해 소크라테스는 이것이 답하기 어려운 난제임을 인정한다. 덕 체득의 선천성과 후천성에 대한 논의를 펼치는 과정에서 메논은 "만일 그에 대해 전혀 알지 못한다면 어떻게 그것을 탐구할 수 있겠는가"라는 질문에 스스로 봉착한다. 소크라테스는 이러한 질문들에 대해 다음과 같이 접근해 들어간다. 우리가 무언가 새로운 것을 배울 수 있는 것은 우리 속에 그와 관련된 부분적 지식이 들어 있기 때문이라는 것이다. 다만 그러한 부분적 지식이 우리 속에 들어 있음을 모르고 있거나 망각하고 있다는 것이다. 이런 의미에서 학습을 위한 과정 속에서 우리가 필요로 하는 것은 상기(recollection) 또는 회상이다.[89]

소크라테스의 '상기설'(theory of recollection)은 인간 영혼의 선재성과 불멸성에 기초한다. 즉, 영혼은 피조된 것이 아닌 영원한 존재이며 시간과 공간 모두를 초월해서 존재한다는 것이다. 육체는 시간적 한계 속에 갇혀 있지만 영혼은 이러한 한계를 넘어선다는 것이다. 이러한 영혼불멸설에 의하면, 과거의 수많은 경험, 기억, 지식들을 가지고 있는 영혼이 새로운 육체 속으로 들어가게 될 때 과거의 경험, 기억, 지식들을 모두 망각하게 된다는 것이다. 그러나 그렇다고 해서 그러한 경험, 기억, 지식들이 모두 사라져 버리는 것은 아니다. 다만 일종의 잠재력으로 잠재적 형태로 존재하게 된다.

이처럼 영혼과 함께 주어진 새로운 육체를 가진 사람은 점차 상기의 과정을 통해서 '학습'(learning)을 해 나가게 된다.[90]

2. 소크라테스 인식론의 비판

소크라테스의 인식론은 영혼의 선재성과 불멸성을 전제로 한다. 영혼 불멸의 의미가 곧 피조되지 않은 영원성을 의미한다면 이는 많은 논란을 초래한다. 영혼이 피조되지 않은 영원한 실재라면 영혼에 지식이 결핍되어서는 안 된다. 영혼이 학습을 필요로 하는 것이라면 영혼은 그 자체로서 완전할 수 없다. 영혼이 계속적 학습을 필요로 하는 상태라면 그러한 영혼이 과연 학습에 필요한 상기와 회상을 제대로 할 수는 있을까? 소크라테스는 아마도 영혼이 결코 죽거나 파괴되지는 않지만 어느 시점엔가 시작된, 피조된 영혼으로 보았던 것 같다. 그렇다면 영혼은 최초의 시작 단계에는 지식이 결여되어 있는 상태였다고 볼 수 있다.

영혼이 육체 속으로 들어가는 일종의 육화에 대해 생각해 볼 필요가 있다. 메논의 노예소년의 영이 생겨난 이후에 노예소년의 몸속에 처음으로 들어왔다면 아마도 그의 영혼은 아무런 지식도 소유하지 못한 상태에 놓여 있을 것이다. 그렇다면 과거의 경험이나 지식에 대한 상기나 회상 역시 불가능할 것이다.

이런 점들을 생각해 볼 때 소크라테스의 인식론은 수용하기 어렵다는 것을 깨닫게 된다. 게다가 소크라테스의 인식론은 영혼과 육체의 이분법에 빠져들게 된다는 문제가 있다. 소크라테스의 이런 인식론적 허점을 극복할 수 있는 대안은 세상과 영혼을 창조한 창조주의 지성이 모든 영혼들에게 어느 정도 분여되어 있다는 유신론적 인식론일 것이다.[91] 하지만 이러한 유신론적 인식론은 일반 학문세계에서는 수용되지 않는다.

II. 인식론적 딜레마에 대한 신학적 성찰

타락 이후에 인간의 본성이 왜곡되고 말았지만 하나님의 형상대로 창조된 인간은 하나님의 피조세계의 일부로서 존재하고 있는 동시에 진리 되신 하나님을 향한 개방적 가능성을 지니고 있다. 사도 바울은 이것을 가리켜 "하나님을 알 만한 것이 그들 속에 보임이라 하나님께서 이를 그들에게 보이셨느니라"고 주장한다.[92] 이에서 한 걸음 더 나아가 태초부터 하나님은 보이지 않고 하나님의 능력과 속성 또한 눈에 보이지는 않지만 하나님이 만드신 피조세계를 통해 하나님의 존재, 능력, 속성이 피조물에게 알려졌다고 역설한다: "창세로부터 그의 보이지 아니하는 것들 곧 그의 영원하신 능력과 신성이 그가 만드신 만물에 분명히 보여 알려졌나니 그러므로 그들이 핑계하지 못할지니라."

인간 고유의 직관적 통찰을 인정하지 않으면 메논에 의해 제기된 인식론적 딜레마는 해결하기 어려울 수밖에 없다. 소크라테스의 제자인 플라톤은 『메논』을 통해 다음과 같은 그의 주장을 피력하고 있다. 인간 지식의 명시적 차원(explicit dimension)만을 인정하고 암묵적 차원(tacit dimension)을 부정하면 새로운 지식이나 학습은 불가능하다는 것이다.

폴라니(Michael Polanyi)는 바로 이러한 지식의 암묵적 차원 없이는 새로운 지식이나 학습이 불가능함을 그의 과학철학 및 인식론을 통해 분명히 강조한다: "우리는 '숨어 있는 실재의 현존'(presence of a hidden reality)을 통해서만 진정한 지적 탐구를 수행할 수 있다."[93] 이러한 암묵적 지식은 "우

리가 알지 못하는 것을 깨닫게 해" 준다.[94]

따라서 폴라니에 의하면 우리의 암묵적 지식(tacit knowing)이 명시적 지식(explicit knowledge)과 함께 우리의 지적 탐구와 깨달음을 가능케 해 준다. 우리의 탐구와 학습에 있어서 암묵적 지식은 명시적 지식에 대해 한계적 조율성(marginal control)을 가진다. 암묵적 지식은 통찰, 깨달음, 도약을 가능케 해 준다. 명시적 지식은 탐구자의 인식체계 내에서만 습득되고 활용된다. 탐구자의 인식체계가 가진 한계를 넘어설 수 있도록 도와주는 것은 명시적 지식이 아닌 암묵적 지식이다. 명시적 지식에만 갇혀 있으면 메논의 딜레마 속에 빠지게 된다. 암묵적 지식을 향해 인식의 틀을 활짝 열어 놓을 때 비로소 새롭고 창조적인 아이디어의 도약이 이루어진다.

이처럼 명시적 지식과 함께 암묵적 지식을, 그리고 탐구를 향한 지적 노력과 함께 가슴의 열정을 함께할 때 세계와 우주 속에 들어 있는 질서와 원리들을 발견하고 이해하고 설명할 수 있는 능력을 갖추게 된다. 과학자의 지적 열정은 세계와 우주가 결국 이해 가능한 원리에 의해 창조되고 운행되고 있다는 믿음에 기초한다. 이러한 지적 열정은 "문제와 해결책 사이의 간극을 뛰어넘을 수 있는" 힘과 능력을 향해 나아가도록 한다.[95]

지식은 존재와 밀접한 관련이 있음을 어거스틴과 키에르케고르는 확신하였다. 사고하는 사람은 또한 존재하는 사람이다. 스티넷(Charles Stinnette)은 지식이 새로운 시작을 가능케 한다고 주장한다. 그는 소크라테스와 플라톤의 인식론은 상기와 회상의 인식론이라고 역설한다:

> 그것은 자신이 아는 것을 스스로 경험하게 해 주는 효과적이고 극적인 방안이다. 그것은 전체성을 향한 비전이다. …… 콘포드(F. M. Conford)는 이러한 과정을 가리켜 잠재적, 무의식적 차원의 요소들을 삶 속에서 경험하고 의식할 수 있도록 도와주는 행위라고 부른다. '학습' 또는 진리의

발견은 잠재적 지식을 의식차원으로 끌어올릴 수 있도록 '회상'하는 것이다. 인간의 영혼은 진리를 향한 숭고한 비전에 의해 인도된다. 이러한 진리의 비전은 전체적 진리체계의 나머지 부분들과 함께 협력되어 나타나야 한다.[96]

그는 계속해서 지식과 학습의 모델에 대해 역설한다:

지식이 삶을 변화시키는 가장 좋은 모델은 프락시스 모델이다. 프락시스에서는 이론 외에도 행동과 실천이 중요하다. 지식은 자신을 변화시키고 자신을 둘러싼 세계를 변화시킨다. 지식은 변화를 필요로 한다. …… 실용주의는 물론 기독교인들에게 있어서 생각은 곧 행동과 결정으로 이어져야 한다. 지식이 행동으로 연결되어야 한다면 인간은 성찰자인 동시에 참여자로서 앎에 참여해야 한다. 지식은 성찰뿐 아니라 행동을 통해 그리고 분석뿐 아니라 실천을 통해 습득된다. 지적 참여자는 수동적 수용자가 아니라 진리의 실천가가 되어야 한다. 행동은 주체와 객체를 하나 되게 해 주는 창조의 순간인 것이다.[97]

인간본성에 대한 키에르케고르의 이해는 메논의 이해에 대한 신학적 통찰을 가능케 해 준다. 키에르케고르는 인간이 유한한 동시에 무한한 존재임을 역설하였다. 그는 인간이 양극적 연합 속에서 다른 사람들과 함께 살아가도록 지음 받았음을 강조하였다.

하지만 생명의 근원으로부터의 타락과 분리로 말미암아 "인간의 양극적 특성은 분리되고, 왜곡되고 포기되어 버리고 말았다."[98] 하나님으로부터의 분리는 인간에게 절망을 경험케 하였고 그 절망에서 벗어나고자 일시적이고 불완전한 대안들을 추구하게끔 만든다. 이러한 불완전한 대안들이 곧 키에르케고르가 언급하는 인식론적 단계들(심미적, 윤리적, 종교A의 단계)인 것이다.

메논의 딜레마와 종교A 단계의 딜레마는 상호 유사하다. 이 단계에 있는 사람은 하나님을 아는 것이 도저히 불가능함을 고백한다. 유한한 인간과 무한한 하나님 사이에는 도저히 건널 수 없는 심연이 자리 잡고 있기 때문이다. 메논과 마찬가지로 종교A 단계에 있는 사람은 이성의 역설에 봉착하게 된다.[99]

이러한 딜레마를 극복할 수 있는 키에르케고르의 대안은 앞에 언급한 폴라니의 대안과 일맥상통한다. 폴라니의 대안은 새로운 진리 발견을 위한 "초이성적인 통찰의 도약"(leap of intuition)을 필요로 한다. 키에르케고르는 신-인으로 오신 예수 그리스도의 '절대적 역설'(the absolute paradox)을 수용함으로써 "초이성적인 신앙의 도약"(leap of faith)을 대안으로 제시한 것이다. 예수 그리스도 안에 나타난 유한과 무한의 관계적 통합은 인간의 인간 됨을 가능케 한다. 폴라니와 키에르케고르는 공히 인간 이성과 논리의 딜레마 앞에서, 협소하고 불완전한 준거틀을 뛰어넘어 초이성적 도약을 함으로써 부분적 진리가 아닌 통전적 진리를 이해할 뿐 아니라 그 진리에 참여할 수 있도록 초대하고 있다.

Ⅲ. 덕(신앙)과 학습의 양립성

플라톤의 대화 속에서 소크라테스는 메논으로 하여금 무엇보다 "덕이란 무엇인가"를 먼저 이해할 것을 촉구한다. 이러한 탐구를 통해 다음과 같은 결론에 도달하게 된다: "덕은 선천적인 것도 후천적인 것도 아니다. 덕은 덕성 있는 사람에게 주어지는 신의 선물이다."[100] 메논이 언급한 협소한 의미의 '가르침'를 사용한다면, 덕은 가르쳐질 수 없다. 하지만 광의의 의미의 '가르침'를 생각한다면 덕은 일정부분 가르쳐질 수도 있다. 실제 소크라테스는 메논과의 대화를 통해서 메논이 이전보다 더 많은 덕성을 함양할 수 있도록 해 주고 있기 때문이다. 브럼보(Brumbaugh)는 학습에 대한 의욕이 전혀 없는 사람으로 하여금 배우고자 하는 열망이 넘치도록 만드는 '동기부여의 대가'(master of motivation)로서 소크라테스를 꼽는다. 브럼보는 가르침에는 4가지 기술이 필요함을 역설한다:

> 가르침에 있어서 가장 중요한 것은 동기부여이다. 가르침은 가능한 한 명료하고 효율적이어야 한다. 가르치려는 내용을 순서에 맞게 효율적으로 조직하고 배열해야 한다. 학생들로 하여금 교사와 한마음이 되도록 해 주어야 하며 특히 공유된 창의성을 발휘할 수 있어야 한다.[101]

브럼보는 무엇보다 동기부여의 중요성을 강조한다. 그는 학생들을 위한 효율적 동기부여의 모델이 플라톤의 『메논』을 통해 잘 나타나고 있다고 주장한다:

> [『메논』을 통해] 우리는 다음과 같은 것을 깨닫게 된다. 우선 덕과 같은 가치는 직접적 방법으로는 가르쳐지지 않는다는 것이다. 하지만 덕과 같은 가치를 가르칠 수 있는 방법이 있기는 하다. 덕은 [교사와 학생이] 함께하는 '공유적 탐구'(shared inquiry)를 통해 가르쳐질 수 있다. 그러한 나눔과 공유는 소크라테스의 교육방법처럼 실제적이고 효율적인 것이어야 한다.[102]

『메논』은 소크라테스의 공유적 탐구의 방식을 통해 실제로 이전보다 더 성숙한 덕을 메논이 획득하게 되었음을 보여 준다. 브럼보는 『메논』에 대한 이해와 해석의 방향에 대해 이렇게 역설한다:

> 표면적으로는 소크라테스와 메논의 대화는 다음과 같은 사실을 보여 준다. 즉, 덕과 같은 가치는 가르쳐질 수 없다는 것이다. 타고난 개인적 우수성은 교육되거나 가르쳐지지 않는다는 것이다. 과연 이것이 사실이라면 학생들을 보다 나은 사람이 되도록 가르치겠다는 학교의 주장은 헛것이 되고 만다.[103]

하지만 브럼보는 이런 주장은 단지 표면적으로 드러난 것에 불과하다고 생각한다. 실제로는 더 깊은 의미가 그 속에 잠재되어 있다는 것이다. 브럼보는 계속해서 소크라테스의 교육방식에 대해 언급한다:

> 소크라테스, 메논, 아니투스는 덕을 가르칠 수 있는 교사를 찾을 수 없기에 덕은 단순한 외적 지식과는 다르다는 결론을 내릴 수밖에 없었다. …… 하지만 소크라테스와의 대화가 진행되어 갈수록 메논은 점점 더 대화에 빠져들어 가게 되었고 점점 더 적극적인 반응을 보이기 시작하였다. 그럼에도 불구하고 덕은 가르쳐지는 것이 아니라는 결론으로 인해 메논은 혼란스러웠다. 이러한 혼란은 『메논』을 읽는 독자들도 마찬가지일 것이다. 실제로는 메논이 소크라테스와의 대화를 통해 이전보다 훨씬 더 많은 덕을 갖추게 되었기 때문이다.[104]

브럼보는 『메논』에 대해 다음과 같은 결론을 내리고 있다:

> 덕을 가르칠 수 있는 교사가 있기는 하다. 그는 곧 소크라테스이다. 소크라테스의 교육은 직접적 훈계나 스스로 본을 보이는 방식을 취하지 않는

다. 소크라테스의 교육방식은 '공유적 탐구'(shared inquiry)이다. 이러한 방식은 그때까지 메논이 가지고 있던 교육방식과는 전혀 다른 것이었다. 따라서 그때까지 메논이 생각했던 교육이나 가르침의 방식으로는 덕을 가르칠 수 없다는 결론에 도달하게 된 것이다.[105]

이런 의미에서, "자기가 이미 알고 있는 것은 탐구할 수 없다. 그 이유는 이미 아는 것을 더 이상 탐구할 필요가 없기 때문이다"라는 말은 맞는 말이라 할 수 있다. 하지만 엄밀한 의미에서 백 퍼센트 결정적이라 할 정도로 모든 사람에게 명명백백한 객관적 증거는 잘 존재하지 않는다. 그런 의미에서 나이트(George Knight)는 이렇게 주장한다:

> 회의론자든 불가지론자든, 과학자든 사업가든, 힌두교인이든 기독교인이든 모든 사람은 믿음을 가지고 믿음에 의지해서 살아간다. 철학이든 인식론이든 어떤 한 입장이나 주장을 택했다는 것은 곧 자신의 믿음을 택했다(faith choice)는 것이다. 그 사람은 자신의 믿음에 의해 자기 삶을 구성하고 영위해 나가기 마련이다.[106]

자신이 택하거나 깨달은 것이 궁극적 진리, 최종적 지식이라고 여긴다면 더 이상 과학적 발전이나 문명의 발전이 이루어질 수 없다. 또한 자기의 방식 또는 당대의 논리적 형태가 궁극적이고 최종적인 논리형태라는 배타적인 사고 역시 참된 진리를 향해 나아가는 데 걸림돌이 될 수 있다. 현대사회 속에서의 인식만 해도 과학적 인식 외에 심미적(예술적) 인식, 심리치료적 인식, 신앙적 인식 등 다양한 인식방법이 공존한다. 현대 및 탈현대사회는 이러한 다양한 인식방법들에 대한 개방성, 수용성, 공유성과 함께 상호간의 대화와 통섭을 필요로 한다.

『메논』에서 "자신이 모르는 것을 탐구할 수 없다"는 말은 '이성적 탐구'(rational inquiry)만이 유일하고 타당한 탐구방식이라는 전제를 그 속에 담고 있다. 하지만 탐구에는 이성적 탐구 외에도 다양한 탐구가 있을 수 있다. 예를 들면, 정서적 탐구, 직관적 탐구, 계시적 탐구 등을 생각해 볼 수 있다. 어느 한 탐구방식을 배타적으로 사용하기보다는 다양한 탐구방식들을 상호보완적, 창의적으로 활용할 때 이전에는 깨닫지 못했던 새로운 진리, 창조적 진리를 발견할 수 있다.

특정한 별을 연구하기로 마음먹은 한 천문학자의 예를 생각해 보자. 그는 연구 도중에 그전에는 전혀 생각도 해 본 적이 없는 새로운 별을 발견하게 된다. 그는 새로운 에너지와 열정을 가지고 그 별에 대해 연구한 결과 새롭고도 놀라운 결과를 얻게 되고 그가 발견한 사실을 다른 사람들에게 공유하고 알리게 된다. 이처럼 인간은 자기 내면이 아닌 자기 외면에서 찾아 들어온 자극에 대해 반응하게 되고 그 결과 새로운 지식을 획득하게 된다.

성경의 인물을 한번 생각해 보자. 사울은 예수라는 인물에 대해 알고자 하는 관심이나 의욕이 별로 없었다. 그의 관심이나 의욕과 상관없이 다마스커스로 가는 길에 그는 예수를 만나게 된다. 그 도상에서 그리고 이후 아라비아 광야에서 예수에 대해 깊은 이해를 하게 됨으로써 그의 인생은 완전히 바뀌게 된다.[107] 그의 인생에 일어난 변화는 전 세계에 또한 엄청난 변화를 가져오게 된다. 이처럼 다양한 경로를 통해 그리고 다양한 방식으로 새로운 지식을 얻게 되고 새로운 깨달음을 얻을 수 있다.

이런 의미에서 우리는 현대의 대표적인 인지론자 피아제(Jean Piaget)의 말에 귀 기울일 필요가 있다. 자기가 아는 것 때문에 자만해서도 안 되지만, 자기가 모른다고 해서 낙심하면 안 된다고 피아제는 역설한다:

교육의 첫째 목적은 새로운 것을 행할 수 있는 사람을 만드는 것이다. 다른 세대, 다른 사람들이 이미 이루어 놓은 것을 단순히 반복하기보다는 창의적인 발명자가 되도록 교육하는 것이 필요하다. 교육의 둘째 목적은 무조건적 수용보다는 비판적 사고를 통해 분석하고 검증할 수 있는 사람을 만드는 것이다. 이런 의미에서 집단여론 조성, 단체행동, 무비판적 수용 등은 조심할 필요가 있다.[108]

IV. 기독교신앙과 교육 사이의 유사성과 차이점

1. 기독교신앙의 교육 및 학습 가능성

학습은 생각보다 정의하기가 그리 쉽지 않으며 학습과 관련하여 너무나 다양한 이론들이 공존한다. 본 장에서 말하는 학습이란 무엇인가에 대해 생각해 보고자 한다. 본 장에서 말하는 학습은 곧 새로운 지식, 특성, 행동이 일어나도록 촉구하는 유형, 무형의 다양한 교육적 노력 및 활동을 의미한다. 여기에서 말하는 학습은 공식적인 교육현장에서의 노력이나 활동 외에 인간의 삶이 영위되는 모든 곳에서의 노력과 활동을 포괄한다. 학습은 학교 외에도 가정, 교회, 일터, 사회 등 모든 곳에서 일어난다. 학습은 개인적으로 일어나기도 하고 단체나 공동체를 통해 일어나기도 한다.

크레민(Lawrence Cremin)은 교육의 특성에 대해 이렇게 언급한다 : "교육은 지식, 태도, 가치, 기술, 분별력 등을 획득, 전달, 자극하기 위한 일련의 의도적, 체계적, 지속적인 노력들을 의미한다."[109] 그룹(Thomas Groome)은 크레민의 이러한 정의가 다음과 같은 점에서 유용하다고 평가한다. 첫째, 교육이 체계적인 의도성이 있는 행위임을 강조해 준다. 둘째, 지적인 차원 외에도 전인적 차원을 그 속에 포괄하고 있다는 점이다.[110]

피아제, 콜버그, 프로이트, 에릭슨 등의 발달론자들은 인간의 인지능력과 인지활동을 발달적 관점에서 바라보았다. 프로이트는 인간의 다양한 정신활동들을 크게 두 가지 범주로 묶어서 설명한다. 그것은 쾌락원리(pleasure principle)와 현실원리(reality principle)이다. 쾌락원리는 리비도로 가득한 원초아(Id)의 욕구를 만족시키기 위해 인간 내면의 에너지와 정신활동이 이루어진다는 것이다. 현실원리는 그러한 욕구충족이 자기가 속한 사회에서의 역할기대에 맞게 수용되고 적절히 보상받을 수 있도록 현실적 적응을 하기 위해 내면 에너지와 정신활동이 이루어진다는 것이다.[111]

피아제는 인지능력의 성숙을 위한 유기체와 환경 사이의 상호작용에 관심하였다. 갓난아기의 감각운동적 지능이 향후 모든 인지발달을 위한 요람이 된다는 사실을 발견하였다. 아기는 처음에는 철저히 자기중심성에 기초하여 사고하지만 성장해 갈수록 자기중심성을 벗어나서 타인과 관점에 대한 종합적 관점을 자신의 것으로 취합할 수 있는 능력을 발달시켜 나간다는 사실을 발견하였던 것이다.[112]

기독교신앙과 관련하여 성찰해 보기로 하자. 기독교신앙은 다양한 사실, 정보, 신념, 태도 등을 그 속에 포함한다. 사실과 정보는 성경과 기독교역사 속에 나타난 외적 사실과 이야기들 위에 기초해 있다. 신념은 기독교의 핵심교리들로 구성되어 있다. 태도는 기독교적인 신앙의 덕목들로 구성되어 있다.

리차드 니버의 신앙의 정의에 기초하여 오스머는 기독교신앙의 특징을 신앙입방체 모델을 통해 제시한다:

> 신앙은 다양한 측면을 그 속에 가지고 있다. 다양한 측면을 한쪽 측면에서 다 인식하는 것을 불가능하다. 하지만 우리는 최소한 신앙의 3측면을 바라볼 수 있다. 그것은 입방체의 윗면과 양쪽 면이다. 입방체의 아랫면

과 뒤쪽의 두 면은 우리 눈으로부터 가려져 있다. 신앙은 하나님을 향한 우리의 깊은 신뢰를 의미한다. 신앙입방체의 한 면에 대해 생각하거나 부각시킬 때, 그 면과 연결되어 있는 다른 두 면이 함께 공존하고 있음을 잊어서는 안 된다.[113]

첫 번째 면은 하나님을 향한 신뢰의 토대가 되는 하나님에 대한 믿음 또는 신념(beliefs)이다. 두 번째 면은 하나님과의 친밀한 관계를 가능케 하는 하나님과의 관계성(relationship)이다. 세 번째 면은 하나님을 위해 무언가를 결단하고 실행하도록 하는 헌신(commitment)이다.[114] 하나님을 향한 이러한 신념, 관계성, 헌신은 신앙공동체와 이웃을 향한 신념, 관계성, 헌신을 가능케 하는 토대이며 능력의 원천인 것이다.

기독교신앙을 이처럼 신앙입방체의 다양한 면들로 소개하고 이해할 때, 신앙을 학습할 수 있는 가능성을 엿볼 수 있다.[115] 하나님에 대한 조직적 체계로서의 믿음 또는 신념이 무엇인지 가르칠 수 있으며, 또한 기독교 신앙이 의미하는 하나님과의 관계성과 태도가 무엇인지 또는 어떠해야 하는지에 대해 학습할 수 있다. 하나님과 하나님의 나라를 위한 헌신과 희생을 어떻게 할 수 있는지 그리고 실제로 어떻게 그것을 실행할 수 있는지에 대해 학습할 수 있다. 이런 의미에서 기독교신앙의 어떤 측면들은 어느 정도 교육될 수 있고 학습될 수 있다.

2. 기독교신앙의 교육 및 학습의 불가능성

하지만 기독교신앙을 교육하거나 학습하는 것은 다른 어떤 과목, 지식, 정보, 기술 등을 가르치는 것과 달리 불가능할 수 있다. 교회, 기독교가정, 기독교학교 등에서는 기독교신앙을 가르칠 수 있는 환경이 가능할 수 있다. 하지만 비종교, 반종교적이거나 반기독교적인 곳에서는 기독교신앙을 가르치는 것이 현실적으로 매우 어렵다. 기독교기관이라 하더라도 기독교신앙을 가르치는 것은 여러 면에서 어렵고 한계가 있는 것이 현실이다.

기독교인이라 할지라도 그리고 기독교신앙교육을 오래 받아 왔다 할지라도 과연 기독교신앙이 제대로 가르쳐진 것인지를 아는 것은 어렵다. 첫째, 신앙은 쉽게 측정되거나 계량화될 수 있는 것이 아니기 때문이다. 여타의 지식, 정보, 기술 등은 그 숙지 정도와 교육목표 달성 여부를 측정할 수 있고 어느 정도 계량화할 수 있음에 비해 신앙은 결코 그렇지 않다. 둘째, 여타의 지식, 정보, 기술 등에 비해, 신앙교육의 효율성은 교육을 위해 쏟아부은 시간과 노력에 정비례하지 않기 때문이다. 셋째, 여타의 지식, 정보, 기술 등에 비해 신앙의 정도를 측정할 수 있는 도구를 계량화하기가 매우 어렵기 때문이다. 또한 신앙은 다른 사항들에 비해 비가시적, 비객관적, 비논리적인 요소가 있기에 교육의 성과를 가늠하는 것이 현실적으로 어렵다는 난제가 들어 있다. 신앙보다는 다소 덜 모호한 것으로 보이는 덕에 있어서도 『메논』은 덕이 어느 정도 함양되었으리라 생각되었다가도 전혀 그렇지 못한 것으로 나타나는 경우들이 종종 있음을 보여 주고 있음을 볼 때, 신앙교육의 어려움을 미루어 짐작할 수 있다.[116]

도덕교육과 함께 신앙교육에 있어서의 인간의 노력과 행위가 가진 한계성에 대해 피터슨(Michael Peterson)은 다음과 같이 지적하고 있다:

> 유대-기독교 성경은 도덕교육을 위한 보다 구체적인 지시를 제공하지 않는다. 구체적인 도덕교육을 위해 우리는 도덕이론과 임상경험과 상식들을 활용할 수 있어야 한다. 이러한 것들은 인간의 피조성에 대한 통찰들을 제공하여 준다. 하지만 기독교적인 도덕관은 단지 도덕교육뿐 아니라 도덕적 삶을 살아가도록 도우시는 하나님의 은혜를 경시해서는 안 된다. 우리

는 도덕적 능력을 개발하는 다양한 교육방안들을 활용하는 동시에 하나님 은혜의 필요성을 강조해야만 한다.[117]

V. 기독교교육적 함의

19세기 덴마크의 대표적인 철학적 신학자 키에르케고르는 참된 신앙의 특징을 "신앙의 기사"(the knight of faith)라는 말로 요약한다:

> [신앙의 기사, 즉 기독교 신앙인은] 무한의 축복이 무엇인지 알고 있다. 그는 모든 것을 내려놓고 자신의 것을 포기하는 경험을 한 사람이다. …… 그가 세속의 삶을 살아가는 모습은 이제 더 이상 불안한 삶을 살아가는 것이 아니다. …… 그는 스스로 자신을 내세우는 모든 것을 포기하고 대신 신-인 그리스도에 대한 믿음으로 모든 것을 얻은 사람이다.[118]

참된 신앙인은 믿음의 도약을 통해 그리스도를 자기 인생의 주인으로 영접한 신앙의 기사이다. 그는 세상의 눈으로는 "불합리한 덕목에 의해"(by virtue of the absurd) 인생을 살아가는 사람이다.[119] 여기에서 말하는 불합리는 "절대적 역설"(the absolute paradox)인 신-인 예수 그리스도를 믿음으로 받아들이는 이성적 불합리를 의미한다. 신앙의 기사는 이러한 불합리의 덕목으로 모든 것을 새롭게 인식하고 새롭게 받아들이는 사람이라고 주장한다: "그는 세상의 모든 것들을 불합리의 덕목에 따라 새롭게 인식하고 수행한다."[120] 예수 그리스도를 통해 구현된 새로운 신앙적, 관계적 준거틀은 그가 세상을 바라보는 관점이며 하나님을 만날 수 있는 통로인 것이다. 이처럼 신-인 예수 그리스도에 대한 믿음과 세상의 관점에서는 불합리할 수 있는 덕목은 기독교신앙을 가르치고 교육해 나가는 기독교교육의 준거틀이기도 하다. 신-인 예수 그리스도의 성육신, 죽음, 부활을 통한 구원은 누구도 피할 수 없었던 인간의 고통과 문제들에 대한 해결책을 제시해 주었다. 신-인 예수 그리스도는 신학 및 기독교교육의 근본주제들을 그 존재론적 특성과 사역론적 특성 속에 함축적으로 포괄하고 있다. 초월과 내재, 무한과 유한, 영원과 순간, 가능성과 필연성의 양극적 연합이 그리스도 예수의 신성과 인성의 양극적 연합을 통해 하나의 존재론적, 인식론적 패러다임으로 제시되어 있다.[121]

기독교교육의 존재론과 인식론이 성서적, 신학적 정당성을 유지하려면 그리스도 예수의 존재론과 사역론에 기초되어야 한다. 신성과 인성의 양극적 연합은 "뫼비우스띠" 모델을 통해 그 연합의 특성이 설명된다. 뫼비우스띠의 상단은 그리스도의 신성을, 하단은 예수의 인성을 대변한다. 그리스도 예수의 신성과 인성은 존재론적으로 신성이 인성에 대해 "논리적 우선성"(logical priority)과 "한계적 효율성"(marginal control)을 지닌다. 즉, 신성은 인성의 이유, 목적, 방향을 제시해 주는 반면, 인성은 신성의 이유, 목적, 방향을 완성시켜 준다. 이러한 유비는 기독교교육에 있어서 지식과 앎의 암시적 차원과 명시적 차원이 상호 어떤 상관관계 속에 놓여야 하는가를 잘 보여 주고 있다.

암묵적 앎과 명시적 앎 사이에 일종의 상호보완성이 필요하다. 이를 통해 보다 깊은 차원의 지식과 앎 그리고 인간의 이성을 존중하지만 이성을 넘어 존재하시는 하나님과 임재와 실재에 대한 인식이 가능하게 된다. 이를 통해 기독교교육은 명시적 지식뿐 아니라 암시적 지혜의 차원에까지 확장될 수 있다. 이는 기독교교육과 영성의 관계성에 깊은 의미와 관련성을 더해 주는 일이기도 하다.

"불합리의 덕목"(virtue of the absurd)의 중요성을 인식하는 것은 기독교교육의 연속성뿐 아니라 불연속성에 대해서도 눈을 뜨게 해 주는 일이 된다. 기독교신앙 및 기독교교육은 교육, 양육, 훈련 등의 연속성 있는 교육 주제 및 과제에 대한 많은 관심을 기울인다. 하지만 기독교신앙 및 기독교교육은 일반 도덕이나 교육과 달리 하나님의 초월과 불연속성에 대해 마음의 준비와 기대를 열어 놓을 수 있어야 한다. 모든 것이 인간에 의한, 인간을 위한, 인간의 행위로 마친다면 그것은 일반교육과 다를 것이 별로 없다. 그것 못지않게 하나님에 의한(by God), 하나님을 위한(for God), 하나님의(of God) 행위가 함께 이루어질 때 그것을 진정한 의미의 기독교교육이라 할 수 있을 것이다.

  "불합리의 덕목"의 중요성을 인식하는 것은 기독교교육 이론 및 실천 속에 예수 그리스도의 보편성뿐 아니라 특정성을 부각시킬 수 있도록 도와준다. 사랑, 용서, 화해, 정직 등 일반적 가치와 덕목을 기독교교육을 통해 가르치고 개인 및 공동체의 삶 속에 뿌리내리게 하는 것은 중요하다. 하지만 동시에 예수 그리스도를 통한 구원의 중요성과 예수 그리스도를 통한 진리의 실현이라는 복음적 접근을 동시에 할 수 있을 때 기독교적 정체성을 잃지 않는 교육이 될 수 있다.

  "불합리의 덕목"의 중요성을 인식하는 것은 그리스도 예수 안에서 모두가 형제요 자매이며 그리스도 예수 안에서 모두가 평등하며 동등한 가치를 지니고 있음을 일깨우는 교육적 효과를 그 속에 지닌다. 일반교육이 수월성의 추구라는 가치하에 끊임없는 비교, 경쟁, 성취 일변도의 인간 및 공동체 소외와 분열을 향해 나아가고 있음을 볼 수 있다. 이는 입시 위주의 교육, 사교육에의 지나친 의존, 공교육의 위기 등을 초래하고 있다. 이에 비해 기독교교육은 그리스도 안에서의 평등성, 동등성의 강조와 함께 모두가 그 존재 자체만으로도 소중한 생명이요 인격임을 일깨워 주어야 한다. 또한 모든 사람들은 각자 고유한 은사, 재능, 개성, 특기를 가진 존재임을 인정함으로써 이러한 다양성과 차이들이 한데 어우러져서 그리스도의 몸을 이루어 갈 수 있음을 가르쳐 주어야 한다.

 기독교교육은 일반교육과 함께 나누는 공통점과 유사성이 있다. 하지만 그에 못지않게 기독교교육만의 독특성과 특수성도 함께 가지고 있다. 기독교교육과 일반교육의 관계성 설정에 있어서 개인구원 및 공동체 구원과 함께 그리스도의 장성한 분량에까지 자라는 공동체가 되기 위해서는 기독교교육과 일반교육 역시 일종의 상호보완성, 즉 뫼비우스띠와 같은 상호 역동성을 지님으로써 상호도전, 상호비옥화, 상호교정을 이루어 가는 것이 필요하다. 이는 곧 정체성과 확장성, 특수성과 보편성, 마이크로와 매크로가 함께 작용하는 교육역동성의 모델로 제시될 수 있다. 이것은 결국 교회와 가정과 학교가 함께 유기적, 대승적으로 협력함으로써 하나님을 믿는 것과 아는 것에 하나 되는 첫걸음이 될 것이다. 이는 또한 통전적 신앙교육, 통전적 기독교교육을 통한 통전적 구원을 이루는 위대한 관문을 향해 나아가야 한다.

1) Don Browning, *A Fundamental Practical Theology* (Minneapolis : Fortress Press, 1991), 55–74.

2) Edward Farley, *Theologia* (Philadelphia : Fortress Press, 1983), 35–37.

3) Ibid., 73–124.

4) Don Browning, op. cit., 58f.

5) 본 장에서는 '인문과학'을 신학 외의 일반학문 전체를 포괄하는 의미로 사용한다. 한편, 실천신학에 대한 정의 및 방법론은 학자에 따라 수많은 분지가 이루어지지만, 실천신학의 간학문적 역동성(interdisciplinary dynamic)은 실천신학의 대표적 특성 및 방법론으로서 인정된다. James Poling and Donald Miller, *Foundations for a Practical Theology of Ministry* (Nashville : Abingdon Press, 1985), 29–61 ; Lewis Mudge and James Poling ed., *Formation and Reflection : The Promise of Practical Theology* (Philadelphia : Fortress Press, 1987).

6) 본 연구자는 바르트와 몰트만에 기초한 "통전적 신학" 또는 "온 신학"과 같은 입장과 맥락에서 신학적 통전성에 대해 성찰하고자 한다. 김명용, 『온 신학』 (서울 : 장로회신학대학교출판부, 2014) 참조.

7) 토마스 그룹의 공유된 프락시스 접근은 1980년 *Christian Religious Education*(이후 *CRE*)이라는 그의 저서를 통해 전 세계에 알려지게 되었다. 이후 수많은 학자 및 교육자들에 의해 그룹은 그 학문적, 이론적 공헌을 인정받게 된다. 그룹은 1991년 *Sharing Faith* (『공유하는 신앙』)를 저술함으로써 공유된 프락시스 접근 방식을 기독교교육 외에도 예배, 설교, 상담 등 실천신학 전 분야로 확대, 적용시키고 있다. *Sharing Faith*가 *CRE*의 내용을 바꾸는 것이 아니라 확대 적용하고 있고, 본 장은 실천신학 중에서 기독교교육 분야만을 주로 다루는 것이기에 여기서는 *CRE*를 주 텍스트로 하고 *Sharing Faith*를 참고 자료로 사용할 것이다. 또한 그룹은 2011년에 *Will There Be Faith* (『믿음을 보겠는가?』)를 저술하였다. 이 책은 누가복음 18 : 8에 "인자가 올 때에 세상에서 믿음을 보겠느냐?"는 말씀을 토대로 포스트모던 시대에 기독교신앙이 지속되려면 인내와 견인이 필요함을 강조한다. 이 책은 "신앙에 생명을 그리고 생명에 신앙을 가져다주기 위해" 쓰여졌다고 그룹은 주장한다. 이 책 역시 그룹이 *CRE*를 통해 제시한 공유된 실천(shared praxis)을 교회뿐 아니라 가정과 사회로 확장시켜 나갈 것을 제안하고 있기에 참고 자료로 사용하고자 한다. Thomas Groome, *Christian Religious Education* (San Francisco : Harper & Row, 1980) ; *Sharing Faith* (San Francisco : Harper SanFrancisco, 1991) ; *Will There Be Faith? : A New Vision for Educating and Growing Disciples* (NY : HarperOne, 2011).

8) Sara Little, "Theology and Religious Education," *Foundations for Christian Education in an Era of Change* (Nashville : Abingdon Press, 1976), 35.

9) Randolph Miller, *Education for Christian Living* (Englewood : Prentice Hall, 1963), 5.

10) James Michael Lee, *The Shape of Religious Instruction* (Mishawake : Religious Education Press, 1971), 225.

11) Ibid., 245-246.

12) George Albert Coe, *The Religion of a Mature Mind*, 293-396.

13) Mary Moore, *Education for Continuity and Change* (Nashville : Abingdon Press, 1983) ; Daniel Schipani, *Religious Education Encounters Liberation Theology* (Birmingham, Alabama : Religious Education Press, 1988).

14) Groome, *CRE*, 152.

15) Ibid.

16) Ibid., 153-157.

17) Ibid., 153f.

18) Ibid., 153-155.

19) Ibid., 155.

20) Ibid.

21) 프라시스의 이러한 이해의 맥락을 그룹은 자신의 프락시스 개념과 동일시하고 있다. Ibid., 162f.

22) Ibid., 34.

23) Ibid., 15.

24) Ibid., 124.

25) Ibid., 264.

26) Ibid., 5.

27) Ibid., 152.

28) Ibid., 107, 225.

29) Ibid., 184–196.

30) Ibid., 261f.

31) Ibid., 149f.

32) Ibid., 195f.

33) Ibid., 263f.

34) Ibid., 191f.

35) Ibid., 48f. ; Don Browning, "On Religious Education in a Pluralistic World," *Journal of Religion* (Oct., 1982), 424.

36) Groome, op. cit., 41f.

37) Ibid., 185f.

38) Craig Dykstra, "The Formative Power of the Congregation," *Religious Education*, Vol. 82 (Fall, 1987), 531.

39) Don Browning, "Practical Theology and Religious Education," Lewis Mudge and James Poling, *Formation and Reflection*, 79.

40) 지, 정, 의의 유기적 관계성은 사고와 행동, 앎과 실천을 유기적으로 연결시켜 주는 프락시스의 특징 위에 기초해 있다.

41) 김현숙, 『탈인습성과 기독교교육』(서울 : 대한기독교서회, 2004), 163–165.

42) Deborah Hunsinger, "Becoming Bilingual," Ph.D. Dissertation (New York : Union Theological Seminary, 1993), 69–115.

43) Craig Dykstra, "Reconceiving Practice," 기독교교육 및 성격에 관한 미간행 연구논문.

44) 본 장에서 "실천신학"을 언급할 때 그 속에 하위분야로서의 기독교교육학을 내포하는 의미로 사용하고자 한다. 1993년 프린스턴신학대학원에서 국제실천신학학회가 창립된 이후, 기독교교육학과 함께 예배학, 설교학, 선교학, 영성학, 상담학, 기독교윤리학 등의 학자들이 2년에 한 번씩 모여 국제적인 실천신학 세미나를 지속해 오고 있다. 이규민, "실천신학방법론 정립을 위한 기독교교육의 목적," 『계명신학』 11집(1996년 12월) ; Richard Osmer & Friedrich Schweitzer, *Developing a Public Faith : New Directions in Practical Theology* (St. Louis, MO : Chalice Press, 2003) ; 장신근, 『공적 실천신학과 지구촌 시대의 기독교교육』 (서울 : 장로회신학대학교출판부, 2007).

45) Edward Farley, *Theologia* (Philadelphia : Fortress Press, 1983), 85–88.

46) Friedrich Schleiermacher, *Brief Outline of the Study of Theology* (Atlanta : Lewiston : the Edwin Mellen, 1988).

47) Ibid., 1–2.

48) J. A. Whyte, "New Directions in Practical Theology," *Theology* 76, May 1973 : 229.

49) Farley, op. cit., 85–88.

50) Schleiermacher, Ibid., 14.

51) Alastair Campbell, "Is Practical Theology Possible?" *Scottish Journal of Theology* 25, May 1972 : 218.

52) Paul Tillich, *Systematic Theology* 3 vols, (Chicago : Univ. of Chicago Press, 1963), 1 : 32.

53) Campbell, op. cit., 218.

54) Ibid., 219.

55) Campbell, op. cit., 109.

56) Jürgen Habermas, *Theory and Practice* (Boston : Beacon Press, 1973), 3.

57) Charles Taylor, "Neutrality in Political Science," *The Philosophy of Social Explanation* (Oxford : Oxford Univ. Press, 1973), 139–170.

58) Campbell, op. cit., 224.

59) Ibid., 224-225.

60) Thomas Groome, *Christian Religious Education* (San Francisco : Harper & Row, 1980), 153-157.

61) Ibid., 154.

62) Ibid., 154-155.

63) Marie Chenu, *Toward Understanding St. Thomas* (Chicago : H. Regnery Co., 1964), 50.

64) R. A. Armstrong, *Primary and Secondary Precepts in Thomistic Natural Law Teaching* (The Hague, Netherlands : Martius Nijhoff, 1966), 42f.

65) Thomas Aquinas, *Summa Theologica* (Westminster, MD : Christian Classics, 1981), Pt.I-II, Q.57, Art.5.

66) Ibid.

67) Ibid., Art.4.

68) Thomas Aquinas, *Truth*, R.W. Mulligan trans., (Chicago : Henry Regnery Co., 1954), Q.24, Art.3.

69) Thomas Aquinas, "On the Virtues in General", *Selected Writings of St. Thomas Aquinas*, Robert Goodwin trans., (Indianapolis : Bobbs-Merrill Co., 1965), VII, c.

70) Ibid., VI, c.

71) Stanley Hauerwas, *Peaceable Kingdom* (Notre Dame : Univ. of Nortre Dame Press, 1983), 116f.

72) Stanley Hauerwas, *Vision and Virtue* (Notre Dame : Fides Publishers, 1974), 102.

73) Stanley Hauerwas, *Character and the Christian Life* (San Antonio : Trinity Univ. Press, 1975), vii.

74) Ibid.

75) Thomas Ogletree, "Character and Narrative : Stanley Hauerwas' Studies of the Christian Life," *Religious Studies Review* 6, January 1980 : 26.

76) Farley, op. cit., 35.

77) Ibid.

78) Alasdair MacIntyre, *After Virtue* (Notre Dame : Univ. of Notre Dame Press, 1981), 103−113.

79) Aristotle, *Nicomachean Ethics*, Martin Ostwald trans. (Indianapolis : Bobbs−Merrill, 1962), 152−153.

80) David Tracy, "The Foundations of Practical Theology," *Practical Theology* (New York : Harper & Row, 1983), 75.

81) Don Browning, "Toward a Practical Theology of Care," *Union Theological Quartely Review* 29, Fall 1980 : 169.

82) Schubert Ogden, "What is Theology?" *The Journal of Religion* 52(Jan. 1972), 36.

83) Gerhard Ebeling, *The Study of Theology* (Philadelphia : Fortress Press, 1978), 113.

84) Browning, op. cit., 164.

85) Gordon Kaufman, *The Theological Imagination* (Philadelphia : Westminster Press, 1981), 21f.

86) Plato, *Meno* (Indianapolis : Hackett Pub. Co., 1981).

87) Ibid., 80.

88) Ibid., 128.

89) Ibid., 104.

90) Ibid.

91) Paul Davies, *God and the New Physics* (New York : Touchstone Book, 1983), 25−43.

92) "이는 하나님을 알 만한 것이 그들 속에 보임이라 하나님께서 이를 그들에게 보이셨느니라 창세로부터 그의 보이지 아니하는 것들 곧 그의 영원하신 능력과 신성이 그가 만드신 만물에 분명히 보여 알려졌나니 그러므로 그들이 핑계하지 못할지니라"(로마서 1 : 19, 20).

93) Michael Polanyi, *The Tacit Dimension* (Garden City, NY : Anchor Books, 1986), 24.

94) Ibid.

95) Michael Polanyi, *Personal Knowledge* (New York : Harper & Row, 1964), 143.

96) Charles Stinnette, *Learning in Theological Perspective* (New York : Association Press 1965), 27.

97) Ibid., 30, 32.

98) James Loder & Jim Neidhardt, *The Knight's Move : Relational Logic of the Spirit in Theology and Science* (Helmers & Howard : Colorado Springs, 1992), 88.

99) Ibid.

100) Plato, Meno, 37.

101) Robert Brumbaugh, *Whitehead, Process Philosophy Education* (Albany : State University of New York Press, 1982), 98.

102) Ibid., 100.

103) Ibid.

104) Ibid., 104.

105) Ibid.

106) George Knight, *Issues and Alternatives in Educational Philosophy* (Berrien Springs : Andrew Univ. Press, 1989), 27.

107) 사도행전 9 : 1-9 ; 갈라디아서 1 : 13-24.

108) Thomas Groome, *Christian Religioous Education* (New York : Harper San Francisco, 1982), 248.

109) Lawerence Cremin, *Traditions of American Education* (New York : Basic Books, 1977), 134.

110) Groome, *Sharing Faith : A Comprehensive Approach to Religious Education Pastoral Ministry* (New York : Harper San Francisco, 1991), 86-90 ; *Christian Religious Education*, 174-75.

111) Anna Freud & Joseph Sandler, *The Analysis of Defense* (New York : International Univ. Press, 1985), 124f.

112) Haward Gruber & Jacques Voneche, *The Essential Piaget* (New York : Basic Book, 1977), 200f.

113) Richard Osmer, *Teaching for Faith* (Louisville : Westminster/John Knox Press, 1992), 16.

114) Ibid., 17.

115) Ibid.

116) Brumbaugh, Whitehead, *Process Philosophy Education*, 100.

117) Michel Peterson, *Philosophy of Education : Issues and Options* (Downer Grove : Intervarsity Press, 1986), 95.

118) Kierkegaard, *Fear and Trembling* (Princeton, NJ : Princeton University Press, 1968), 40.

119) Ibid.

120) Ibid.

121) James Loder & Jim Neidhardt, *The Knight's Move*, 196.

제3부에서는 인간 개인 및 공동체의 활동 영역으로서의 문화를 기독교교육적 관점에서 성찰하고자 한다. 문화와 기독교교육이 상호 어떤 관련성을 맺게 되는가에 대한 유형론을 토대로 해서 문화의 구체적 형태로서의 청소년문화와 여가문화를 기독교교육과의 관련 속에서 논의하게 될 것이다.

/ 제3부 /
문화적 통전성 : 문화와 기독교교육

제7장
문화와 기독교교육

사전적 정의에 따르면 "사람이 가진 이상을 실현하려는 활동의 과정 또는 그로 인한 성과"[1] 또는 "인간 정신의 세밀한 훈련으로 인해 얻은 성취 및 결과"[2]를 가리켜 곧 '문화'라 부른다.

한편, 문화에 대한 서구문화권의 어원적 의미를 살펴보면, 영어 및 불어의 'culture' 독일어의 'kultur' 모두 라틴어의 'cultura'로부터 유래되었음을 볼 수 있다. 'cultura'는 경작(cultivation), 재배, 양육 등의 의미로 쓰였고, 기독교 국가에서는 경배의 의미로도 사용되었다.[3] 경작은 토지의 경작을 뜻한다면, 재배는 식물의 재배를, 양육은 동물의 양육을 뜻하였고 경배는 신(神)에 대한 예배를 의미하였다. 특히 'cultura'가 토지신의 제사를 의미하는 'cultus'의 파생어란 사실은 고대 서양인들이 토지를 경작할 때 토지의 신인 Cultus에게 많은 수확을 얻게 해 달라는 기원으로부터 문화가 발아(發芽)되었음을 보여 준다.[4] 이러한 서구문화권의 역사적 배경 위에서 문화를 정의해 본다면, 문화는 곧 "자연의 개발, 변용, 순화의 과정을 통해 신으로부터 부여받은 잠재력과 가능성을 실현시켜 나가는 인간의 행위 및 그 행위에 의한 결과"라 할 수 있다.

동양문화권, 그중에서도 한자문화권에서 통용되는 문화의 어원적 의미는 무엇일까? 한자문화권에서 유래된, '文化'의 의미를 이해하려면 먼저 한자 '文'의 의미부터 살펴보아야 한다. '文'는 문양(文樣), 곧 색(色)을 교차시켜 만들어 낸 어떤 형태를 의미한다. 인간 삶에 사용되는 다양한 종류의 색이나 형태는 자연으로부터 취해 만들어진다. 한자문화권에서는 '경제'가 경세제민(經世濟民)의 축약어인 것처럼 '문화'는 '문치교화'(文治敎化)의 축약어이다.[5] 그렇다면 한자문화권 전통 속에서 규명되는 문화는 "형벌이나 폭력을 사용하지 않고 인간의 창조적 활동을 통해 개발된 다양한 색과 형태, 학문, 철학, 사상, 예술들을 통해 백성들을 교화시켜 나가는 행위, 또는 행위의 과정"이라 할 수 있을 것이다.

여기서 "백성을 교화"시킨다고 할 때, 교화시키는 주체는 누구일까? 그것은 곧 백성을 다스리는 국가, 보다 구체적으로는 국가를 상징하는 황제(皇帝), 또는 천자(天子)일 것이다. 한자문화권에서 황제 또는 천자는 곧 그 자체가 신(神)이거나 신의 대리자였음을 생각할 때, 서양문화권에서와 마찬가지로 한자문화권에서도 역시 문화의 궁극적 주체는 신 또는 신의 대리자이며, 전통적으로 문화의 궁극적 목적은 신 또는 신의 대리자의 뜻을 이루어 나가는 것이라 이해되어 왔음을 알 수 있다.

이처럼 문화의 전통적, 본래적 개념은 신의 뜻과 섭리의 실현을 기본 바탕으로 하고 있다. 하지만 계몽주의 이후 가속화된 무신론적 인본주의와 과학주의의 발흥은 인간 삶에서 종교적 주제(religious theme)나 신적 기원(divine origin)의 신빙성, 효용성을 무력화시키고 말았다.[6] 이제는 신이 아닌 인간이 역사의 절대주체가 되어 과학의 힘을 빌어 자연과 신마저 임의로 재단(裁斷)하는 물질문화, 기술문명이 인간 문화의 중심에 자리 잡게 되었다. 과거 중세시대에는 절대화된 기독교 교리가 인간의 이성적 사유와 과학을 압제하였다면, 현대에 와서는 절대화된 과학기술이 인간의 정신세계와 종교를 억압함으로써 형태를 달리한 왜곡과 일탈이 인간의 생명과 창조성을 질식시키고 있다.

인간의 생명과 창조성이 왜곡, 질식되지 않고 보전, 발전되기 위해서는 과학과 종교[7]가 서로를 압제하는 경쟁적 관계에 서기보다는 서로를 설명, 해석, 보완해 주는 상보적(相補的) 관계가 되어야 한다. 창세기는 "여호와 하나님이 땅의 흙으로 사람을 지으시고 생기를 그 코에 불어넣으시니 사람이 생령"(창 2:7)이 되었다고 증언한다. 이는 곧 인간이 육체와 영혼의 유기적 연합체임을 나타낸다. 과학은 인간의 육체성(肉體性)에 보다 집중적 관심을 기울인다면, 종교는 인간의 영성(靈性)에 보다 관심을 기울인다. 과학과 종교는 상호 배타적이기보다는 상호 보완적일 필요가 있는 것이다. 과학과 종교에 대한 이러한 인식은 문화와 기독교, 나아가서 기독교교육과 문화 사이에 상호보완적 가능성이 있음을 시사한다.

I. 기독교교육과 문화의 관계성 정립을 위한 신학적 고찰

흔히 인간에게 있어 문화는 물과 같고 공기와 같다고 한다. 이는 곧 인간은 문화를 형성하는 문화 창조의 주체이면서 동시에 문화를 입고 살면서 문화의 영향을 받게 마련임을 일컫는 말이다. 특정한 시공간 속에 사는 한 어느 누구도 문화로부터 유리된 진공 속에서 살 수는 없다. 문화는 싫든 좋든 모든 개인 및 공동체가 영향을 주기도 하고 받기도 하며 사는 인간 삶의 공유적 실체인 것이다.

그러면 기독교교육에 있어 문화는 어떠한 의미, 위상을 갖는 것일까? 기독교교육을 "개인, 가정, 교회, 사회, 세계 속에 기독교 신앙의 근본 목적으로서의 하나님의 나라가 확장, 실현되어 나가도록 가르치고 양육하는 개인 및 공동체의 의도적, 총체적 노력"이라고 정의할 때, 문화는 개인, 가정, 교회, 사회, 세계가 터하고 있는 삶의 자리요, 기독교신앙이 실천되고 기독교교육이 이루어지는 현실적이고도 구체적인 장(場)이라 할 수 있다.

신앙과 과학, 계시와 이성, 기독교신앙과 문화가 양 극단이나 오류에 빠져들지 않고 바른 관계를 맺을 수 있는 근본 틀(paradigm)을 발견할 수만 있다면, 이는 곧 기독교교육과 문화가 함께 놓일 수 있는 밑그림이 될 것이다. 이러한 밑그림을 리차드 니버(H. Richard Niebuhr)의 명저 『그리스도와 문화』(Christ and Culture, 1951) 속에 제시된 5가지 유형과의 연관 속에서 살펴보자.

리차드 니버는 기독교 신앙과 문화의 관련성에 대한 그의 저서 『그리스도와 문화』 속에서 기독교와 문화와의 상관성을 아래와 같이 5가지로 나누어 고찰하였다.[8]

① 문화에 대립하는 그리스도(Christ against Culture)

② 문화의 그리스도(Christ of Culture)

③ 문화 위에 군림하는 그리스도(Christ above Culture)

④ 역설적 관계를 지닌 그리스도와 문화(Christ and Culture in Paradox)

⑤ 문화 변혁자로서의 그리스도(Christ the Transformer of Culture)

니버는 이 책 속에서 기독교 2천 년 역사를 통시적(通時的)으로 고찰하면서, '문화'를 역사적, 사회적 현실 전체를 담는 포괄적 개념으로 사용하고 있으며 '그리스도'는 역사적 유산을 가진 역사적 종교실체로서의 기독교의 의미로 사용하고 있다. 니버의 이러한 고찰은 기독교 전(全) 역사를 자원으로 하는 '기독교교육'과 인간 삶을 이루는 총체적 장으로서의 '문화'의 상관성을 설명하는 데 중요한 통찰을 제공한다.[9]

여기에서는 문화와 기독교 사이의 상호관계성을 신학적 관점에서 조망해 보고 그 기본 틀 위에서 이루어지는 기독교교육의 특성을 세속교육과의 상관성을 중심으로 살펴보고자 한다. 세속교육은 인간 문화의 범주 속에 포함될 뿐 아니라 문화를 바탕으로, 그리고 문화창달을 위해 행해진다는 점에서, 세속교육과 기독교교육의 상관성을 살피는 것은 기독교교육과 문화의 상관성 이해에 유익한 도움을 주게 될 것이다.

1. 문화에 대립하는 기독교

1) 신학적 입장 : 근본주의 신학

이러한 입장을 취하는 사람들은 문화와 기독교 사이에는 근본적 불일치와 불연속성이 있다고 생각한다. 따라서 "문화에 대립하는 기독교"적 입장을 가진 사람들은 세속문화는 근본적으로 악하고 죄에 오염되어 있기에 기독교와는 양립할 수 없다는 것이다. 기독교인들은 하나님 중심의 삶을 사는 데 비해, 비기독교인들은 하나님을 인정하지 않는 인간 중심의 삶을 살고 있기에 기본적인 전제나 세계관, 삶의 목적이 다르다는 것이 이들의 주장이다. 따라서 기독교인은 세속문화를 배격해야 하며 세속문화와는 전혀 다른 가치관, 세계관을 가져야 한다고 생각한다.

그리스도와 문화는 항상 적대적 관계, 배타적 관계 속에 있다고 믿기 때문에 이들은 항상 "그리스도냐 문화냐?" 둘 중 하나를 택할 것을 요구한다. 이러한 사상은 초대교회의 터툴리안, 중세 수도원의 소종파 운동 등에서 찾아볼 수 있는데 이러한 사상의 특징은 탈세계적이며 신비주의의 경향을 강하게 드러낸다는 것이다. 결국 현실도피적이고 반문화적 삶의 유형을 갖게 되는데, 이런 유형의 삶은 그 자체 안에 근본적인 모순점을 가지고 있다. 그들이 세상을 버린다고 주장하더라도 그들이 시공간 속에 사는 한 세상은 여전히 그들 속에 존재하기 때문이다.

인간은 문화 속에 존재하기에 하나님은 인간의 문화, 즉 인간의 사회, 역사적 경험을 통해 자신을 드러낼 뿐 아니라 역사를 이끌어 가신다. 따라서 이들은 "하나님의 나라가 임하옵시며"라는 기도 외에 "당신의 뜻이 하늘에서와 같이 땅에서도 이루어지이다"라는 기도의 의미를 되새길 필요가 있다.

2) 기독교교육적 입장 : 반문화적 기독교교육

이런 입장에서 기독교교육을 수행하게 되면, 기독교교육은 일반교육 혹은 세속교육과 아무런 연관성이나 연속성을 지니지 못하게 된다. 오히려 일반교육 혹은 세속교육은 비기독교적이거나 반기독교적인 것으로서 무가치하거나 아니면 배격되어야 할 것으로 여겨지게 될 것이다. 영화, 연극, 음악, 미술, 문학 등 모든 문화들은 죄에 오염되어 있거나 사탄적인 것으로서 적대시하거나 회피해야 할 것으로 평가될 것이다.

이러한 입장에서 행해지는 교육은 결국 세속사회와 분리된 종파나 수도원적 도피 그룹을 만듦으로써 세속문화를 전적으로 거부하는 반문화적 기독교교육의 경향을 띠게 될 것이다. 따라서 기독교교육이 세상의 삶과는 적절한 접촉점을 갖지 못한 채, 분리적, 도피적, 신비적인 것이 되어 버림으로써 교육대상자들로 하여금 사회와 역사에서 책임 있는 역할을 감당하기 어렵게 만드는 위험이 있다.

2. 문화의 기독교

1) 신학적 입장 : 자유주의 신학

이 유형에 속하는 사람들은 문화와 기독교 사이에는 근본적 일치와 연속성이 있다고 생각한다. 따라서 그리스도는 인간 문화의 이상(ideal)을 이룩한 인간 최고의 모델로 여겨진다. 즉, 그리스도는 인간 최고의 이상, 고귀한 제도, 숭고한 철학을 대표하는 위대한 교육가, 도덕적 지도자, 문화의 영웅인 것이다.

바로 이러한 사상은 초기 기독교의 에비온주의(Ebionism)와 영지주의(Gnosticism), 13세기의 가톨릭 문화, 존 록(John Locke)과 칸트(Emmanuel Kant)와 같은 18세기 기독교 합리주의자, 슐라이어마허(Schleiermacher), 리츨(Ritschl)과 같은 19세기 자유주의자에게서 찾아볼 수 있다. 이들은 기독교와 당대의 문화적 상황과의 연결을 시도하다가 기독교 신앙(내용)과 문화적 표현(형식)을 혼동함으로써 기독교의 초월적 특성 및 정체성을 잃어버리는 우를 범하게 된다.

2) 기독교교육적 입장 : 문화적 기독교교육

이러한 입장에서 수행되는 기독교교육은 세속문화를 기독교교육을 위한 자원으로서 전적으로 도입하여 사용한다. 기독교교육의 역할 또한 세속문화의 지속적 발전을 위한 지식 전수, 창의성 개발 등을 통해 세속 문화를 보다 다양하고 풍부하게 뒷받침해 주는 일을 수행한다.

이처럼 문화와의 연속성 속에서 수행되는 기독교교육은 일종의 문화적 기독교교육이 될 수 있고, 인간이 하나님으로부터 부여받은 내재적 능력 및 가능성에 철저히 근거한 기독교교육이기에 일종의 내재적 기독교교육의 경향을 띠게 될 것이다. 이러한 기독교교육은 인간중심의 인본주의적 교육이 될 가능성이 많다.

3. 문화 위에 군림하는 기독교

1) 신학적 입장 : 가톨릭 신학

이 유형에 속하는 사람은 문화와 기독교 사이에는 불일치-불연속성뿐 아니라 일치-연속성도 있음을 함께 긍정한다. 따라서 문화와 기독교 중 어느 하나를 택하고 다른 하나는 버리겠다는 양자택일의 입장이 아니라 양자를 포괄하는 종합의 입장을 견지한다.

문화에 대립하는 기독교교육의 입장을 택하는 사람은 문화와 기독교를 이분법적으로 분리시키는 반면, 문화의 기독교교육 입장을 택하는 사람은 문화와 기독교를 같은 것으로 묶는 우를 범하고 있다. 즉, 첫 번째 입장은 믿는 자의 삶을 주관하시는 주님(Lord)으로서의 그리스도만 인정할 뿐, 만물의 근본원리가 되시는 로고스(Logos)로서의 그리스도를 인정치 않는 잘못을 범하는 반면, 두 번째 입장은 로고스로서의 그리스도에게만 관심을 둔 나머지 주님으로서의 그리스도를 간과하는 잘못을 범하는 것이다.

한편, 문화 위에 군림하는 기독교교육의 입장을 취하는 사람은 그리스도가 믿는 자들의 주님 되심과 동시에 만물의 근본원리 로고스이심을 고백함으로써, 그리스도에 대한 바른 고백 위에 문화와 기독교 사이에 존재하는 연속성과 불연속성을 함께 긍정한다. 따라서 이들은 문화에 대립하는 기독교교육 입장과는 달리 세속문화의 가능성과 효용성을 십분 활용할 뿐 아니라, 문화의 기독교교육 입장과 달리 기독교의 영적 초월성을 견지한다는 점을 높이 살만 하다.

하지만 이 유형의 문제점은 문화를 기독교의 수평적 차원과 동일시함으로써 세속문화 속에 들어 있는 억압적이고 파괴적인 요소를 소홀히 한다는 데 있다. 따라서 이런 입장은 현재의 문화, 현재의 사회체제를 그대로 수용, 용납하는 문화적 보수주의 자세를 취한다. 기독교는 세속문화가 갖지 못한 영적, 수직적 차원을 지닐 뿐 아니라 사회적, 문화적 수평축에 있어서도 연속성은 물론, 불연속성을 갖는다는 것을 잊지 말아야 한다. 이런 입장은 알렉산드리아의 클레멘트, 토마스 아퀴나스, 조셉 버틀러 등에게서 나타났다.

2) 기독교교육적 입장 : 종합주의적 기독교교육

이런 입장에서 수행되는 기독교교육은 세속교육이 인간 및 세계의 내재적 차원, 수평적 차원을 설명해 주는 것이기에 별 저항감 없이 그대로 수용하되, 세속교육이 다루지 못하는 초월적 차원, 수직적 차원은 기독교교육을 통해 보충되어야 한다고 믿는다.

따라서 기독교교육은 세속교육을 그 속에 포함하되 세속교육이 다루지 못하는 인간의 영적 차원, 하나님의 나라를 교육과정에 포함함으로써 교육범위에 있어 보다 포괄적이고, 교육목적에 있어 보다 우월한 것으로 여겨지게 될 것이다. 이러한 기독교교육은 일종의 종합주의적 또는 포용주의적 기독교교육이라 칭할 수 있다. 하지만 이러한 기독교교육의 문제점은 세속교육 속에 들어 있는 왜곡과 일탈을 포착, 분석, 교정하기보다는 있는 그대로 수용, 포용함으로써 기독교 세계관 및 역사관과 일반 세속적 세계관 및 역사관 사이에 있는 불연속성을 간과할 위험이 있다는 것이다.

4. 역설적 관계에 있는 기독교와 문화

1) 신학적 입장 : 실존주의 신학

이 입장을 취하는 사람은 문화 위에 군림하는 기독교교육의 입장과는 달리, 이 세상 문화는 왜곡되고 일탈된 구조와 내용을 가지고 있음을 직시한다. 하지만 인간이 육체를 가지고 있는 이상, 이 현실세계(문화)로부터 벗어나거나 완전히 자유할 수 없음 또한 인정한다.

이것은 바울의 "내 자신이 마음으로는 하나님의 법을 육신으로는 죄의

법을 섬기노라"(롬 7:25)는 실존적 고백과 탄식 속에 잘 나타난다. 인간의 문화는 어쩔 수 없이 죄에 오염되어 있음을 인정한다는 면에서 첫 번째 유형, 즉 문화에 대립하는 기독교교육과 흡사한 모습을 띠기도 한다. 하지만 첫 번째 유형이 세속문화로부터 벗어나려 하는 반면, 네 번째 유형은 기독교인 역시 세상 속에 살 수밖에 없음을 인정한다는 점에서 차이가 난다.

기독교인 역시 문화에 속해 살고 있으며, 그것으로부터 완전히 자유할 수는 없다. 하지만 그럼에도 불구하고 하나님은 그들을 그 문화 속에서 보전하시고 지켜 주신다. 하나님이 죄악 된 세계를 붙들어 주고 계시기에 인간의 역사가 존속됨을 고백하며, 신앙을 고백하는 자마다 그리스도를 통해 의롭다고 여겨 주신다. 그리고 장차 그의 경륜에 따라 때가 되면 이 세상과 문화를 새롭게 하시고 새 하늘과 새 땅을 창조하실 것을 대망하는 가운데 신자들은 현재를 참고 그 속에서 주어진 책임을 수행하며 사는 것이다.

이러한 입장은 루터의 '두 왕국 사상'에서도 나타난다. 그는 모든 기독교인들은 '하나님의 나라'(the kingdom of God) 백성인 동시에 '이 세상 나라'(the kingdom of the world)의 백성임을 강조한다. 하나님의 나라는 은혜와 긍휼의 나라인 반면, 이 세상 나라는 분노와 통치의 나라여서 두 나라는 서로 분리되지는 않지만 성격상 분명히 구분된다고 주장한다. 따라서 두 나라가 요청하는 각각의 다른 의무를 충실히 수행할 것을 요구한다. 하나님, 그리스도, 영적 생활이라는 초월적 차원과, 그와 상반되는 세상, 정치 지도자, 육신적 생활이라는 내재적 차원 사이에 상호 조화되기 어려운 점이 있음을 알지만, 상반된 두 세계 속에서 함께 살도록 요청받고 있기 때문에 이 입장을 '역설적'이라고 부르는 것이다.

이러한 입장은 신자들의 현실 상황과 내적 역동성을 있는 그대로 묘사해 주는 직설법적 설명이라는 점에서 수용할만 하지만, 자칫 하나님의 은혜에 대한 일방적 강조로 인해 문화적 현상유지 또는 반율법주의적 경향에 빠지기 쉽다.

2) 기독교교육적 입장 : 이원론적 기독교교육

이러한 입장에서 수행되는 기독교교육은 세속교육이 교육대상자들로 하여금 '이 세상 나라'에서 올바른 역할을 감당하는 데 필요한 여러 가지 지식, 규칙, 재능들을 가르치기 위해 필요한 교육이기에 모든 기독교인들은 이러한 교육을 충실히 받아야만 한다고 가르친다. 하지만 세속교육은 단지 '이 세상 나라'를 위한 교육이기에 이러한 교육은 '하나님나라'의 백성이 되기 위한 교육과는 직접적 관계가 없는 것이라고 주장한다. 따라서 기독교인들은 '하나님나라'의 백성으로서 필요한 기독교교육을 반드시 받아야만 한다.

이처럼 세속교육을 통해 기독교인들은 이 세상 질서에 따라 사는 데 필요한 훈련을 받는 한편, 기독교교육을 통해 하나님나라의 질서에 따라 사는 데 필요한 훈련을 동시에 받게 된다. 이러한 두 가지 질서, 두 가지 교육은 기독교인들이 이 세상 및 시공간의 영향권 내에 사는 한 어쩔 수 없는 현실이지만, 하나님의 경륜에 따라 정해진 때가 되면 이제 더 이상 세속교육 및 이 세상 질서는 무가치하고 불필요한 것이 되는 때가 올 것이며 그때까지 참고 인내하며 살아야 한다는 것이다.

따라서 이러한 교육을 이원론적 기독교교육 또는 역설적 기독교교육이라 할 수 있는데, 이러한 교육은 세속교육과 기독교교육 사이의 접촉을 거의 불가능하게 함으로써 신앙과 삶, 이상과 현실 사이의 조화 또는 창조적 변혁을 어렵게 만드는 문제점이 있다.

5. 문화를 변혁해 나가는 기독교

1) 신학적 입장 : 개혁신학[10]

이 입장은 세속문화는 타락한 인간의 본성이 투영되어 있기에 그 속에 억압과 일탈의 모습이 들어 있다고 보는 점에서 첫 번째 입장, "문화에 대립하는 기독교교육"이나 네 번째 입장, "역설적 관계에 있는 기독교교육과 문화"와 맥을 같이한다. 하지만 첫 번째 입장처럼 기독교인을 세계와 역사로부터 분리시키지도 않고, 네 번째 입장처럼 하나님의 구속의 때를 기다리는 수동적 위치에 머무르게 하지도 않는다.

인간은 문화를 떠날 수도 없고 떠나서도 안 된다는 점을 분명히 하되, 두 번째 입장 "문화의 기독교교육"처럼 문화와 기독교를 동일시하거나 세 번째 입장, "문화 위에 군림하는 기독교교육"처럼 문화를 기독교의 수평적 차원과 동일시하지도 않는다.

이 입장은 하나님이 독생자를 세상(문화)에 보내신 이유는 세상을 정죄하거나 파괴하기 위함이 아니라 세상을 구원하기 위함(요 3:16)임을 분명히 강조한다. 따라서 기독교인들은 인간 역사와 문화 한복판에서 한 알의 썩는 밀알, 어둠을 비추는 빛, 부패를 방지하는 소금으로 기독교 정신과 사랑의 실천을 위한 변혁의 동인(動因), 매개체(agent)가 될 것을 촉구한다. 이것이야말로 그리스도의 뒤를 따르는 일이요, 하나님의 구원사역에 동참하는 일이기 때문이다.

니버는 어거스틴, 칼빈, 웨슬레, 모리스 등이 이러한 변혁적 입장을 대표한다고 보았다.

2) 기독교교육적 입장 : 통전적 기독교교육

이러한 입장에서 수행되는 기독교교육은 기독교교육이 이루어지는 장으로서의 문화 및 세상을 배격하거나 소홀히 하지 않으면서도 또한 있는 그대로 수용, 용납하지도 않는다. 이 세상 문화 속에는 기독교적인 요소도 있지만 비기독교, 반기독교적인 요소들도 함께 혼재, 혼합되어 있기 때문이다. 이러한 비기독교, 반기독교적 요소들은 기독교적 관점에서 긍정적, 창조적으로 비판, 변혁되어야 한다.

이러한 입장의 기독교교육은 세속교육 역시 그 속에 기독교교육과의 연속성과 동시에 불연속성을 가지고 있음을 간파한다. 따라서 세속교육의 내용을 기독교교육에 비판적으로 수용함으로써, 세속교육의 공헌가능성을 존중하고 살려내는 동시에 세속교육의 억압적, 비기독교적 왜곡 및 일탈을 성서의 빛, 기독교 진리의 빛의 관점에서 변혁해 나간다. 따라서 이러한 교육을 변혁적, 통전적 기독교교육이라 부를 수 있다. 또한 이 통전적 기독교교육은 기독교의 진리주장(truth claim)을 단순히 선포하거나 당위론적으로 제시하기보다 현실 문화와 세속의 삶 속에 구체적으로 표현, 실천해 나감으로써 성서에 계시된 진리를 문화를 통해 성육신(化肉)시켜 나간다는 의미에서 성육신화 된 기독교교육이라 부를 수 있다.

통전적 기독교교육은 기독교교육이 이루어지는 장으로서의 문화와 세상을 중요시한다. 또한 세상 문화 속에 있는 기독교 정신, 기독교 가치와의 연속성 및 불연속성을 동시에 포착하고 연속적 요소는 기독교교육에 분별력 있게 수용, 활용하면서도 불연속적 요소들은 성서의 빛 가운데 개혁, 변혁시켜 나간다. 이러한 점에서 통전적 기독교교육은 다른 어떤 유형보다 성서적, 신학적 타당성을 지닐 뿐 아니라 개혁전통(reformed tradition)에도 부합하는 입장이라 생각된다.[11]

II. '인간의 성취'로서의 문화

문화의 사전적 정의가 "사람이 가진 이상을 실현하려는 활동의 과정 또는 그로 인한 성과", "인간 정신의 세밀한 훈련으로 인해 얻은 성취 및 결과"[12]임을 생각할 때, 문화는 곧 "인간의 창조적 가능성을 향한 총체적 성취결과"라고 말할 수 있다. 그러면, 이러한 인간의 성취를 각 유형의 기독교교육적 입장에서는 어떻게 받아들일까?

먼저 반문화적 기독교교육에 있어서는 인간의 문화적 성취는 기독교 신앙 및 진리와는 관련 없는 무가치, 무의미한 것으로 여겨질 것이다. 문화적 기독교교육에 있어서는 인간의 문화적 성취 그 자체가 곧 하나님의 축복이요, 하나님의 뜻, 하나님의 나라를 실현하는 길로 여겨질 것이다. 종합주의적 기독교교육에 있어서는 성취를 하나님의 축복으로 여긴다는 점에 있어서는 문화적 기독교교육과 같으나 문화적 기독교교육과는 달리 문화적 성취는 하나님의 뜻, 하나님의 나라 실현에 있어서의 수평축, 내재적 차원의 만족에 불과한 것으로 생각될 것이다. 이원론적 기독교교육에 있어 성취는 이 세상 나라를 건설하고 그 속에서 살아가는 데 필요한 것이지만, 하나님의 뜻, 하나님의 나라 건설과는 직접적 관련이 없는 것으로 여겨진다.

그러나 통전적 기독교교육에 있어 성취는 그 속에 기독교 신앙과의 연속성과 동시에 불연속성을 지니는 것으로 여겨진다. 따라서 통전적 기독교교육은 성취의 기독교적 연속성을 순기능으로서 수용, 활용하는 반면, 기독교적 불연속성은 성취의 역기능으로 판단, 기독교적 진리주장과 부합하는 방향으로 변혁시켜 나가게 될 것이다. 인간의 성취 또는 문화적 성취의 순기능은 수용하고 역기능은 기독교적 진리주장과 부합하도록 변혁시켜 나간다는 것은 무엇을 의미하는 것일까?[13]

Ⅲ. 인간성취로서의 문화와 기독교교육의 과제

1. 인간성취로서의 문화

교회는 개인과 사회의 병든 모습을 진리의 빛 가운데 비추어 냄으로써 문제를 발견할 수 있도록 도와주고, 또한 치유해야 하는 사회적 책임을 지니고 있다. 하지만 한국교회는 사회 변화의 촉매제로서의 사명을 감당하기에 앞서, 먼저 자신의 모습을 스스로 진단해 보아야 할 것을 성서는 가르치고 있다 : "먼저 네 눈 속에서 들보를 빼어라 그 후에야 밝히 보고 형제의 눈 속에서 티를 빼리라"(마 7:5).

오늘 우리 한국교회의 모습은 어떠한가? 오늘의 한국교회는 성취지향적 삶의 경향성을 기독교 정신 가운데 극복하고 있는가? 오히려 한국교회는 다른 어떤 단체보다도 자체 성장과 성취에만 집착해 있는 것은 아닌가? 하나님의 은혜마저도 산술적 통계와 물량적 성장으로 대치시켜 버리는 오류를 범하고 있는 것은 아닌가? 교회의 직분 역시, 섬기고 봉사하기 위한 것이기보다는 종교 분야에 있어서의 또 하나의 성취(religious achievement)의 지표(指標)가 되어 버린 것은 아닌가? 우리는 이런 일련의 질문들 앞에서 솔직하고 겸허하게 자신을 돌이켜 보아야 할 것이다.

'성취적 가치'와 '존재적 가치'의 문제는 개신교 신학의 핵심에 닿아 있는 문제라 생각된다. 신학적으로 성찰해 볼 때, 성취적 가치는 인간의 행위를 중심으로 한 '행위적 가치'라 한다면, 존재적 가치는 행위 이전에 인간의 "인간 됨"(what it means to be human), 즉 인간의 존재적 근원 되시는 하나님의 '은혜적 가치'라 할 수 있기 때문이다. 우리를 구원에 이르게 하는 신앙의 사건은 하나님의 자기 계시적 '은혜의 선취'(divine initiative)에 대한 인간의 '응답과 참여'(human response & participation)에 의해 가능해지는 것임을 생각할 때, '성취적 가치'와 '존재적 가치'의 상호 역동성과 관련성을 유비적으로 가늠해 볼 수 있을 것이다.

'이신칭의'(以信稱義)는 개신교 전통 위에 서 있는 교회의 중심적 신앙고백이라 할 수 있다. 의롭다 함은 '행위'에 의한 것이 아니고 '믿음'에 의한 것임을 분명히 해야 한다. 다시 말하자면, 우리가 의롭다 함을 얻는 것은 오직 '은혜'로 말미암아 '믿음'을 통하여 가능하다는 것이다. 이것을 개혁자들은 "Justification by Grace through Faith"라는 어구를 빌려 표현했던 것이다. 하나님의 은혜와 사랑이 먼저 우리에게 임할 때에 비로소, 우리는 믿음으로 응답하게 되고, 그 선취적 은혜와 사랑에 참여하는 것, 그것이 곧 기독교인의 신앙과 삶이라는 것이다.

이러한 기독교 신앙의 진리를 우리는 다음과 같이 유비적으로 적용해 볼 수 있다. 즉, 우리에게 '존재적 가치'가 먼저 부여되고 경험될 때에, 비로소 우리가 왜 성취해야 하는지 '성취적 가치'의 진정한 목적과 이유, 그리고 성취의 참 의미를 발견할 수 있다. 결국, '성취적 가치'와 '존재적 가치'는 양자택일의 문제가 아니라, 상호 역동적, 상호 순환적으로 연결되어야 한다. 이 두 가치 사이의 관계는 마치 칼 바르트의 기독론에 나타난 그리스도의 신성(神性)과 인성(人性) 간의 "논리적 우선성"(logical priority)[14] 또는 과학철학자 마이클 폴라니(Michael Polanyi)의 과학철학에 나타난 암묵적 지식(tacit knowledge)과 명시적 지식(explicit knowledge) 간의 "한계적 조절"(marginal control)[15]의 위상을 가지게 된다. 즉, '성취적 가치'가 '존재적 가치'의 기본 터(foundation) 위에 놓이게 될 때, 성취 지향성이 지닌 무목적성과 무의미성 또한 그 파생물인 중독성과 파괴성으로부터 벗어나게 되는 것이다.

그러면 인간의 '존재적 가치'는 과연 어디에서 발견되는 것일까? 바로 여기에 미드(Mead)나 파슨스(Parsons)의 사회적 실용주의, 공리주의가 지닌 축소적 인간이해라는 문제가 드러난다. 인간의 존재적 가치는 병을 치료하고, 법을 해석하고, 복지를 증진시키는 역할과 기능의 인간적 '성취'에 있는 것이 아니다. 이 존재적 가치의 충족은 하나님 앞에서(coram Deo), 그리고 그리스도 안에서(en Christo) 생명의 천부성(天賦性)과 존엄성(尊嚴性)을 깨달음으로써 비로소 채워지는 것이다.

성취와 관계없이, 우리가 누구이든, 우리가 무엇을 하든 상관없이 우리를 한결같은 사랑으로 받아줄 수 있는 분은 창조주 하나님(Spiritus Creator) 외엔 없다.[16] 부모마저도 인간으로서의 한계 때문에 자녀를 향한 무조건적 사랑과 용납이 불가능함을 생각할 때, 오직 창조주 하나님만이 인간의 '존재적 가치', '본래적 가치'를 향한 근본 욕구(fundamental need)를 채워 줄 수 있음을 고백하게 된다. 바로 여기에 과학교육, 전문교육, 기능교육 못지않은 기독교교육의 절대적 중요성과 필요성이 요청된다.

2. '존재적 가치' 회복을 위한 통전적 기독교교육의 과제

그럼 지금까지의 분석적 성찰을 통해 드러나는 통전적 기독교교육의 핵심과제를 무어라 명할 수 있을까? 그것은 곧, 한국사회와 교회가 함께 빠져들고 있는 성취주도적 생활 유형의 중독성과 파괴성을 벗어나, 인간 본연의 '존재적 가치'의 터 위에 참된 성취의 의미를 재발견하도록 돕는 일일 것이다. 이러한 핵심과제를 수행하고자 하는 노력에 있어서, 위에서 제시한 한국교회의 비판적 자기 성찰, 그리고 '성취적 가치' 대(對) '존재적 가치'에 대한 신학적 성찰은 교육 방향의 이론적 틀을 제시하는 데 필수적이라 하겠다.

먼저, 한국교회의 비판적 자기 성찰이 기독교교육의 방향 설정에 어떠한 실마리를 제공해 주는지 살펴보자. 칼 바르트의 영향을 받아 1940년대부터 본격적으로 맹위를 떨치게 된 '기독교교육학파 운동'(Christian Education movement)에 속한 학자들의 주장대로 교회는 기독교교육을 담당하는 가장 중요한 주체(agency)인 동시에 또한 장(context)이기도 하다. 이처럼 기독교교육에 절대적 위치를 차지하는 교회는, 삶의 모습(modus vivendi) 그 자체가 하나의 총체적 형태(gestalt)로서 "암시적 교육과정"(implicit curriculum)을 제공한다. 엘리옷 아이즈너(Elliot Eisner)의 주장처럼, 삶의 모습 전반에서 드러나는 "암시적 교육과정"은 겉으로 드러난 "명시적 교육과정"(explicit curriculum)보다 더 큰 설득력과 영향력을 발휘한다.[17] 왜냐하면 아이들은 단순히 귀로 듣는 것보다(theory) 직접 눈으로 봄으로써(practice), 자기가 속한 공동체(community)가 정말 중요시하는 것이 무엇인지 포착하게 되기 때문이다. 따라서 기독교교육과 교회의 총체적 삶은 단순한 기능적 연결이 아닌 존재론적 연계로 이어져야 할 것이다.

한편, '성취적 가치' 대(對) '존재적 가치'에 대한 신학적 통찰 역시 21세기 한국 기독교교육의 과제 수행을 위한 방향설정의 이론적 근거가 된다. 세계화, 개방화의 조류가 거세게 밀려오는 현 시점에서 볼 때, 21세기는 그야말로 '세계와의 무한경쟁'을 벌이도록 요청받는 시대가 될 것이다. 이런 치열한 생존경쟁의 현장에서 '정신과 가치', '존재와 비존재', '영혼과 영원' 같은 종교적 주제들은 영 매력 없는 것으로 여겨지거나 비생산적인 것으로 여겨지기 십상이다. 그러나 21세기의 한국사회, 나아가 지구촌이라는 공동체가 당장 눈앞의 실리만을 추구하다가, 그들의 진정한 삶의 의미와 목표를 잃어버린 채 표류, 좌초함으로써 공멸(共滅)의 나락으로 떨어지는 비극을 막기 위해서라도, 기독교교육은 기독교 진리의 핵심을 새로운 언어, 새로운 전달방법을 통해 가르쳐야 할 것이다.

결론적으로 말해서, 21세기 한국의 기독교교육은 영성(靈性)뿐 아니라 전문성(專門性)을, 또한 전문성(專門性)뿐만 아니라 영성(靈性)을 함께 추구함으로써 과학 시대에 하나님을, 기술 시대에 신앙을, 인간의 '행위에 의한 의'(righteousness of man)에 집착하는 시대에 하나님의 '은혜에 의한 의'(Righteousness of God)의 논리적 우선성과 한계적 조율성을 가르치는 공동적, 총체적 노력을 기울여야 할 것이다. 그때에야 비로소 참된 예언자, 왕, 제사장이 누구인지, 21세기 세계 사회를 향해 증거할 수 있는 증인 공동체(witness community)의 역할을 감당할 수 있게 될 것이다.

IV. 변혁을 위한 통전적 기독교교육의 원리

지금까지 논의된 인간성취로서의 문화를 기독교교육에 비판적으로 활용하는 데에는 지켜져야 할 몇 가지 원리가 있다. 이 원리는 통전적 기독교교육 정신을 따르는 것으로서 다음과 같이 4가지로 압축될 수 있다: 1) 다양성의 원리, 2) 상호존중의 원리, 3) 한계적 조율의 원리, 4) 성육신의 원리.

1. '다양성'의 원리(Principle of Diversity)

인간성취의 다양성은 성서에 나타난 은사 및 직분의 다양성과도 일맥상통한다.[18] 인간성취 및 문화의 다양성은 개인적 차이, 지역적 차이, 문화적 차이, 시대적 차이 등에 의해 다양하게 표출된다. 이러한 다양한 문화의 표현은 다층, 다면, 다각적인 인간, 세계, 우주의 전경(全景)을 구성하는 것으로서 그중 어느 하나가 절대적 권위, 배타적 지위를 가지거나 궁극적 진리 자체인 것처럼 동일시되어서는 안 된다.

현실의 삶은 다양한 관점의 차이, 이해의 상충, 목표의 상이성 등으로 인해 여러 가지 모습의 충돌과 갈등이 지속적으로 야기된다. 하지만 약육강식이라는 힘의 논리가 적용되는 정글에서조차 복합적 먹이사슬, 천적 등의 공존, 공영이 생태계 전체의 균형과 삶의 전(全) 공간의 균형을 유지시켜 준다면, 인간 역사 속에서 전개되는 다양한 그룹, 다양한 세대, 다양한 공간에서 표출되는 다양한 문화 양태들은 나름대로의 역할과 기능을 통해 인간의 총체적 삶에 공헌하는 것으로서 그 가치가 인정되어야 할 것이다.[19]

그때 비로소 인종차별, 성차별, 계급차별, 세대차별 등의 왜곡과 일탈로부터 벗어나 참된 자유와 사랑에 기초한 나눔, 그리고 이러한 창조적 나눔을 통한 풍요로움의 선순환(善循環)이 가능해질 것이다.

통전적 기독교교육을 위해 교육자는 교육대상들이 교육현장에 가지고 오는 그들의 다양한 재능, 다양한 경험, 다양한 문화를 존중하여야 한다. 교육자들은 흔히 교육대상들의 다양한 문화배경을 효율적 수업의 장애요인으로 인식하기 쉽다. 하지만 그들이 가진 문화배경의 다양함은 보다 풍요로운 배움을 위한 축복이요 엄청난 자원이다. 그들의 다양한 문화배경이 잘 계획되고 조절된 교육방법에 의해 건설적으로 나누어질 때 그러한 다양성이야말로 교육을 위한 비옥한 터전을 제공하게 될 것이다. 획일성과 단순성은 창조성과 창의성을 말살시키는 것이기에 교육현장에 자주 나타나는 해악으로서 경계해야 한다.

2. '상호존중'의 원리(Principle of Mutual Respect)

과거 이래 전통적인 교육은 교사는 가르치고 학생은 배운다는 일방적, 단선적 도식에 의존하여 왔다. 그러나 성서는 하나님을 진리의 교사로, 인간을 학생으로 묘사하되, 무슨 일을 하든 간에 하나님은 반드시 인간을 통해 그의 구원사역을 이루어 가는 분으로 묘사하고 있다. 역사라는 하나님의 학교 속에서 인간은 단순히 소극적 피교육자의 자리에만 머물지 않고, 하나님의 부르심에 대한 믿음의 응답을 통해 역사의 주체로서, 하나님 구원사역의 동반자(partner)로서 적극적으로 하나님의 교육활동에 동참한다.

통전적 기독교교육은 하나님-인간의 관계성에 기초하여 교사-학생의 상호존중 및 상호의존을 중요시한다. 학생이 성인일 경우 말콤 노울즈의 '안드라고지'와 같은 상호존중의 성인교육론의 입장을 취하는 것은 물론, 학생이 아동일 경우에도 "아이는 어른의 아버지"라는 윌리엄 워즈워드(William Wordsworth)의 시어(詩語)에 함축되어 있는 아이의 순수성, 통찰, 자유로움에서 비롯되는 창의성, 신선함 등을 존중하는 것은 매우 중요하다. 이처럼 학생을 가르치기 이전에 학생으로부터 배우고자 하는 열린 마음을 갖는 것이야말로 다른 사람을 변혁시키기 전에 나부터 변혁되고자 노력하는 통전적 기독교교육의 교육철학이 되어야 한다.

또한 통전적 기독교교육의 상호의존성은 교육현장에는 교사 혼자 서 있는 것이 아니라 하나님의 보이지 않는 임재(invisible presence)도 함께 있음을 인정함으로써 하나님을 교육의 주체로, 성령의 임재를 교육의 원동력으로 적극적으로 수용하는 영적 상호성을 그 속에 포함한다. 기독교교육이 참된 기독교교육이 되기 위해서는 그것이 인간의, 인간에 의한, 인간을 위한 인간적 교육에 그치기보다 하나님과 인간에 의한 하나님과 인간의 상호참여적 교육이 되어야 한다. 하나님과의 실존적, 영적, 존재론적 만남의 경험을 통해 교사와 학생이 함께 변화되고 변화된 교사-학생 신앙공동체는 그들이 경험한 변화의 역동성을 통해 이웃과 사회를 변화시켜 나가는 변혁공동체로서의 책임을 감당하게 될 것이다.

3. '한계적 조율'의 원리(Principle of Marginal Control)

위에 언급한 상호존중의 원리와 함께 부가되어야 할 통전적 기독교교육의 교육원리가 있다. 그것은 곧 '한계적 조율성'의 원리이다. 한계적 조율성의 원리는 마이클 폴라니에 의해 사용된 단어로서 그는 인간의 명시적 지식이 암묵적 지식에 의존하고 있기에 암묵적 지식은 명시적 지식에 대해 일종의 조율적 작용을 하되 일방적, 억압적이기보다는 상호참여적 조율작용을 한다고 설명하고 있다.

통전적 기독교교육은 하나님과 인간, 교사와 학생의 관계는 상호존중의 바탕 위에서 하나님이 인간에 대해, 교사가 학생에 대해 일종의 한계적 조율작용을 한다는 것을 인정하고 받아들인다. 이러한 한계적 조율작용의 수용은 하나님과 인간의 만남 가운데 들어 있는 하나님으로서의 권위와 구별, 교사와 학생 사이에 존재하는 교사의 권위와 구별을 인정함으로써 두 실재의 상호작용이 교육적이면서도 건설적, 창조적 방향으로 나아갈 수 있도록 방향을 잡아 주는 역할을 한다.

이러한 한계적 조율성의 원리에 대한 예를 들어 보자. 앞에서 언급한 통전적 기독교교육에 있어서의 '다양성의 원리'와 '상호존중의 원리'가 무지개의 일곱 색깔, 모자이크의 다양한 색깔과 모양, 샐러드의 다양한 과일의 특성을 있는 그대로 인정하고 존중해 주고자 하는 노력이라면, 이제 '한계적 조율의 원리'는 무지개의 일곱 색을 분광해 주는 프리즘(prism) 또는 일곱 색을 하나로 연결해 주는 띠(band), 모자이크의 형과 색의 조화를 이루어 주는 밑그림(design), 샐러드를 담아 주는 그릇(salad bowl)[20]의 역할을 수행한다. 이 한계적 조율성은 구성요소들에 대해 일종의 상위적 원리로 작용하지만 이 상위적 원리 또한 결코 억압적이거나 전제적이지 않고 상호적이며 해방적이다.

이 상위적 원리는 무지개를 통해 햇빛 속에 들어 있는 아름다운 색깔의 잠재적 가능성을 드러내어 주고 현실화시켜 준다. 이 상위적 원리는 모자이크를 통해 각각의 형과 색이 지닌 아름다움에 창조적 질서를 부여함으로써 위대한 예술을 탄생시킨다. 또한 이 상위적 원리는 샐러드 그릇을 통해 여러 가지 과일이 지닌 맛과 향을 배합함으로써, 과일 하나로는 흉내 낼 수 없는 새로운 맛을 창출해 낸다. 이처럼 한계적 조율성에 입각한 상위적 실재는 각각의 개별적 요소들을 존중하는 동시에 그 요소들에 새로운 질서를 부여함으로써 제2, 제3의 창조적 가능성을 실현시켜 준다.

통전적 기독교교육에 있어 교육자는 한계적 조율의 원리에 따라 학생들에 대해 일종의 상위적 실재의 역할을 감당한다. 교육자는 학생의 개성, 특성, 자율성을 존중할 뿐 아니라 그들에게 새로운 질서와 가능성을 통한 창조적 변혁이 일어날 수 있도록 도전, 훈련, 대면의 역할도 수행한다.

4. '성육신'의 원리(Principle of Incarnation)

중국 속담에 "가르치라. 잊어버릴 것이다. 보여 줘라. 기억할 것이다. 참여시켜라. 이해할 것이다"라는 말이 있다. 세속교육뿐 아니라 기독교교육에 있어서도 '가르침'에만 의존하는 경우가 많다. 가르치는 것보다 좋은 것은 보여 주는 것이요, 보여 주는 것보다 좋은 것은 참여시키는 것임을 잊지 말아야 한다.

사실 예수님의 교육방법은 강의, 설교 등 가르치는 방법 외에도 자신의 삶과 행동을 통해 직접 보여 주는 교육이었고, 12제자와 70인의 제자를 불러 훈련시킨 후 현장실습을 통해 그분이 시작한 일을 지속, 완성해 나가도록 제자들을 참여시키는 교육이었음을 볼 수 있다.[21] 예수님의 이러한 다각적 교육방식을 통해 예수님의 천국복음은 제자들의 뇌리에 각인되었을 뿐 아니라 오순절 성령의 임재를 통해 성육신되었던 것이다. 이처럼 성육신의 원리는 시청각교육, 인체 오감(五感)을 통한 교육, 동기부여를 통한 참여교육, 실존적 체험을 통한 신앙교육을 통해 자신의 삶과 실존의 중심에 그리스도의 삶, 죽음, 부활이 자신을 위한 것으로, 나아가 곧 자신의 것으로 성육신되는 것을 의미한다.

성육신의 원리는 학생의 현재의 상황(발달론적, 문화적, 사회, 정치, 경제적)에 민감하고도 적절하게 대응하는 '눈높이교육'을 의미한다. 아무리 훌륭한 교육원리, 교육이론이라 하더라도 교육대상자의 준비도 및 현 상황에 부합하지 않는다면 그것은 이론적으로는 훌륭하지만 실천적으로는 타당치 못한 교육이 되고 말 것이다.

예수님의 교육방법은 교육대상자의 실존상황에 부합하는 교육이었다. 우선 그의 출생부터가 그러하다. 하나님과 천국복음을 인간에게 가르치기 위해 그는 교육대상자와 똑같은 인간의 모습, 그중에서도 가장 낮은 자의 모습으로 오셨다(빌 2:6-8). 그는 실물설교, 예화, 비유 등을 통해 교육대상자의 관심사, 지적 준비도, 실생활에 가장 부합하는 방식으로 하나님 나라를 가르쳤다.

전도, 선교여행, 서신서를 통해 초대교회의 초석을 놓은 사도바울 역시 선교를 위해 성육신의 원리를 실천하였다. 그는 약한 자에게 약하고 강한 자에게 강하며 여러 사람에게 여러 모양이 됨으로써(고전 9:22) 그 사람으로부터 관심을 모으고, 마음을 열게 하며, 그가 전하고자 하는 것을 이해할 뿐 아니라 받아들이게 하였다.

예수님과 사도바울의 성육신의 방법, 눈높이 교육은 많은 사람들을 그 내면으로부터 변화시키는 강력하고도 효율적인 교육방식이었다. 통전적 기독교교육을 통해 교육대상자들의 지적 체계와 외적 태도의 변화가 아닌 내면적, 실존적, 존재적 변화가 일어나도록 이러한 성육신의 원리가 적용되어야 한다. 교육자들은 가르침과 동시에 자신의 삶을 통해 교육내용을 눈으로 보게 함으로써 그러한 삶으로 교육대상자들을 초대해야 한다. 또한 교육자 스스로 교육대상자들과 같이 되어 그들의 눈으로 보고 그들의 귀로 듣는 과정을 통해 그들을 중심으로부터 이해할 수 있어야 한다. 그들에게 다가갈 수 있는 언어, 호소력과 설득력을 가진 교육방식을 그들의 눈높이에서 펼쳐 보일 때, 그들 스스로 내면 깊은 곳으로부터 변화와 변혁을 향한 열망을 느끼게 될 것이다.

본 장의 서두에서 언급한 것처럼, 서양문화권에서는 "자연의 개발, 변용, 순화의 과정을 통해 신(神)으로부터 부여받은 잠재력과 가능성을 실현시켜 나가는 인간의 행위"로, 동양문화권에서는 "신 또는 신의 대리자의 뜻을 이루어 나가는 것"으로 문화에 대한 어원적 이해가 발원되었다면, 이러한 문화에 대한 종교적 주제가 현대사회 속에 새롭게 복원될 필요가 있다. 이러한 궁극적, 종교적 근거를 상실할 때, 문화는 다양한 문화의 기능적 이유만 가질 뿐 문화가 근본적으로 존속해야 할 존재론적 이유를 그 자체 안에 담지할 수는 없다. 문화는 창조자의 섭리인 생명긍정, 사랑지향을 위해 그리고 천지만물의 구속과 영화를 위해 하나님에 의해 쓰임 받고 창조자를 위해 쓰임 받는 데 그 근본 목적이 있는 것이다.

성서적, 신학적으로 올바로 정립된 기독교교육은 문화를 무조건 죄악시, 배격하는 반문화주의나 문화를 무조건 찬양, 수용하는 문화주의의 극단에서 벗어나 문화의 순기능과 역기능, 문화의 기독교적 연속성과 불연속성을 함께 바라보면서 순기능은 과감히 수용, 활용해 나가는 반면 역기능은 성서와 복음의 빛 가운데 과감히 개혁, 순화, 변혁시켜 나가야 한다. 이처럼 세상문화 속에서(in the culture) 살되 세상문화에 속한 것은 아닌(not of the culture) 변혁자적 삶의 원형을 그리스도의 성육신(化肉) 속에서 발견하며, 그의 삶과 죽음, 부활을 통해 통전적 기독교교육의 4가지 원리, 즉 다양성, 상호존중성, 한계적 조율성, 성육신의 뿌리 은유(root metaphor)를 발견할 수 있다면 "기독교교육 이론 및 실천 속에서 문화가 어떻게 다루어져야 할 것인가?"라는 물음에 대해 적절한 답을 발견할 수 있으리라 생각된다.

**Holistic Christian
Education for the
Postmodern Era**

제8장
청소년 문화와 기독교교육

　성서에 계시된 기독교 진리 및 기독교 세계관은 모든 차원의 이분법을 극복하고 있다. 하나님-인간, 신성-인성, 초월-내재, 영원-순간, 무한-영원 등의 근본 주제들은 하나님의 인식론, 즉 하나님의 자기 계시의 절정인 그리스도를 통해 유기적으로 연결, 통합되어 있다. 이러한 유기적 통합은 성부, 성자, 성령의 삼위성과 일체성 안에서도 찾아볼 수 있다. 하나님나라와 이 세상 나라 역시 상호 유기적 연관성을 지니고 있다. 하나님나라는 이 세상 나라의 역사 전개 방향을 제시해 주고, 이 세상 나라는 하나님나라 구현을 위한 구체적인 장(場)을 제시해 준다. 하나님나라의 완성은 곧 하나님 통치와 하나님 섭리가 실현되는 과정인 동시에 종국적 완성을 포함한다. 하나님나라는 결핍이 없는 소극적, 수동적 평화를 뛰어넘어 창조의 영, 생명의 영 안에서 누리는 평화, 기쁨, 사랑, 생명의 충만함을 의미한다. 이러한 충만함은 창조주 하나님과 인간, 자연, 세계, 우주의 완전한 교제 속에서 이루어진다. 그중에서도 하나님 형상을 따라 지음 받은 인간의 영과 하나님의 영은 그리스도를 통해 나누는 끝없는 순환적 친교와 사랑을 통해 이러한 구속사역을 완성해 간다.

하나님나라는 이 세상 나라와의 유기적 관련 속에서, 하나님의 영은 인간의 영과의 역동적 나눔 속에서 그 완성을 향해 나아간다는 대전제하에, 본 장은 하나님나라를 위한 청소년 문화교육에 대해 성찰하고자 한다. 한국교회 전반에 나타나는 다음세대 위기를 바라보면서 청소년에 대한 교육적 관심이 집중되어야 할 필요성이 고조되고 있다. 청소년기는 아이에서 성인으로의 과도적 시기이며 자아정체성이 확립되는 시기이다. 이 시기에 신앙적 정체성이 확립되지 못할 때 그는 점차적으로 교회와 신앙으로부터 떨어져 나가게 된다.

이런 의미에서 청소년들은 자신과 또래 그룹의 정체성을 담보해 줄 수 있는 공동체와 문화를 모색하는 시기이기도 하다. 자기 자신에 대한 관심과 자의식이 그 어느 때보다 민감해지는 시기가 또한 청소년기이다. 따라서 청소년에게 나타나는 실존적 특성을 중심으로 하여 청소년의 실존적 특성이 어떠한 문화적 필요를 요청하는가에 대해 고찰해 보아야 한다. 또한 단순한 외적, 문화적 환경만으로는 채울 수 없는 청소년의 영적 특성에 대해 살펴봄으로써 청소년을 위한 문화교육 내용을 제시해 보고자 한다. 이러한 교육내용을 효율적으로 가르치기 위해서는 어떤 기본 교육원리가 요청되는가를 성찰한 후 청소년 문화교육을 위한 실제적 방안들을 제시해 보기로 하자.

I. 하나님나라를 위한 청소년 문화교육 내용

문화는 많은 기본 단위와 구성요소로 되어 있다. 이 구성 요소들을 음악의 연주곡목에 비유하여 문화인류학자들은 문화 목록(cultural repertoire)이라고 부르기도 한다.[22] 사람들은 기본적으로 이 문화 목록에 따라 사고하고 행동하게 된다. 문화 목록으로서 가장 중요하게 여겨지는 것은 시간, 공간, 사상, 권위, 일, 사랑 등을 들 수 있다. 이러한 문화 목록은 청소년들을 위한 문화교육 내용을 구성한다. 이러한 문화교육 내용을 청소년들의 발달적 특성과 관련하여 하나님나라의 관점에서 조명해 보도록 하자.

1. 하나님나라와 공간

아동들과는 달리 청소년들에게 있어서 공간(space)은 대단히 중요하다. 공간에는 외적, 객관적 공간과 내적, 주관적 공간이 있다. 외적, 객관적 공간이 자신의 세계를 구축하기 위한 일종의 하부구조, 하드웨어와 같은 것이라면 내적 공간, 주관적 공간은 상부구조, 즉 소프트웨어라 할 수 있다. 외적 공간, 객관적 공간의 절대 필요성은 로버트 아드레이(Robert Ardrey)의 『영역의 절대필요성』(The Territorial Imperative)이라는 연구를 통해 잘 드러난다.[23] 절대공간의 확보는 남녀 간의 성적 친밀감보다 더 필요하고 절대적임을 알 수 있다.

청소년들이 엄청나게 시끄러운 음악을 듣는다든지, 벽이나 책상 또는 돌 위에 자신의 이름, 자신이 아끼는 사람의 이름을 새긴다든지, 유별난 복장, 머리, 신발, 장식, 춤 등에 집착하는 것 등은 자신의 내적, 주관적 공간을 확보하려는 몸짓이라 할 수 있다. 청소년들에게 있어 이러한 내적, 외적 공간이 적절히 확보되지 않으면 그들은 일탈적 행동을 보이기도 하고 가출을 통해 가정이라는 울타리를 떠나 버리기도 한다.

청소년들에게 이러한 공간 확보와 관련한 일탈이 많이 일어나는 것은 곧 그들에게 분명하고 확고한 그리고 안전한 공간을 확보하기가 점점 어려워지고 있다는 반증(反證)이라 할 수 있다. 청소년뿐 아니라 모든 인간들에게 분명하고 확고한 그리고 안전한 공간 확보가 절대적으로 중요한 문제가 될 수 있음을 볼 때, 이러한 절대공간에 대한 신학적, 신앙적 가르침 또한 중요하다는 것을 알 수 있다.

이러한 절대공간은 인간의 소유, 개발, 노력, 의지 차원을 뛰어넘어 내재적이면서도 초월적 차원을 그 속에 지니고 있다. 데이비스(W. D. Davis)는 『복음과 땅』(The Gospel and the Land)이라는 그의 저서를 통해 예수 그리스도야말로 우리 인간이 희구하는 절대공간, 즉 '약속의 땅'(the Promised Land)임을 역설하고 있다.[24] 그리스도는 우리를 하나로 연결시키는 포도나무요 그 포도나무가 터한 땅이어서 그러한 땅은 성령의 내주와 역사를 통해 하나님의 나라로 승화, 발전될 수 있는 씨앗을 내포하고 있다는 것이다.

2. 하나님나라와 시간

공간과 마찬가지로 시간에도 외적, 객관적 시간과 내적, 주관적 시간이 있다. 외적, 객관적 시간이 양적(量的) 시간, 즉 크로노스(chronos)라면 내적, 주관적 시간은 질적(質的) 시간, 즉 카이로스(kairos)와 상통한다.

청소년들은 자신의 내면세계를 구축하고 자신의 정체성을 형성하기 위해 자신의 내적, 주관적 시간이 중요함을 의식하기 시작한다. 필립 짐바르도(Philip Zimbardo)는 시간이 지닌 정서, 느낌과 그에 따른 유동성에 대해 심도 있는 연구를 시도하였다.[25] 여기서 말하는 시간은 자신이 겪은 갈등과 상처와도 밀도 있게 연관되어 있다. 인간은 과거에 불행한 정서적 경험과 상처가 많을수록 과거에 집착하는 반면 그러한 상처가 적을수록 미래를 향해 투사하는 경향이 있다. 한편, 과거에 겪었던 불행한 정서적 경험과 상처를 잘 극복하고 건강한 자아를 회복한 사람은 이제 과거에의 집착(past then & there)이나 미래에의 투사, 도피(future then & there)로부터 벗어나 온전히 현재, 이곳(present here & now)에 현존할 수 있다. 현재, 이곳에 현존한다는 것은 과거의 후회, 한탄, 연민이나 미래에 대한 불안, 두려움, 막연한 환상과 기대에서 벗어나 현재의 삶과 경험을 기쁨으로 받아들이는 동시에 자신에게 주어진 삶을 성실하고 행복하게 사는 것을 의미한다.

어거스틴(Augustine of Hippo)은 기독교적 시간관을 다음과 같이 설명한다. 과거적 현재, 미래적 현재, 현재적 현재를 기독교적 시간관으로 해석한다. 즉, 항상 영원한 현재(eternal now)를 살아가는 것이 곧 하나님 앞에서 영원을 살아가는 카이로스적 생활방식이라는 것이다.[26] 이러한 시간이해는 시간의 주관적, 심리적 왜곡이나 객관적, 사회적 경직성으로부터 벗어나 탄력적이고 균형 잡힌 시간관을 가지게 한다. 탄력적이고 균형 잡힌 시간관은 하나님 역사와 성령의 사역 속에 들어 있는 보편성과 특수성, 영원성과 시간성을 보다 잘 이해하고 하나님께서 하시는 일에 대한 기대와 희망, 신뢰를 가능케 해 준다.

3. 하나님나라와 사상

사상이란 특정 사회의 사고적 특성의 일반적 경향, 즉 그 사회나 집단 체제를 지원하는 신념을 의미한다. 신념체계로서의 사상은 문화의 근본 문제의 방향을 주관하는 나침반 역할을 담당한다. 청소년들의 사상은 현실주의보다는 이상주의, 순응성보다는 저항성, 차별성, 개혁성, 미래지향성의 특징을 지니고 있다.

하지만 청소년들은 과도기적인 사상의 진공상태를 경험한다. 지금까지 자신의 삶의 토대를 형성했던 부모와 가족으로부터 벗어나 자신의 정체성과 세계를 구축하고자 하는 탐색기로서 과거 세계는 무너지고 새로운 세계는 아직 출현되기 전 상태인 사상적 진공상태에 놓이게 된다. 이러한 사상적 공허를 채우기 위해 청소년들은 그들에게 매력적으로 다가오는 사상, 종교, 정치이념 등을 빌려와 자신의 것처럼 절대적으로 의존한다. 히틀러, 무솔리니, 모택동 시대의 독일, 이태리, 중국 청소년들이 당시 정권의 정치이념을 문자적으로 실천하는 전위대 역할을 수행했던 것은 청소년의 무비판적 사상 차용의 단적인 예이다. 청소년들은 지금과 같은 대중문화, 미디어문화, 디지털문화 저변에 깔려 있는 사상들을 무비판적으로 수용하여 자신의 것인 양 그에 매달릴 가능성이 다분하다.

청소년들은 이처럼 사상적 공허 상태에 놓여 있기 때문에 자신의 욕구와 가치를 대변, 투사할 수 있는 인물, 일종의 작은 영웅을 필요로 한다. 제임스 파울러(James Fowler)는 청소년기 신앙을 종합적-인습적(synthetic-conventional) 신앙이라고 부른다.[27] 그 이유는 자기가 속한 공동체의 가르침을 그대로 받아들이는 특성이 있기 때문이라는 것이다. 물론 순응적인 학습자들은 교회와 가정에서의 가르침을 무비판적으로 수용하는 경향이 있다. 하지만 이러한 신앙이 단순한 모방이나 추종이 아닌 자신의 실존적, 고백적 신앙이 되려면 회심(conversion) 체험 또는 변형(transformation)의 과정을 필요로 한다.

이런 점에서 제임스 로더(James Loder)가 주장하는 변형적 역동성에 대한 이해가 중요해진다. 이러한 변형의 역동성과 변형의 논리는 정치, 경제, 문화, 사회, 과학 등 인간 삶의 모든 영역 속에 나타난다.[28] 하지만 진정한 삶의 이유와 목적을 발견하고 세상에서의 삶은 물론, 죽음 이후의 삶에 대한 의미를 발견하려면 하나님의 영, 창조의 영, 곧 성령과의 만남 속에서 일어나는 회심과 변형적 역동성을 통해 2차원적 삶에서 4차원적 삶으로 그 인식과 존재 지평이 확장되어야 한다. 이러한 과정을 통해 예수 그리스도의 삶, 죽음, 부활 그리고 그 사역과 인격의 깊이와 넓이를 체험함으로써 한 인간 실존이 생명긍정과 사랑지향을 향해 열리게 된다.

4. 하나님나라와 권위

한 단체나 공동체의 삶과 행동 방향을 제시하는 규범이 형성되기 위해선 그러한 규범의 틀과 토대를 형성하는 권위가 전제되어야 한다. 이러한 권위와 관련한 태도와 반응에 따라 권위 완고형과 권위 확산형으로 대별해 볼 수 있다.

권위 완고형의 예를 권위주의적 성격을 지닌 청소년들에게서 찾아볼 수 있다. 권위주의적 성격은 다음과 같은 특징을 지닌다. 첫째, 강한 자와 약한 자, 우리와 그들, 전통적 가치와 비전통적 가치 등 모든 것을 이분법적으로 분리한다. 둘째, 겉으로 드러난 모습은 강해 보이지만 내면은 두려움과 불안으로 가득 차 있다. 셋째, 자신의 주위 환경과 사람들을 일정한 틀로 나누어 파악한다. 넷째, 세상을 선과 악으로 나누어 생각하며 미신적 성향을 지닌다. 이러한 성격적 특성을 지닌 사람들은 자기가 속한 그룹, 단체의 규칙에 철저히 순종하는 동시에 자기 그룹 외의 사람들이나 문화에 대해선 적대적인 경향을 지닌다.

한편, 권위 확산형의 틀을 가진 청소년은 소위 문제 학생, 불량 청소년으로 분류되는 청소년들에게서 찾아볼 수 있다. X세대 이후 작금의 청소년들에게 보이는 프로테우스(Proteus) 같은 생활양식이 이러한 확산된 권위의 모습을 보여 준다. 프로티안적 생활양식(Protean lifestyle) 속에서는 외부 환경, 외부의 자극에 따라 끝없이 변화하는 내면과 정체성 부재의 모습이 나타난다.[29] 이런 상황에서는 매스미디어, 유행, 동료의 압박(peer pressure), 자신이 속한 그룹의 분위기에 의해 자기 세계가 흔들리는 경험을 하게 된다. 이러한 프로티안적 생활양식의 대표적인 모습을 자기표현의 자유를 위해 모든 권위를 부정했던 사르트르(Jean Paul Sartre)에게서 찾아볼 수 있다. 그는 모든 억압, 공포, 두려움으로부터의 자유를 추구했지만 결국 자신은 그러한 자유를 누릴 수 없었다.

한편, 기독교 신앙 및 기독교 문화를 통해 추구되는 권위는 일종의 모범적 권위, 섬기는 권위로서 다른 사람을 억압하기보다 자유롭게 하는 권위이다. 이러한 권위는 권위주의적(authoritarian)이지 않은 권세 있는(authoritative) 권위이다. 참된 권위하에서 양육 받을 때 청소년들은 그들의 개성과 창의성이 인정될 수 있기에 그러한 권위에 저항하기보다 그 권위를 인정하며 그 권위를 자신의 특성과 덕목으로 수용하는 법을 배우게 된다.

5. 하나님나라와 사랑

청소년기는 자신의 정체성을 찾고자 하는 실존적 고투의 시기이다. 이러한 고투 속에서 그들은 실존적 공허와 외로움을 경험한다. 외로움은 어린 시절의 유기(遺棄) 경험과 연관되어 있으며 인간 실존의 무근성(無根性)에 기초해 있다.

청소년들은 이러한 공허를 채우기 위해 친구, 단짝, 패거리를 만들기도 하고 자기만의 세계에 빠져들기도 한다. 외적 분위기에 휩쓸려 열광하기도 하고 스타와 우상에게 자기 내면의 욕구를 투사하기도 한다. 영화, 인터넷, 게임 등에 빠져 그러한 공허와 외로움으로부터 도피하려 시도한다. 또는 신체적 성징 발현과 더불어 나타난 이성에 대한 호기심과 성적 관심, 여자 친구, 애인과의 친밀감을 통해 외로움을 극복하고자 노력한다.

하지만 참된 친밀감을 형성하기는 결코 쉽지 않다. 진정한 친밀감은 건강한 정체성 위에 기초하기 때문이다. 친밀감 형성을 방해하는 두 가지 장애물이 늘 놓여 있다. 첫째는 자기상실, 자기흡수의 두려움(fear of ego-absorption)이요 또 하나는 자기소외의 두려움(fear of ego-alienation)이 그것이다. 친구, 특히 이성친구와의 만남에 있어 두 사람의 친밀감이 고조될수록 두 인격 사이에 융합이 이루어져 자신의 개성과 자유가 상실될까 두려워하는 마음이 생긴다. 그래서 어느 정도 거리를 두다 보면 두 사람 사이의 관계가 깨어져 고립될까 두려워하는 마음이 생긴다. 결국 이럴 수도 없고 저럴 수도 없는 이중속박(double-bind)에 빠져들고 만다.[30]

이러한 이중성과 모순성을 극복하기 위해선 자신을 있는 그대로 용납하고 수용하지만 자신의 개성과 자유를 속박하거나 침해하지 않는 일종의 진정한 사랑, 성숙한 사랑, 구속적 사랑이 필요하다. 이러한 구속적 사랑의 원형은 예수 그리스도 안에서 발견된다. 성서는 "우리가 아직 죄인 되었을 때에 그리스도께서 우리를 위하여 죽으심으로 하나님께서 우리에 대한 자기의 사랑을 확증"(롬 5:8)하셨다고 증언한다. 이러한 사랑은 조건적 사랑이 아닌 무조건적 사랑이며 억압하는 사랑이 아닌 자유케 하는 사랑이다. 이러한 사랑은 나의 개성과 특성을 존중해 주며 그것이 가장 아름답게 꽃피울 수 있도록 도와주는 사랑이다. 이러한 사랑을 경험할 때 청소년뿐 아니라 인간의 병리적 왜곡이 극복되고 새로운 창조, 회복, 성숙의 가능성이 열리게 된다.

6. 하나님나라와 일

일과 관련한 청소년의 태도 역시 경직성(rigidity)과 확산(diffusion) 두 축으로 나누어 볼 수 있다.

일과 관련한 청소년의 경직성은 일종의 성취중독으로 나타난다. 매코비(Maccoby)는 성취중독자들은 늘 큰 것을 경쟁적으로 추구하는 "만년 사춘기"의 특성을 지니고 있다고 지적한다.[31] 그러나 이렇게 끊임없이 성취와 성공을 추구하는 사람은 늘 내적인 공허감을 지니고 있다. 이러한 내적 공허를 지닌 사람은 자신의 내적 욕구와 내적 창조성에 대해 둔감하다. 따라서 그는 늘 외적인 자극, 도전, 종용 등에 의해 동기를 부여받는다. 외부의 자극이 없으면 곧 내적 공허와 무의미를 경험하는 무기력상태에 빠진다. 그래서 이런 사람은 흔히 끝없는 외적 자극과 경쟁을 추구하는 삶을 살게 되든지 아니면 내적 공허로 말미암아 다양한 종류의 중독 속에 빠지게 된다.

한편, 일과 관련한 청소년 확산은 일종의 성취회피로 나타난다. 우리는 그 예를 성취중독적인 아버지 밑에서 자라난 아이에게서 찾아볼 수 있다.

그런 아이는 많은 재능과 뛰어난 잠재력을 가지고 있음에도 불구하고 성취중독 아버지에 의해 상처를 받았거나 그러한 아버지에 대한 반동형성으로 인해 자기에게 부담이 되는 어떠한 일이나 중요한 일을 맡지 않고 도망하려는 회피적 태도를 취하게 된다.

성취중독이나 성취회피는 둘 다 병리적 극단에 속한다. 성취는 개인 및 공동체, 역사 발전을 위해 반드시 있어야 하는 것이기에 성취를 회피하려 해서는 안 된다. 하지만 강박적으로 성취에 몰두하는 것 역시 당사자는 물론 그가 속한 공동체마저 파괴하는 역기능을 낳게 된다. 성취는 필요한 것이지만 성취의 강박성에서 벗어나 자유로운 선택과 자발성을 지니기 위해선 자기 의, 행위에 의한 의로부터 벗어나 은혜와 믿음에 의한 의(Justification by grace through faith)를 경험해야 한다.

우리가 하나님나라 건설과 확장에 참여해야 하는 것은 하나님 백성으로서의 의무요 권리이지만, 하나님나라의 궁극적 주도권은 인간이 아닌 하나님께 있음을 기억해야 한다. 인간의 의무와 권리보다 선행하는 하나님의 주권과 은총을 경험할 때 성취중독이나 성취회피의 극단으로부터 벗어나 자유와 생명을 그리스도 안에서 누릴 수 있게 된다.

II. 하나님나라를 위한 청소년 문화교육 원리

지금까지 청소년들의 발달적 특성에 따른 문화교육 내용을 하나님나라의 관점에서 살펴보았다. 이제 본 장에서는 이러한 교육 내용을 청소년들에게 효율적으로 가르치기 위해 어떠한 기본 원리 위에서 교육이 이루어져야 하는지 살펴보고자 한다.

1. 다양성과 복합성

　문화의 다양성은 개인, 종족, 지역, 시대에 따라 다르게 나타난다. 동서양 문화, 동양에서도 동북아시아 문화, 동북아시아에서도 한국문화, 한국에서도 21세기를 살아가는 청소년 문화, 한국 청소년 중에도 대도시, 중소도시, 농촌의 청소년 문화가 서로 다를 수 있다. 이러한 다양성과 복합성을 인정하고 다양성과 복합성이 주는 순기능과 시너지를 존중하는 것은 모던 및 포스트모던 시대의 평화와 공존을 위해 대단히 중요하다.
　또한 한 교회 내에서도 다양한 하위문화가 존재할 수 있고 존재해야 함을 인식할 때 교회가 특정 그룹에 의해 단색으로 윤색되거나 획일화되지 않고 교회 공동체의 특성, 즉 다양성 속의 일치와 일치 속의 다양성이 유지될 수 있다. 사도 바울이 비유한 '그리스도의 몸'으로서의 교회는 이러한 다양성에 대한 인정이요 존중인 것이다.
　사회에서도 청소년들의 특성과 그들의 문화를 인정하고 존중하는 것처럼 교회 내에서도 청소년들의 발달적 특성과 그에 따른 문화의 중요성을 인정하고 존중할 때, 청소년들이 교회에서 설 수 있는 자리와 공간이 생기게 된다. 이러한 자리와 공간을 마련하지도 않고 청소년들이 점점 교회에서 사라져 간다고 걱정하는 것은 아무런 도움도 되지 않는다. 어느 곳이든 청소년들이 활성화되는 교회는 그들의 공간, 그들의 문화와 특성을 존중하고 있음을 볼 때, 교회 내의 다양성 유지는 교육뿐 아니라 청소년 선교를 위해서도 대단히 중요함을 알 수 있다.

2. 한계적 조율

한계적 조율(marginal control)은 폴라니(Michael Polanyi)가 『인격적 지식』(Personal Knowledge)이라는 저서를 통해 소개한 개념이다.[32] 인간의 대화, 의사소통을 위한 지식 또는 새로운 개념을 인식할 수 있는 능력은 그러한 명시적 지식(explicit knowing)과 개념 밑에 깔려 있는 암묵적 지식(tacit knowing)이 있기 때문에 가능하기에 암묵적 지식은 명시적 지식에 대해 일종의 한계적 조율성을 행사한다는 것이다.

앞에 언급한 다양성에 대한 인정과 상호존중의 원리 속에도 일종의 한계적 조율의 원리가 작용한다. 예를 들면 일곱 빛깔을 하나의 무지개가 되도록 해 주는 무지개의 띠는 일곱 색에 대해 일종의 한계적 조율성을 지닌다. 모자이크 그림에 있어서도 형형색색의 조각그림들에 대해 밑그림은 일종의 한계적 조율성을 지니고 있다. 이러한 밑그림 없이 다양한 모양과 색깔은 아무 의미 없는 분열 또는 나열에 그치게 될 것이기 때문이다.

기독교 문화라는 주제에서도 한계적 조율성이 기독교와 문화 중 어디에 걸리느냐에 따라 교육 내용과 교육 방법은 크게 달라질 수밖에 없다. 기독교에 일방적, 배타적 강조를 하다 보면 그것은 중세 예술, 중세 문화로의 역사적 회귀가 될 수 있다. 한편, 문화에 일방적, 배타적 강조가 주어지게 되면 그것은 일종의 세속적 문화 지상주의가 될 위험이 있다. 이렇게 되면 시대 문화, 사회 문화, 예술 문화, 종교 문화 중 하나의 하위문화로서 기독교 문화가 되고 말 것이다. 한편, 기독교와 문화에 엄격히 대등한 위상을 견지하고자 한다면 그것은 기독교적 초월성에 기초한 변형(transformation)과 문화의 수평성에 기초한 사회성(socialization)이 서로 상충될 때 그러한 상충을 순방향으로 안내할 수 있는 아무런 지침이나 역동성을 발견할 수 없다는 데 문제가 있다.

기독교와 문화, 초월성과 내재성, 변형적 힘과 사회성은 두 날개, 두 바퀴, 두 눈, 두 팔처럼 상호보완적 위치에 놓여 있다. 하지만 이러한 균형과 평형은 그 자체만으로는 어느 곳으로도 나아가지 않고 정체될 수 있다. 이것이 기독교적 생명존중과 사랑지향이라는 올바른 방향과 목적을 향해 나아가려면 일종의 한계적 조율성이 기독교, 초월성, 변형적 힘이라는 축에 주어질 필요가 있다. 이것은 곧 변화, 창조, 성숙을 향한 계시적, 초월적, 변형적 역동성을 가능케 하기 때문이다.

3. 성육의 방식

청소년들은 왕성한 호기심과 탐구정신으로 가득 찬 때이다. 이들은 모두 실험적 경험주의자들이라 할 수 있다. 특히 요즈음의 청소년들은 무엇보다 자신의 경험을 가장 소중히 여기는 세대들임을 생각할 때 이들을 위한 최선의 교육방식은 이들을 직접 교육의 주체로 초대하고 교육에 참여시키는 것이다.

예수님이 하나님과 인간을 중보하기 위한 최선의 방식으로 택한 것이 곧 '성육신', '성육'(Incarnation)의 방법임을 기억해야 한다. 이것은 곧 하나님 인식론, 존재론, 구속론이 그리스도 안에서 하나로 융합되었음을 의미한다.[33] 그렇다면 기독교교육의 실천에 있어서도 최선의 교육방식이 곧 성육신, 성육의 방식이라 할 수 있다. 따라서 청소년들에게 강의, 세미나, 발제, 토론, 자료전시, 영상물 상영 등을 시행하되 이러한 과정 속에도 학습자들이 자발적, 적극적으로 참여할 수 있도록 배려해야 한다. 또한 그들이 직접 문화의 현장을 방문하고 그 분위기를 몸소 체험할 수 있도록 체험학습의 기회를 마련해야 한다.

그 위에 이제 학습자들 스스로 자신의 내면, 신앙, 느낌, 정서, 생각들을 문화적 수단, 통로, 도구를 통해 표현하고 창조해 낼 수 있도록 격려, 지지해야 한다. 이런 일련의 과정을 가리켜 성육신, 성육의 원리라 부른다.

Ⅲ. 하나님나라를 위한 청소년들의 문화교육 방법

지금까지 하나님나라를 위한 청소년들의 문화교육 내용과 이를 효율적으로 가르치기 위한 기본 원리에 대해 살펴보았다. 이제 이러한 문화교육을 어떻게 실제적으로 가르쳐야 하는가에 대한 보다 구체적인 교육 방법을 청소년들의 4세대 매체와 미디어에 대한 문화적 욕구와 필요를 중심으로 제시해 보고자 한다.

1. 인터넷 활용

교사, 교재, 학생은 교육을 위한 기본 3요소이다. 전통적 교육방식은 교사 중심 또는 교재 중심의 교육방식이었다면 이제 문화교육을 위해서는 학습자들의 문화를 이해하고 학습자들의 눈높이에서 학습자들의 관심사, 욕구, 필요들을 우선적으로 찾아내는 것이 무엇보다 중요하다. 현금의 청소년들은 4세대 매체, 즉 자신의 참여가 이루어지고 시청각적 자극과 흥미를 유발하는 인터넷을 떠나 살 수 없는 세대이다. 그래서 이들을 N세대라고 부르며 이 N세대들은 완전히 인터넷 속으로 빠져드는 특성을 지니고 있다. 그중에서도 인터넷이 지닌 중독성과 역기능이 심각함을 생각할 때, 이들이 즐겨 사용하는 인터넷 용도가 무엇인지 알아서 인터넷이 학습자들의 정서와 생활에 어떠한 영향을 미치는지, 사용하는 시간대와 시간의 양은 적절한지, 대화와 상담을 통해 교육하고 지도할 수 있어야 한다.

이미 인터넷에 중독된 학습자들도 상당수 있을 것이다. 이들에게 인터넷 사용을 무조건 하지 못하게 하는 것은 결국 또 다른 방식으로 욕구충족을 하려는 일탈을 야기하기에 결코 현명한 교육방식이 될 수 없다. 학습자들과의 열린 대화를 통해 인터넷에 빠져드는 것에 대해 스스로 어떻게 느끼고 어떻게 생각하는가 터놓고 이야기할 수 있어야 한다. 그리고 이제 어떤 변화가 필요한지, 변화를 위해 어떤 단계적 계획이 필요한지 안내와 조언을 제공하되 학습자 스스로 계획을 세워 나가도록 해야 한다. 이후 그러한 계획이 순조롭게 실천되는지 함께 확인하고 잘 되었을 때 축하, 격려하고, 실행이 되지 않을 때 어떤 대안이 있는지 함께 모색하는 일종의 멘토(mentor)와 멘토리(mentoree)의 관계를 지속해 나가는 것이 매우 중요하다.

2. 비디오 및 영화 관람

부모와 자녀는 물론 형제간에도 세대 차이를 느끼는 요즘의 상황에서 세대 간의 깊이 있는 대화와 나눔을 갖는 것은 결코 쉽지 않다. 교사와 학습자 사이에도 일방적 훈계와 교육만으로는 결코 인격적 나눔과 사귐을 기대하기 어렵다. 현대 청소년들은 영상세대의 특성을 지닌 만큼 비디오, 영화에 대한 관심과 욕구가 그 어느 때보다 높다. 학습자 또는 자녀들로 하여금 스스로 비디오나 영화를 고르게 하고 그 비디오, 영화를 그룹 구성원들이 함께 관람한다.

관람이 끝난 후 다과나 음료수를 함께 나누면서 자연스럽고 화목한 분위기에서 다음과 같은 대화를 주고받는 것은 비디오 및 영화의 선택, 비디오 및 영화를 보는 방법, 이후의 성찰 능력을 키울 수 있음은 물론이고, 구성원들 사이에 존재하는 세대 차이, 개인 차이들을 보다 잘 이해하고 서로를 있는 모습 그대로 인정, 용납함으로써 효율적 의사소통과 관계 개선을 꾀할 수 있는 기회를 제공하게 될 것이다.

* 질문의 예
① 이 비디오 또는 영화를 택하게 된 이유는?
② 영화를 보는 동안 어떤 느낌, 생각이 들었나?
③ 영화를 보고 난 후 처음의 기대와 어떤 유사점과 차이점을 느꼈는가?
④ 이 영화를 만든 작가 또는 제작자의 의도는 무엇이라 생각하는가?
⑤ 이 영화에서 가장 공감할 수 있는 대상, 장면, 대사는 무엇인가?
⑥ 이 영화에서 공감하기 힘든 대상, 장면, 대사는 무엇인가? 왜 그런가?
⑦ 내가 이 영화 작가 또는 제작자라면 줄거리나 구성을 어떻게 바꾸고 싶은가?
⑧ 이 영화를 다른 사람들에게 추천하고 싶은가? 그 이유는?
⑨ 이 영화를 다른 사람들에게 추천하고 싶지 않은가? 그 이유는?
⑩ 이번 영화를 본 후 앞으로 비디오나 영화를 고를 때 고려해야 할 사항으로 느낀 점이 있다면?

3. 현장학습

강의, 자료 열람, 사례 연구, 비디오, 영화 시청 못지않게 중요한 것은 본인들이 직접 그 현장을 방문, 견학하게 하는 것이다. 본인들이 직접 보고 듣고 느끼고 관찰한 것들을 바탕으로 소감문을 써내게 하거나 소그룹을 통해 서로가 느끼고 관찰한 것들을 나눈 후 전체 그룹 앞에서 요약, 발표, 질의 응답하도록 하는 것도 좋은 방법이다.

청소년들을 위한 문화교육 현장은 그 장르와 영역이 매우 다양하다. 우선은 학습자가 당장 궁금해 하고 관심 있어 하는 현장들을 먼저 방문하고 급한 욕구들이 어느 정도 충족된 후 교육적 계획에 따라 필요한 현장들을 방문하도록 일정을 잡는 것이 현명할 것이다. 현장 학습의 후보지로 다음과 같은 곳들을 고려할 수 있다. 견학 또는 현장학습에 필요한 경비, 시간, 교통, 방문 현장과의 협조 등은 리더가 그룹 구성원들과의 대화와 현실성 등을 고려해서 사전에 조율해야 할 것이다.

* 현장학습 후보지
① TV 및 라디오 방송국
② 연예인 콘서트
③ 영화 촬영지 및 촬영 현장
④ 연극, 현대 무용, 클래식, 발레, 고전 무용 공연장
⑤ 역사 및 문화 체험 학습장
⑥ 순교 성지
⑦ 역사적 중요성을 지닌 교회 및 학교
⑧ 기독교 및 사회 중요 기관

4. 문화학습 센터 설치 및 운영

교회의 형편이 허락한다면 교회 내에 문화학습 자료센터를 설치, 운영

하는 것이 바람직하다. 이 센터에서는 기독교 신앙 및 기독교 문화관의 관점에서 교회 구성원들에게 유익한 자료들을 최대한 조사, 발굴, 구입, 홍보, 대여함으로써 본격적인 문화시대에 기독교인들에게 적합한 문화학습 및 문화교육이 가능하도록 지원하는 역할을 감당한다.

문화작품 및 문화자료 홍수 속에서 일반 교인들이 어떤 자료가 기독교 문화관의 관점에서 적합한지 판단하기가 쉽지 않다. 현실감, 현장감을 지니면서도 개혁전통의 관점에 크게 위배되지 않는 범위 내에서 신앙성숙, 인격성숙, 가치관 정립, 인식지평의 확장, 다양성에 대한 존중, 생명긍정 및 사랑지향에 부합하는 다양한 문화 자료들을 소개하고 대여하는 것은 문화교육, 문화선교에 크게 유익할 것이다.

또한 문화학습 센터에서는 교회 내외에서 실시되는 다양한 문화 교실, 문화 캠프, 문화 프로그램들을 주최, 지원, 홍보, 대행함으로써 교회 구성원들에게 최근의 문화흐름과 동향을 읽을 수 있게 해 주고 다양한 지식, 정보들을 제공해 줌으로써 시대에 뒤지지 않고 현실감각을 지닌 건강한 신앙인이 되도록 기여할 수 있다. 문화 교실은 교사, 부모, 자녀들을 위한 교실로 세분화할 수 있고, 문화 캠프 역시 세분화해서 시행하되 교회 밖에서 숙식을 함께하면서 심도 있고 다채로운 문화 학습을 할 수 있게 해 준다. 한편 문화 프로그램은 크리스천 연예인, CCM이나 CCD(Christian Contemporary Dance) 사역자, 문화 전문 사역자들을 초청해서 공연을 함께 관람하거나 문화 사역에 대한 전문 세미나를 개최하는 것을 의미한다. 이러한 프로그램은 타 교회 기독교인은 물론 비 기독교인들을 교회로 초청할 수 있는 선교 기회를 제공한다는 점에서 문화교육과 문화선교를 병행할 수 있는 장점을 지니고 있다.

5. 위탁 문화교육

교회 자체의 인력, 재정, 시스템을 통해 문화 교실, 문화 캠프, 문화 프로그램을 시행하기 어려울 땐 문화사역 전문기관을 통해 이러한 문화교육 혜택을 받을 수 있도록 주선할 수 있다. 예를 들면 "낮은 울타리" 문화선교회에서 주최하는 월요문화사역자훈련학교, 토요교사학교, 화요문화사역자훈련학교, 울타리문화아카데미, 문화센터 등을 통해 훈련도 받고 자료제공도 받을 수 있다.[34] 그 외에도 각종 신학대학교나 기독교대학에 설치된 기독교교육연구원, 기독교문화연구소 등에서 발간되는 월간지, 문화 시청각 자료, 문화 프로그램 등을 통해 문화교육 훈련을 받거나 필요한 정보들을 활용할 수 있다.

지금까지 하나님나라를 위한 청소년 문화교육의 내용과 방법에 대해 살펴보았다. 지면 제한상 청소년의 공통적 특성을 실존적 접근을 통해 찾아보았고 그에 따른 문화교육 내용을 하나님나라의 관점에서 살펴보았다. 또한 효율적 문화교육을 위한 교육의 기본 원리와 현금의 청소년세대의 주된 관심을 중심으로 실제적 교육 방법에 대해 성찰하였다.

X세대, Y세대, Z세대를 거쳐 N세대, M세대로 변화되어 나가는 이 문화적 변이의 시대에 변해야 할 것은 무엇이고 변하지 말아야 할 것은 무엇인지를 분별하는 분별의 지혜가 필요하다. 이를 위해 세대와 문화의 특성을 분별하는 분별 공동체(discerning community), 그리고 말씀의 곳간에서 옛 것과 새 것을 내어오는 청지기 공동체(steward community)를 필요로 한다(마 13:52, 벧전 4:10). 이러한 분별 공동체와 청지기 공동체를 통해 먼저 한국교회가 변화되고 변화된 한국교회가 또한 한국사회와 지구촌을 변화

시켜 나가는 개혁운동이 지속될 때 우리가 고대하는 하나님나라 확장과 완성은 하나의 가능한 현실로 다가오게 될 것이다.

**Holistic Christian
Education for the
Postmodern Era**

제9장
여가문화와 기독교교육

간세대 종교교육의 중요성을 일찍 간파한 제임스 화이트(James White)는 21세기가 초래하는 신앙공동체의 변화를 이렇게 예견한 바 있다: "21세기에 들어서면 신앙공동체는 점점 더 간세대종교교육(Inter-Generational Religious Education, IGRE)을 강조하게 될 것이다. 전통적으로 기독교 교회와 유대교 회당은 오랜 역사에 걸쳐 간세대종교교육을 수행해 왔다. 하지만 앞으로의 시대는 그 명칭을 무어라 말하든 간에 간세대교육을 더 강화할 필요가 있다."[35] 화이트는 이러한 변화의 이유를 두 가지로 제시한다: "[이러한 경향성을 초래하는] 이유는 가족해체의 가속화 문제이다. 그리고 또 다른 이유는 세대 간의 대화단절과 문화의 괴리를 촉발하는 사회제도와 구조 때문이다."[36]

가족해체의 가속화를 유발하는 대표적인 요인들은 핵가족을 넘어 탈

핵가족화, 무자녀가정, 독신가정, NEET족의 급증, 고도의 이동성, 높은 이혼율, 개인주의 성향의 급증 등을 꼽을 수 있다.[37] 이러한 가정형태의 급격한 변화와 더불어 사회제도와 구조 역시 상당한 변화를 겪게 된다. 과거의 전통사회 속에서는 가정뿐 아니라 일, 축제, 스포츠, 예능, 미디어, 클럽과 단체 등을 통해서도 세대간의 교류가 이루어졌다.[38] 하지만 21세기에 들어오면서부터 이러한 모든 영역들 속에 나이로 규정되는 단위들이 점점 세분화되고 그 격차가 점점 더 벌어지고 있다. 따라서 세대 간의 의사소통이나 공유된 가치 및 유대감을 점점 더 찾기 힘든 것이 현 실정이다. 이러한 상황은 디지털, 인터넷, SNS 등의 하이미디어의 보급을 통해 전 지구촌에 확산되고 있다.

세계 상위 20개국 중 하나일 뿐 아니라 인터넷 보급률 및 사용률 세계 1위로 꼽히는 한국도 이러한 문제들이 점점 심각해져 가는 상황에 놓여 있다. 부모와 자녀의 대화단절, 교사와 학생의 소통단절, 기성세대와 청년 및 청소년세대 간의 현실인식의 괴리, 교회의 현 세대와 다음 세대 사이의 문화 및 가치공유의 결여 등이 나타나고 있다. 다음 세대가 없으면 교회의 내일도 없다. 과거의 유럽교회와 현재의 미국교회가 이러한 현실을 잘 보여 주고 있다. 한국교회가 다음 세대와 소통하고자 애쓰며 다음 세대를 끌어안고자 다양한 시도를 하는 것은 비록 늦은 감은 있지만 그래도 다행스러운 일이다.

이러한 시대적 과업의 중요성을 인식하면서, 본 장은 주5일제 수업에 따른 여가문화에 대해 기독교교육적으로 어떠한 대응을 할 수 있는가에 대해 논의하고자 한다. 흔히 주5일제 수업이 교회학교에 어려움을 초래하게 된다고 이야기한다. 물론 과거의 전통적이고 고식적인 교회학교 모델에만 집착하면 주5일제 수업이 어려움을 초래할 수 있다. 하지만 새로운 변화와 도전 앞에서 창조적 응전을 하게 되면, 오히려 교회학교가 침체와 부진을 떨치고 새롭게 도약할 수 있는 계기로 만들 수 있다. 이제 주5일제 수업의 배경과 취지, 가능성과 문제점을 살펴보고 기독교교육적 관점에서 이러한 변화에 대해 어떻게 응전할 수 있는가에 대해 성찰해 보기로 하자.

I. 주5일제 수업의 배경

서울시교육청이 주5일제 수업을 시도하면서 밝힌 배경 및 취지는 다음과 같다. 첫째, 주 40시간 근무제 전면 확대에 따른 국가 및 사회 변화에 부응하는 교육이 되도록 한다. 둘째, 학습자들의 창의성 제고, 문제해결 능력의 배양, 인성, 도덕성, 감성을 계발하는 교육을 추구한다. 셋째, 자기주도적 학습과 평생교육을 지향하는 의식변화를 추구한다.[39] 사실상 대부분의 선진국들은 이미 주5일 수업을 전면적으로 시행하고 있다:

독일: 1976년 독일의 각 지방 단위로 월 1~2회 실시,
　　　1992년 모든 학교가 주5일 수업제 전면 실시
중국: 1995년 전면실시
일본: 1992년 월 1회 실시, 1995년 월 2회, 2002년 전면실시
한국: 2007년 월 1회 실시, 2012년 3월 전면실시

이처럼 주5일 수업은 거대한 흐름이며 세계화의 전체적 추세이다. 문

제는 교회와 교회학교가 이러한 변화에 대해 어떠한 대응을 해야 할 것인가 하는 것이다.

II. 교회학교의 응전

1. 교회학교의 시간(Chronos)

주일학교는 그 시작이 1780년 영국 산업혁명기에 교육적 돌봄을 받지 못하던 청소년들을 모아서 교육시키고자 한 데서 출발하였다. 평일에는 공장에서 일을 하다가 일요일에 모인다고 해서 '선데이 스쿨'(Sunday School)이라 부르게 되었고 조선 땅에 들어오면서 '주일학교'(主日學校)로 번역해서 불리게 된 것이다. 선데이 스쿨이나 주일학교가 일요일에만 모이는 것을 의미한다면, 교회학교는 일요일뿐 아니라 주말, 주말뿐 아니라 평일에도 교육이 이루어져야 함을 의미한다.[40)]

주5일제 수업의 전면 확대로 인해, 아이들이 금요일 오후부터 주일 밤까지 학교의 속박으로부터 벗어날 수 있게 되었다. 교회학교는 금요일 오후부터 주일 밤까지 아이들에게 주어진 시간에 관심을 기울여야 한다. 이 시간을 교회학교가 어떻게 활용하는가에 따라 교회학교의 원 정신을 다시금 회복하고 살릴 수 있는 기회가 될 뿐 아니라 교회학교의 새로운 부흥의 계기도 마련할 수 있기 때문이다.

1780년 산업혁명기 영국 글로우체스터(Gloucester) 지역의 근로청소년들은 주일에 하루 종일 교회의 무관심 속에 방치된 채 소모적, 부정적, 비생산적인 시간을 보내고 있었다. 로버트 레익스(Robert Raikes)는 스토크(Thomas Stock) 목사의 후원을 받아 아이들을 모으고 3R(Reading, Arithmetic, Writing)은 물론이고 성경공부와 예배를 드리도록 안내하였다. 이러한 도움을 통해 아이들은 빈곤과 무지를 극복하는 기회를 얻을 뿐 아니라 불신앙과 타락에서 신앙과 구원으로 인생행로가 바뀌는 기회를 얻게 되었다.[41]

산업혁명 당시 글로우체스터 지역 아이들의 문제가 빈곤, 무지, 부도덕, 질병, 열악한 근로환경의 악순환이었다면, 지식정보혁명 시대를 맞은 한국 아이들의 문제는 인터넷중독, 게임중독, 성중독, 폭력, 왕따, 외모지상주의, 물질만능주의, 상대적 박탈감에 기초한 무의미, 무복적, 무기력의 3무 현상(三無現象)에 시달리고 있음을 볼 수 있다. 과거에는 물질과 환경의 열악함이 주된 문제였다면 지금은 정신과 영성의 열악함이 주된 문제가 되고 있다. 물질과 환경이 열악할 때는 정신과 영성의 중요성을 그나마 인식할 수 있었다면, 물질과 환경이 풍족한 상황에서는 정신과 영성의 중요성마저 인식 못한다는 데 문제의 심각성이 있다.

이러한 상황이 계속된다면 한국사회는 혼돈, 해체, 무질서의 엔트로피(entropy)와 노쇠현상이 가중될 수밖에 없다. 물질과 주변 환경이 열악할 때는 생명의 근원 되신 하나님을 찾고자 하는 영성이 두드러지다가도, 막상 물질과 환경이 풍족해지면 영성의 본질이 퇴색되어 버리는 것은 구약에 묘사된 이스라엘만의 경험은 아니다. 이것은 인간사회 모두의 문제이기도 하고 한국사회의 문제이기도 하다.

이러한 사회적, 문화적, 영적 위기 앞에서 한국교회와 교회학교는 지워진 책무와 사명을 감당해야 한다. 구태의연한 주일 위주의 교회학교, 교회중심의 교회학교, 교사중심의 교회학교, 행사중심의 교회학교, 공과중심의 교회학교라는 틀을 탈피할 수 있는 전기를 마련해야 한다. 21세기의 교회학교는 새로운 변화, 가능성, 시도, 패러다임을 위해 환골탈태의 자세를 취해야 한다. 주일학교를 벗어나서 주말학교, 주중학교, 방과후학교의 새로운 가능성을 모색해야 한다. 이를 위해 '창조적 실험'(creative experiment)과 함께 때로는 '건설적 파괴'(constructive destruction)를 시도해야 할 것이다.

2. 교회학교의 장소(Locus)

최초의 주일학교는 킹(King) 여사와 메레디스(Meredith) 여사의 부엌방에서 시작되었다. 그러다가 아이들이 점점 늘어남에 따라 교회 안으로 들어가기 시작하였다. 공장의 십대청소년들을 주일에 교회에서 가르치는 것에 대해 교회들은 처음엔 매우 부정적이었다. 아이들의 언행, 품행, 신앙상태가 교회의 문제가 되었기 때문이다. "나 같은 죄인 살리신"(Amazing Grace)을 작사한 잭 뉴튼(Jack Newton) 장로도 처음엔 주일학교가 교회 안으로 들어오는 것을 반대할 정도였다. 하지만 로버트 레익스와 뜻있는 사람들의 설득으로 인해, 주일학교의 진정성을 확인한 잭 뉴튼은 후에는 주일학교를 돕고 적극 후원하는 사람으로 바뀌게 되었다.[42]

주5일제 수업으로 인해 아이들은 과거 어느 때보다 학교로부터 벗어난 더 많은 시간을 소유하게 되었다. 이 아이들은 자신들에게 주어진 시간을 어디에선가 보내게 될 것이다. 집안에서, 학원에서, PC방에서, 길거리에서, 십대들의 다양한 해방구에서 시간을 보낼 것이다. 교회는 이 아이들을 위해 그리고 이 아이들을 향해 '생명공간'(space of life)을 열어 주고 생명공간을 제공해야 한다. 입시, 폭력, 소외, 일탈의 공간이 아닌 생명공간을 이 시대의 아이들은 필요로 하고 있다. 이 생명공간에서 아이들은 숨 쉬고,

노래하고, 춤추고, 자신을 표현하고, 잠재력을 발산하고, 자신만이 아닌 이웃을 위한 삶을 살 수 있어야 한다.

이 생명공간은 '교회 안'일 수도 있고 '교회 밖'일 수도 있다. 본당, 교육관, 수양관, 기도원, 영성훈련원일 수도 있다. 고아원, 양로원, 보호시설, 교도소, 병원, 쉼터, 노숙자들을 위한 공간일 수도 있다. 운동장, 체육관, 수영장, 볼링장, 탁구장, 영화관, 소극장일 수도 있다. 테마파크, 쇼핑공간, 문화공간, 생활공간일 수도 있다. 산, 강, 바다, 들판, 언덕일 수도 있다. 제암리, 절두산, 순교성지, 애양원, 선교사묘역, 선교성지일 수도 있다. 전체 교회, 전체 생활공간, 전국, 전 세계를 대상으로 하나님의 통치, 주권, 공의, 자유, 구원이 일어나는 전 공간을 주일학교, 주말학교, 주중학교, 여름 및 겨울방학 학교로 활용할 수 있어야 한다.

이렇게 함으로써 교회 밖에서 시작된 "주일학교"(Sunday School)가 교회 안으로 들어와서 단순히 "교회학교"(Church School)로 축소되는 것을 벗어나, 하나님나라 구현을 위한 "하나님의 학교"(Schola Dei)로 확장될 수 있다. "하나님의 학교"는 교회뿐 아니라, 가정-학교-사회를 교육목회의 유기적인 하나의 장(場)으로 연계하게 된다. 가정-학교-사회의 유기적 연계 없이 교회 자체만으로는 교육도 선교도 목회도 올바로 수행할 수 없다. 이런 의미에서 교회학교가 교회만을 위해 존재한다는 축소적 이해를 넘어서 하나님나라 구현(embodiment of God's Kingdom)을 위한 교육목회 차원으로 그 대상과 범위를 확장해야 한다.

코메니우스(John Amos Comenius, 1592-1670)는 이미 17세기에 "모든 사람에게 모든 것을 모든 방법으로" 가르쳐야 한다는 범교육학(Pampaedia)을 주창하였다. 코메니우스는 또한 참된 교육적 이상(理想)의 실현을 위해 모든 지식의 종합을 꾀하는 범지학(Pansophia)을 제시하였다. 코메니우스는 현대교육의 선구자로서 유네스코(UNESCO)의 기초를 놓은 학자이다. 그는 개신교 목사로서 경건과 학문을 하나로 통합한 탁월한 기독교교육학자이기도 하다.[43] 교회학교를 하나님의 학교로 확대해 나가는 것은, 교회학교가 교회확장이나 구령사업의 도구에 머물지 않고 사회봉사 및 사회구원에 공헌할 수 있도록 외연을 확장한다는 것이다. 이처럼 '확대된 교회학교'(expanded church school)는 한국교회가 지역사회와 한국사회로부터 신뢰와 존경을 회복할 수 있는 전기를 마련해 줄 것이다.

Ⅲ. 대안으로서의 "하나님의 학교"(Schola Dei)

역사상 최초 주일학교의 교육주체는 평신도였다. 로버트 레익스를 최초의 주일학교 교장으로 하고 킹 여사와 메레디스 여사를 최초의 주일학교 교사로 시작된 것이다. 그러던 것이 교회 속으로 들어가면서 보다 전문성을 가지고 지속적인 사역을 할 수 있는 교역자들이 교회학교의 교육주체로 부상하게 되었다. 현재 한국교회도 교회학교 교장은 담임목사, 교회학교 책임자는 교육전담목사, 교회학교 실무자는 교육전도사, 교회학교 협력자는 평신도 체제로 구성되어 있다. 물론 이러한 체제가 가진 장점도 있다. 하지만 새로운 시대의 변화와 새로운 도전 앞에 창조적인 응전을 할 수 있으려면 새로운 체제를 구축할 필요가 있다.

1. 교육주체 및 교육체제

지식정보화 시대, 고학력 시대, 평생교육의 시대에 부응하여 "하나님의 백성 공동체"(Laos tou Theou)인 교회 전체를 "하나님의 학교"(Schola Dei) 구조로 전환하는 것이다. 하나님의 학교에서의 교재는 크게 3영역으로 나뉜다. "하늘과 땅의 모든 권세를 내게 주셨으니"(마 28:18)라고 선언하신 예수 그리스도의 말씀을 따라 천(天), 지(地), 인(人)의 실재와 진리를 말씀 안에서 가르치는 것이다. 이는 위에 언급한 것처럼 코메니우스의 범교육학(Pampaedia)과 범지학(Pansophia)의 교육이상(理想)과도 부합하는 커리큘럼이라 할 수 있다. 세 영역의 교육을 의미하는 세 가지 책은 곧 '말씀의 책'(The Book of the Word), '자연의 책'(The Book of the Nature), '마음의 책'(The Book of the Mind)이다.

먼저 말씀의 책은 성경, 신학, 교리, 기독교 역사, 전통, 예배, 절기 등 하나님과 기독교에 관한 전체 교육 자료를 의미한다. 둘째, 자연의 책은 생명공학, 물리학, 화학, 지구과학, 의학, 체육, 산, 바다, 강, 들, 식물, 동물 등의 생태계에 관한 것을 의미한다. 셋째, 마음의 책은 심리학, 교육학, 철학, 사회학, 역사학, 공동체 훈련, 인간관계 훈련, 문화, 음악, 미술, 예능 등 인간에 관한 것을 의미한다. 이처럼 천, 지, 인과 영, 혼, 육 전체를 하나님 말씀의 시각과 관점에서 보고, 이해하고, 가르치고자 하는 것은 기독교세계관과 기독교역사관 형성 및 정립과도 연결된다.

이처럼 바른 기독교세계관과 기독교역사관 형성 및 정립을 위해서는 바른 성경이해, 바른 신학의 토대 형성이 중요하다. 이를 위해 교역자와 신학자의 협력이 요청되고 교역자와 신학자의 안내와 모판 위에서 자연의 책과 마음의 책을 소개할 수 있는 훈련된 평신도지도자들의 협력과 동참이 필요하다. 이렇게 조화된 리더십, 협력된 리더십은 "하나님의 학교"를 끌어가는 견인차 역할을 수행할 수 있다. 하나님과 기독교에 관한 전문성은 교역자와 신학자들이, 자연의 책과 마음의 책에 관한 전문성은 훈련된 평신도지도자들이 책임을 맡아 교회 안팎에서 함께 개발하고 함께 수행해 나가게 될 때, 하나님의 학교의 질과 양은 점점 더 깊어지고 확장될 수 있다.

2. 교육대상 및 교육내용

지금까지의 교회학교는 한국교회 속에 나타나는 모든 이분법적 분리의 문제를 그 속에 담고 있다. 성인과 미성년, 본당과 교육관, 목회자와 평신도, 신앙과 삶, 교회와 사회의 분리가 그 속에 들어 있다는 것이다. 성인은 본당에서 목회자의 가르침을 받는 반면, 미성년은 교육관에서 평신도 교사들의 가르침을 받게 되고 성인은 성인대로 미성년은 미성년대로 교회 안에서의 가르침을 교회 밖에서 어떻게 실천해야 할지 연결과 적용점을 찾지 못함으로써 신앙과 삶의 분리라는 문제에 빠지고 있다.[44] 설령 그 접촉점을 발견한다 하더라도 가르침을 받은 것을 삶 속에 실천할 수 있는 용기와 능력을 부여받지 못한다는 데 문제의 심각성이 있다.

교회학교 속에 나타나는 이분법적 분리의 문제를 극복하기 위해서는, '교회학교'가 '하나님의 학교'로 그 내면과 외연이 확장될 필요가 있다. 흔히 세상에는 '세상학교'가, 교회에는 '교회학교'가 있어서 성년에 이르지 못한 아이들이 세상에서는 '세상학교'를, 교회에서는 '교회학교'를 다녀야 하는 것으로 생각하기 쉽다. 하지만 '하나님의 학교'인 세상에 태어나서 하나님의 부르심을 받을 때까지 자신과 세상을 향한 하나님의 뜻과 섭리를 배우기 위해 끊임없는 배움과 훈련을 계속해야 하는 '평생학교'요 '영원학교'인 것이다.

종래의 교회학교의 대상이 주로 아동, 청소년 및 청년으로 국한되었다면, 하나님의 학교의 대상은 하나님의 전 백성인 것이다. 하나님의 학교의 교육대상은 모든 평신도는 물론이고 교역자와 신학자 모두가 '평생교육', '영원교육'의 대상이 된다.

교육내용은 마태복음 28:18~20에 나타난 "그리스도의 대위임"(the Great Commission)에 기초해 있다. 먼저 "하늘과 땅의 모든 권세"에 대한 가르침이 교육내용이라 할 수 있다. 하늘과 하나님에 관한 성부, 성자, 성령, 창조, 구속, 칭의, 성화, 영화에 관한 모든 내용들, 그리고 땅과 피조세계에 관한 모든 현상, 원리, 지식과 지혜, 그리고 하나님의 대리자, 그리스도의 제자로서 세상에 보내심을 받은 인간의 내면과 외면, 개인과 집단, 신앙공동체의 삶에 대해 가르침과 훈련을 받을 뿐 아니라 그 가르침과 훈련을 개인과 공동체의 삶 속에 실천해 나가도록 요청받는다. 이를 통해 코메니우스의 범교육학 및 범지학의 이상과 홈즈(Arthur Holmes)의 "모든 진리는 하나님의 진리"(All Truth is God's Truth)라는 기독교 세계관이 교육목회를 통해 구현시켜 나가는 일에 참여할 수 있다.[45]

3. 하나님의 학교를 위한 훈련 및 교육 주제

우리는 위에서 주5일제 수업 전면 확대에 대한 교회학교의 대응방안과 관련하여 축소적인 교회학교로부터 확대적인 하나님의 학교로의 전환을 제시한 바 있다. 교회학교가 주로 교회 내에서 이루어지는 공과책과 성경 중심의 교육에 한정되어 있다면, 하나님의 학교는 교회 안팎을 넘나들면서 말씀의 책 외에도 자연의 책, 마음의 책을 통해 전인적, 총체적 교육을 중시한다. 본 장에서는 지면의 제한으로 인해 하나님의 학교를 위한 교육내용을 하나의 예시적 차원에서만 간략히 제시해 보기로 한다. 이러한 훈련과 교육은 최소한 한국교회 속에 만연한 분리현상을 극복하기 위한 단초(端初)를 마련하고자 하는 작은 시도로 평가될 수 있다.

구한말 및 일제강점기 이래로 주일학교와 교회학교의 패러다임에만 익숙한 현 상황 속에서 하나님의 학교라는 새로운 패러다임을 이해하고 실천하는 것은 쉬운 과제가 아닐 것이다. 또한 어떤 새로운 아이디어가 있다 하더라도 교회의 형편과 상황이 많이 다르기 때문에 그것을 문자 그대로 적용할 수는 없다. 하지만 하나님의 학교 개념은 최소한 고식적인 주일학교와 교회학교의 시공간의 한계를 넘어서고자 하는 새로운 시도이다. 여기에서는 주일학교와 교회학교의 고식적 한계를 넘어서기 위한 기본적 차원에서의 시도를 중심으로 훈련과 교육 주제를 제시해 보기로 하자.[46]

1) 말씀의 책(신앙교육)

·말씀훈련: 설교말씀요약-숙고-질문-함께 나누기, 성경공부, 성경요절 암송

·기도훈련: 중보기도, 침묵기도, 통성기도, 명상, 관상, 호흡기도 훈련

·예배훈련: 예배의 자세, 태도, 인도자, 봉독자, 기도자, 헌금위원, 안내위원 교육

·선교훈련: 선교보고 경청하기, 선교마음과 자세 교육, 국내외 단기선교 훈련

2) 자연의 책(자연교육)

·체험학습: 비누 만들기, 향초 만들기, 자연을 이용한 성구만들기 & 성물만들기

·생태학습: 자연의 소중함 느껴 보기(산, 강, 바다, 논, 밭, 태양, 바람, 공기, 비 등의 중요성 깨닫기)

·참여학습 : 환경보호(길거리, 산책로, 등산로 등에서 담배꽁초와 휴지 줍기, 쓰레기 처리하기), 식물 가꾸기, 동물 돌보기
　　·현장학습 : 선교유적지, 순교유적지, 문화현장, 생산현장, 근로현장 견학하고 소감문 나누기

3) 마음의 책(마음교육)
　　·성품훈련 : 성품의 중요성 깨닫기(성령의 열매), 좋은 성품 개발하기, 그리스도의 성품 형성을 위한 자기주도학습 수행하기, 독서교실 운영하기
　　·관계훈련 : 관계성훈련, 갈등대처 및 화해훈련
　　·봉사훈련 : 고아원, 양로원, 병원, 교도소, 다양한 시설 방문 및 봉사하기
　　·창의성훈련 : 레고 조립, 종이접기, 모형 만들기(배, 비행기, 자동차 등), 난제 해결방안을 함께 모색하기

　주5일제 수업으로 인해 각 가정마다 여가시간 활용의 필요성, 야외로 나가고자 하는 욕구, 지식을 넘어선 전인교육의 중요성 등이 전면에 부각되고 있다. 이러한 새로운 교육환경은 또한 간세대교육의 필요성과 중요성을 일깨워 준다. 지식을 넘어선 신앙교육, 자연교육, 마음교육은 부모와 자녀, 교사와 학생, 성년과 미성년 사이에 생겨나는 활발한 교류와 상호참여를 통해 이루어지기 때문이다.
　신앙교육, 자연교육, 마음교육은 교회뿐 아니라 가정-학교-사회를 함께 연계할 수 있는 유기적, 전인적 관계망 속에서 효율적으로 이루어진다. 이러한 상황은 고식적인 교회학교 패러다임을 넘어 "하나님의 학교"(Schola Dei)라는 패러다임을 향해 나아갈 것을 요청한다. 물론 패러다임의 전환은

단기간 내에 이루어지는 것은 아니다. 하나의 패러다임이 정착되기 위해서는 새로운 변화를 향한 비전과 함께 그 비전을 실현할 수 있는 방안들이 모색되어야 한다. 새로운 가능성과 비전을 공유하는 사람들의 참여와 공동적 노력 없이는 어떠한 변화도 기대할 수 없다.

과거의 "놀토"가 "놀 수 있는 토요일"이었다면 "하나님의 학교" 모델 속에서의 놀토는 "놀라운 토요일"이 될 필요가 있다. 하나님의 창조세계 속에서 하나님의 지혜와 경륜을 경험하며, 하나님의 놀라운 은혜를 함께 누리는 "놀라운 토요일"(amazing Saturday), "놀라운 주말", "놀라운 주중"이 되도록 교회학교의 새로운 변화를 모색해 나가야 한다.

교회학교의 새로운 변화는 전술한 것처럼 교육의 장(場)의 변화, 교육내용 및 범위의 변화, 훈련 및 교육주제의 변화와 더불어 교육주체 및 객체의 변화를 필요로 한다. 즉 아동, 청소년 및 청년을 넘어 전 세대와 전교인을 교육의 주체와 참여자로 초청해야 한다는 것이다.

1) 한글학회 편, 『우리 말 큰 사전』 제1권 (서울 : 어문각, 1995), '문화'에 대한 설명을 참조하라.

2) *Webster's Unabridged Dictionary* (Cleveland, Ohio : Simon & Schuster, 1983), 'culture'에 대한 설명을 참조하라.

3) Raymond Williams, *Keywords* (Glasgow, Great Britain : William Collins Sons and Co., 1976), 'culture'에 대한 설명을 참조하라.

4) Ibid.

5) 신기철, 신용철 편, 『새우리말 큰 사전』 (서울 : 삼성출판사, 1978), '문화'에 대한 설명을 참조하라.

6) Wolfhardt Pannenberg, *Anthropology in Theological Perspective* (Philadelphia : The Westminster Press, 1985), Part III "The Shared World"에 나타나는 인간문화 현상 뒤에 숨어 있는 종교적 주제의 중요성에 대한 논의를 참조하라.

7) 여기서 "종교"라 함은 기독교를 가리킨다. 타 종교와 기독교와의 관계성에 대한 연구는 본 장의 주제를 벗어나기에 여기서는 다루지 않겠다.

8) H. Richard Niebuhr, *Christ and Culture* (New York : Harper & Row Pub., 1975).

9) 니버 자신은 5가지 유형 중 어느 하나를 자신의 입장이라고 분명히 명시하지는 않는다. 하지만 그가 5가지 유형 중 문제점 또는 위험성을 지적하지 않은 유일한 유형이 변혁적 혹은 변혁주의적 유형임을 볼 때, 니버 역시 이 유형을 그의 중심적 윤리학 방법론으로 택하고 있다고 볼 수 있다. Lonnie Kliever, *H. Richard Niebuhr* (Waco, Texas : Word Books Pub., 1977), 46f.

10) '개혁신학'(Reformed Theology)은 그 분지가 다양하고 광범위해서 단순히 정의하기 어렵다. 하지만 사전적 정의는 "종교개혁자들에 의해 주창된 교리체제와 교회체제 또는 정책을 따르며 이후 여러 가지 개혁된 신앙고백"을 따르는 신학전통을 곧 개혁신학 또는 개혁전통이라 부른다. 개혁신학의 특징은 하나님, 성경, 교회 중심의 신앙 위에 신앙과 삶의 일치를 강조하며 개인구원을 초월하여 "국가와 문화, 자연과 우주라는 보다 광범위한 영역에서 하나님의 뜻을 실현"하는 것을 궁극적 목적으로 한다. 따라서 개혁신학은 "하나님나라 실현을 지향하는 신학" (kingdom theology)이라고도 할 수 있다. Van Harvey, *A Handbook of Theological Terms*, 박양조 역, 『신학용어해설』 (서울 : 기독교문사, 1993), 40. ; John Hesselink, *On Being Reformed Theology*, 최덕성 역, 『개혁주의 전통』 (서울 : 생명의 말씀사, 1997), 150.

11) Ibid.

12) 각주 1, 2를 참조하라.

13) 성취는 한 개인이나 공동체의 유지 및 발전을 위해서 필수불가결한 요소라 할 수 있다. 하지만 성취에 대한 열망과 욕구에만 집착한 나머지, 성취의 목적과 이유, 근본 의미의 기초를 상실하게 될 때, 즉 성취주도적 생활유형으로 전락할 때 오히려 이것은 개인과 공동체의 생명력을 고갈시킬 뿐 아니라 자기 파괴적이고 소모적인 문제들을 야기하게 된다. 이러한 성취의 양면성은 최근의 심리학이나 상담학자들에 의해서도 인정되고 있다. Rodney Hunter ed., *The Dictionary of Pastoral Care and Councseling* (Nashville : Abingdon Press, 1990), 208f.

14) Deborah Hunsinger, "Becoming Bilingual," (Union Theological Seminary Ph.D. Dissertation, 1993). 그리스도의 신성은 그리스도의 인성에 대해 일종의 논리적 우선성을 지닌다. 그 이유는 신－인(神－人) 그리스도의 존재 및 사역에 있어서 논리적 순서상 신이 인간이 된 것이지 인간이 신이 된 것이 아니기 때문이다. 즉, 그리스도의 신성은 그리스도의 인성의 이유와 목적, 근본 방향성을 그 속에 내포하고 있기에 일종의 논리적 우선성을 지니는 것이다.

15) Thomas Torrance, "Notes on Terms and Concepts," in *Belief in Science and in Christian Life－The Relevance of Michael Polanyi's Thought for Christian Faith and Life*, ed. by Thomas Torrance (Edinburgh : The Handsel Press, 1980), 135－136. 양자물리학(quantom physics)에서 관찰되는 빛의 속성은 입자(particle)인 동시에 파동(wave)으로 나타난다. 빛의 입자성과 파동성은 상호 배타적이다. 입자는 빛의 위치를 나타낸다면 파동은 빛의 운동을 나타내기 때문이다. 이처럼 상호배타적인 두 속성은 빛의 속성을 설명하기 위해 서로를 필요로 한다. 그러나 빛의 파동성은 빛의 입자성에 대해 일종의 한계적 조율작용을 한다. 빛이 비칠 수 있는 것은 기본적으로 빛 입자들이 지닌 역동성 및 파동성에 의한 것이기 때문이다.

16) 사 49 : 14－16.

17) Elliot Eisner, *The Educational Imagination* (New York : Macmillan Co., 1985), 87f.

18) 롬 12 : 3－13 ; 고전 12 : 4－31 ; 엡 4 : 11－13.

19) 물론 여기에서 말하는 다양한 문화란 기본적으로 '생명긍정'(affirmation of life), '사랑지향'(orientation toward love)이라는 인간 삶의 기본덕목을 부정하지 않는 문화를 의미한다. 예를 들어 나찌즘(Nazism), 파시즘(Fascism), 사탄숭배(Satanism) 등이 만들어 내는 '생명부정', '분노지향'의 파괴적 집단 표출은 이에 해당되지 않는다.

20) 이규민, "탈 근대화 시대의 기독교교육과제 설정을 위한 신학적 고찰," 한국기독교학회 편, 『포스트모더니즘과 탈식민주의 시대의 신학』 (서울 : 한국신학연구소, 1996), 235－274.

21) Herman Horne, *Teaching Techniques of Jesus*, 박영호 역, 『예수님의 교육방법론』 (서울 : 기독교문서선교회, 1998).

22) C. A. Jeffrey et. al., *Culture & Society* (London : Cambridge Univ. Press, 1990), 126f.

23) Robert Ardrey, *The Territorial Imperative* (New York : Atheneum, 1966).

24) W. D. Davis, *The Gospel and the Land* (Sheffield, England : JSOT Press, 1994).

25) Daniel Goleman, "Perceptions of Time as Key Psychological Factor," *New York Times* (Dec. 30, 1986).

26) Augustine, *Confessions* (New York : Modern Library, 1949).

27) James Fowler, *The Stages of Faith* (San Francisco : Harper San Francisco, 1981).

28) James Loder, *The Transforming Moment* (Colorado Springs : Helmers & Howard, 1989), 85f.

29) Henry Giroux et. al., *Between Borders* (New York : Routledge, 1994).

30) James Loder, *The Knight's Move* (Colorado Springs : Helmers & Howard, 1992).

31) Michael Maccoby, *The Gamesman* (New York : Simon & Schuster, 1976).

32) Michael Polanyi, *Personal Knowledge* (Chicago : The Univ. of Chicago Press, 1962).

33) Kyoo Min Lee, *Koinonia* (Ann Arbor, MI : UMI, 1996), 7-13.

34) 성인경, 『아담과 문화를 논할 때』 (서울 : 낮은 울타리, 1998) ; 신상언, 『행복한 문화사역』 (서울 : 낮은 울타리, 1998) ; 신상언, 『이제는 문화 패러다임입니다』 (서울 : 낮은 울타리, 1998).

35) James White, *Intergenerational Religious Education* (Birmingham, AL : Religious Education Press, 1988), 1.

36) Ibid.

37) NEET(Not in Education, Employment, or Training)족이란 지식정보사회화에서의 고용불안의 한 현상으로서 취업능력뿐 아니라 의지마저 결여된 15~34세 연령의 청년 무업자(無

業者)를 의미한다. 이들은 자활능력이나 자구책을 찾고자 노력하지 않기에, 실업자나 프리터 (freeter)와 구별된다. 현대경제연구원은 『한국경제주평』을 통하여 2004년 한국의 니트족 수는 약 18만7,000명이며, 2015년에는 전체 인구의 85만3,900명으로 늘어날 것으로 추산한 바 있다.

38) Ibid., 3-12.

39) http : //www.kltu.or.kr/gn/bbs/board.php?bo_table=report&wr_id=694. (2012년 5월 6일 접속).

40) "일요일학교"(School of Sunday)가 "주일학교"(Sunday School)로, 주일학교가 "교회학교" (Church School)로, 교회학교가 또 다른 이름으로 바뀔 수 있는 것은 그 시대와 사회의 요청에 대해 교회가 어떻게 응답할 것인가를 고민하는 과정 속에서 가능해질 것이다. 오인탁 외, 『기독교교육사』 (서울 : 한들출판사, 2007), 298.

41) 오인탁 외, 『기독교교육사』 (서울 : 한들출판사, 2007), 299-300.

42) 은준관, 『교육신학』 (서울 : 대한기독교서회, 1976), 128-130.

43) 코메니우스는 보헤미아의 형제교단(Unitas fratrum)의 목사이자 교사이며 지도자로서 하나님의 형상으로 지음 받은 인간은 지식, 덕성, 신앙교육을 통해 참된 하나님의 형상을 회복할 수 있으며 참된 진리와 평화가 이 땅에 건설될 수 있음을 주장하였다. John Amos Comenius, The Great Didactic, trans. by M. S. Keatinge (Edinburgh, U. K. : Kessinger Pub. Co., 1910) ; 이규민, "존 아모스 코메니우스의 교육사상 연구," 『신학이해』 Vol. 26 (2003).

44) 이규민, "21세기 한국교회 교육목회의 위기 분석 및 대안 제시," 『기독교교육논총』 제26집 (2011년 1월).

45) Arthur F. Holmes, All Truth is God's Truth (Grand Rapids : Eerdmans Pub. Co., 1977).

46) 이러한 세 책을 중심으로 한 3차원의 교육은 전뇌(whole brain)와 전 감각(whole senses)을 활용하는 입체적 교육, 총체적 교육과도 연결된다. 여기에서는 활용 가능한 예들을 중심으로 제시해 보기로 한다.

제4부에서는 기독교교육의 가장 근원적 장으로서의 가정과 가정교육 문제를 다루어 보고자 한다. 특히 21세기 포스트모던 사회 속에서 기독교 가정교육이 수행되어야 할 교육원리에 대해 심도있게 고찰하게 될 것이다. 그 후에 가정과 교회를 연계하는 교육 및 세계화 시대에 기독교교육이 어떠한 역할과 책임을 감당할 것인가에 대해 성찰해 보고자 한다.

/ 제4부 /

현장적 통전성 : 가정과 기독교교육

제10장
새 시대를 위한 기독교가정교육

　　제3천년기(The third millenium)는 근대성을 뛰어넘어 탈근대성이 본격적으로 심화되는 시기이다. 이 탈근대화 또는 후기근대화의 과정은 과거의 질서와 권위체제에 중대한 도전과 변화를 가져오게 될 것임에 틀림없다. 그 중에서도 인간 삶의 원초적 토대로서의 가정의 내적 질서와 외적 형태에도 많은 변화가 있을 것이며 이러한 변화는 개인은 물론 후기근대사회에 중대한 영향을 미치게 될 것이다.

　　이러한 시대적 변화에 따라 현재 한국사회에서 가장 많이 언급되는 화두 중의 하나는 '아버지'다. 여기서 말하는 '아버지'는 한국 전통사회에서 받아들여지고 기능해 왔던 '가부장적 아버지'를 뜻한다. 향후 21세기 한국사회는 후기근대사회 현상의 심화 및 가속화를 경험할 것이기에 이 '가부장적 아버지' 개념은 다양한 도전과 비판에 직면할 수밖에 없다. 최근 '아버지' 또는 '가부장적 아버지'를 주제로 논한 대부분의 글은 가부장적, 권위주의적 아버지 상(像)은 후기근대사회에서 더 이상 수용될 수 없는 전근대 혹은 근대적 유물이라는 것과 후기근대사회는 보다 대화적이고 참여적인 아버지 상(像)을 필요로 함을 역설한다.[1]

이러한 글들은 대부분 전통적, 가부장적 아버지의 권위는 이제 더 이상 그 자녀나 배우자에게 용납될 수 없는 형편에 이르게 되었다는 실용적, 공리적 이유를 내세워 가부장적 아버지 위상을 바꾸어 시대 변화에 새롭게 적응해야 한다는 주장만 펼 뿐, 새 시대가 요청하는 새로운 가족관계성에 대한 이론적 논거 또는 새로운 가정교육을 위한 근본원리를 제시하지 못하고 있다. 대부분의 논의는 새로운 사회현상에 적응하기 위한 실용적 제안들을 제시하는 선에 머물고 있다. 그러나 가부장적 아버지 및 전통적 가정질서를 비판하는 후기근대적 도전에 대해 보다 책임 있게 응답하기 위해서는 실용적, 공리적 주장들이 지니는 다음과 같은 논리적 한계성에 대한 보다 명확한 인식이 필요하다.

후기근대사회의 환경적 변화가 일부분 영향을 미치긴 하겠지만 그럼에도 불구하고 자신의 우월한 능력으로 여전히 가정 내에서 힘과 권한을 행사할 수 있는 지위를 확보한 아버지들은 종래의 권위주의적 태도를 유지시키고자 한다는 것이다. 이처럼 실질적 힘을 가지고 가부장적 권위를 유지하려는 아버지들에게 사회변화에 맞춰 적응하라는 주장은 별 설득력을 지니지 못한다.

또한 아버지 한 사람의 태도변화만으로는 새 시대가 요청하는 새로운 가정질서 정립을 기대하기 어렵다는 것이다. 아버지뿐 아니라 어머니, 자녀 등 가족구성원 전체가 가정 내에서의 자기역할 및 위상을 새롭게 자각하고 가족구성원 간의 상호 역동적 보완 및 친밀관계의 중요성을 인식하는 것이야말로 새로운 가정질서 구축에 선행되어야 할 조건이기 때문이다.

다른 사회 문제와 마찬가지로, 가정 문제 역시 가정 자체만을 위해 가정이 존재한다는 편협한 가족주의(familism)에서 벗어날 수 있을 때 가정 존립 및 행복의 필요성과 정당성을 담보하는 상위적 논거 틀을 확보할 수 있다. 가정을 가정 자체만의 문제로 보거나 가정을 둘러싼 사회와의 실용적, 공리적 관점에서만 다루게 되면 가정이 사회, 세계, 역사를 향해 지니는 개인 및 공동체적 삶의 근본 의미와 목적이라는 거시적 관점을 놓치게 되기 때문이다.

후기근대사회 가정 문제에 대한 실용적, 공리주의적 접근이 빠져드는 이러한 문제들은, 후기근대사회 가정 문제를 단순히 현상적 차원에서 다루기 때문에 생겨난다. 다른 주제들과 마찬가지로 가정 문제 역시 현상 차원보다는 근본 차원에서 다루게 될 때 문제의 핵심과 뿌리를 인식하게 되고, 따라서 그러한 문제 해결을 위한 근본 대책을 발견할 수 있는 가능성이 열리는 것이다. 그렇다면 가정 문제를 현상 차원이 아닌 근본 차원에서 다룬다는 것은 무엇을 의미하는 것일까? 그것은 인간 개인 및 실존에 대한 이해, 인간과 인간 사이의 관계성에 대한 이해를 포함하는 것이며 보다 구체적으로는 남편과 아내의 관계성, 부모와 자녀의 관계성에 대한 인간학적, 신학적, 교육학적 성찰을 의미한다. 이러한 토대 위에서, 가정은 가정의 행복뿐 아니라 사회 및 역사가 지향하는 보다 근본적 상위목적을 이루기 위해 필요한 핵심 기관임을 보여 줄 수 있을 때 비로소 가정존립의 정당성,

가정행복의 필요성을 담지하는 모판(matrix)을 확보하게 된다.

가정에 대한 이러한 기본 이해에 근거해서 본 장은 인간 개인 및 인간 관계의 근본 틀, 그리고 인간 개인이 모여 이룬 기초단위로서의 가정의 근본 목적에 대해 기독교는 어떠한 응답을 제공하는지 그리고 이러한 응답은 21세기 후기근대 기독교가정교육을 위해 어떠한 근본원리를 제공해 주는지 고찰해 보고자 한다.[2]

I. 후기근대사회의 도전과 위기

후기근대화 시대를 맞아 가정의 형태와 내적 삶의 모습에는 어떠한 변화가 올 것인가? 모든 미래에 대한 예측이나 미래학이 그러하듯 가정에 대한 예측 역시 크게 비관론과 낙관론, 두 방향으로 나뉜다.

『다가오는 세계변혁』(The Coming World Transformation)의 저자 런드버그(Ferdinand Lundberg)는 장차 21세기의 가정은 "소멸하기 직전"의 상황에 놓일 것이라고 예측한다. 한편, 정신분석학자 울프(William Wolf)는 현대 가정은 이미 "어린아이를 기르는 1~2년을 제외"하고는 죽은 것이나 다름없는 형편이며 21세기에 들어서면 이러한 상황이 더 악화될 것이라고 주장한다.[3] 또한, 이미 후기근대 현상으로 나타나는 DINK(Double Income, No Kid)족, YIFFIE(Young, Individualistic, Freeminded, Few)족의 등장과 그들의 출산기피 현상, 최근 논란이 되고 있는 복제인간의 출현 가능성 등은 21세기를 '가정위기의 시기'로 볼 만큼 불길한 전조를 이룬다.[4]

반면, 낙관론자들은 21세기 탈근대시대에 들어서게 되면 가정은 새로운 황금기를 맞게 될 것이라고 주장한다. 후기 산업사회 즉, 정보화 시대가 본격적으로 열리게 됨에 따라 전체 생산체계의 기본개념이 바뀌면서 중심축이 기업으로부터 가정으로 이동한다는 것이다.[5]

즉, 생산형태가 하드웨어 중심에서 소프트웨어 중심으로 바뀌면서 기업이 SOHO(small office, home office)화 되고 재택(在宅)근무가 보편화될 것이라는 주장이다. 이렇게 되면 자녀교육 역시 컴퓨터를 통한 인터넷 수업, 화상 수업 등에 의해 재택교육이 가능해질 것이다. 결국, 가정은 생활 및 휴식공간은 물론, 생산 및 학교 기능을 수행하는 복합공간으로 바뀌게 될 것이기에 21세기는 오히려 가정의 황금기가 될 것이라는 낙관적 예측도 가능하다.

이는 마치 근대사회가 막을 내리면서 전근대적 삶의 형태를 반복하는 역사의 회귀현상처럼 보일 수도 있다. 하지만 이것은 피상적 관찰에서 나온 판단에 불과하다. 한때 근대화 과정 속에서 가정의 생산기능, 교육기능, 치유기능 등을 모두 전문기관(회사, 학교, 병원)들에게 넘겨주고 가정은 축소된 수동적 휴식의 장소로 전락해 버렸다가 21세기가 되어 인터넷을 통한 가정의 정보인프라 구축이 가능해짐으로써 가정 내에서 이러한 일들이 다시 이루어질 수도 있다.

그러나 이 두 제도가 '가정 내에서의 생산과 소비'라는 외적 형태는 유사할지 모르지만, 그 내용 및 질적 성격은 전혀 다른 제도임을 간과해서는 안 된다. 전근대시대의 대가족은 가부장을 중심으로 전 가족이 같은 일에 매달리는 공동생산의 형태였다면 탈근대시대의 가족은 각자가 자신의 일을 따로 수행하되 가정이라는 물리적 공간만 함께 공유하는 개인업무 수행의 형태가 될 것이기 때문이다.[6]

이처럼 21세기가 근대 핵가족 제도의 '해체'로 나아가든지, 아니면 근대 핵가족 제도의 '수정'으로 나아가든지, 한 가지 분명한 사실은 21세기 탈근대화 시대(post-modern era)는 '탈핵가족'(post-nuclear family)화 현상이 점점 가속화되는 시기일 것이라는 점이다.[7] 결국 21세기 탈근대화 시대는 탈핵가족화를 향해 나아가면서 가정을 위한 새로운 틀과 질서를 필요로 하는 시기가 될 것임에 틀림없다.

II. 가족형태 및 내적질서의 변화

먼저 전근대사회의 가부장적 대가족제도를 한번 살펴보자. 이러한 가족 형태는 고대 원시공동사회 이래로 남자 어른을 우두머리로 하여 3, 4대에 이르는 대가족이 모두 공동생산과 공동소비에 참여하는 대가족제도이다.[8] 이러한 가정의 질서는 가부장의 절대권위에 대한 가족구성원의 절대복종에 의해 유지된다. 따라서 모든 의사를 결정함에 있어 가부장만이 권한의 독점과 함께 절대적 권위를 가진다.

한편 17~18세기 계몽주의 출현 이후 시작된 근대화 프로젝트(이동성, 급변성, 전문성, 분업화를 바탕으로 한 생산과 소비의 이원화)가 시작됨에 따라, 대가족제도는 핵가족 제도의 형태로 전환된다. 이러한 핵가족 제도하에서는 가장(아버지)이 가족의 생계를 전적으로 책임지는 만큼 여전히 가장에게 배타적, 독점적 절대권한이 부여된다.[9] 그러나 가부장적 대가족과는 달리 핵가족 제도하에서의 가정은 단순히 소비의 장소일 뿐 생산은 직장에서만 이루어지기 때문에 가장은 대부분의 시간을 직장에서 보내게 되고 가사 일은 전적으로 주부(어머니)에게 맡겨진다.

20세기 후반, 특히 1970년대 이후에 들어와 근대성의 한계 및 문제점들이 나타나면서 탈근대주의(postmodernism)가 새로운 시대사조로 등장한다. 이후, 탈근대적 양상은 사회 각 분야에 그 모습을 드러내기 시작하며 가정형태에도 변화를 가져오게 된다. 근대사회의 가장중심적 핵가족 내에서는 가장만이 생산활동의 주체가 되었으나 20세기 후반에 들어와서는 부부가 모두 생산활동에 참여하는 맞벌이 형태가 사회에 도입, 확산되기 시작한다.[10]

따라서 DINK족, YIFFIE족은 말할 것도 없고 정보인프라 구축을 통한 생산-소비 복합가정에서조차 가족보다는 구성원 개개인의 자유, 권리, 선호도가 중요해짐으로써 점차 개인주의, 자기중심주의가 만연함에 따라 가정에도 심각한 변화를 초래하게 된다. 결국, 대가족(large family)에서 핵가족(nuclear family)으로, 핵가족에서 탈핵가족(post-nuclear family)으로의 세포분열적 전환으로 인해 개인의 자유와 선택권은 증가되지만, 인간 삶의 기본 공동체인 가정마저 붕괴, 와해되는 결과를 초래하게 될지도 모른다.[11] 전근대 및 근대시대에는 가족공동체가 강조된 대신 개인의 자유 및 선택권이 간과되었다면, 탈근대시대에는 개인의 자유 및 선택권이 강조되는 대신 가족 공동체의 존립이 위태로워지는 상황이 새로운 사회문제로 제기될 것이다.

그렇다면 21세기 탈근대시대 가정교육의 핵심은 "어떻게 개인의 자유와 선택권을 담보하면서, 동시에 '가정'이라는 공동체의 중요성을 함께 강조할 수 있을까?"의 문제로 그 초점이 모아진다. 이는 곧 개인과 공동체라는 양극을 하나로 묶어내는 창조적 관점이 필요함을 의미한다. 이를 위해서는 개별성과 전체성, 개체성과 공동체성, 다양성과 일치성, 사적 공간과 공유공간을 함께 아우를 수 있는 상위의 중재적 실재(mediating reality)가 전제되어야 한다.[12]

이러한 조화와 균형의 중재적 실재는 7가지 무지개 색을 분광하는 프리즘(prism), 모자이크를 가능케 하는 밑그림(design), 다양한 과일을 함께 담아 주는 샐러드 보울(salad-bowl), 심포니 오케스트라에 질서를 주는 음조(key, 音調)처럼 '개별적 요소들'을 하나의 '의미 있는 전체'로 수렴해 주는 것이어야 한다. 21세기 후기근대 기독교가정교육의 핵심과제는 "이러한 상위의 중재적 틀을 어디에서 어떻게 발견하느냐?"는 문제로 집약된다. 기독교가정교육을 위한 상위의 중재적 틀은 기독교 전통(text)에 부합하는 동시에 21세기의 시대적 정황(context)에 맞아 떨어지는 것이어야 할 것이다.

이처럼 본문내용(textuality)과 정황성(contextuality), 전통과 현대, 신앙과 학문, 신성(神性)과 인성(人性)의 첨예한 대립을 신학적 중심주제로 삼고 그에 대한 설득력 있는 변증법적 논리를 펼치는 신학자 중에 칼 바르트(Karl Barth)가 있다. 그는 주경적 신학방법론을 택하는 동시에 근대정신 및 후기근대정신 즉, 인간의 개별성, 자율성, 자유와 평등의 문제를 성서적, 신학적으로 심도 있게 다루고 있다. 그는 또한 인간 개인은 물론 가정의 핵심 구성원인 남자와 여자, 남편과 아내, 부모와 자녀의 관계성을 신론과 기독론을 중심으로 책임 있게 다루고 있기에 후기근대가정문제에 대한 응답과 통찰을 제공하는 신학자로 연구해 볼 만한 가치를 지니고 있다.[13]

III. 후기근대 기독교 가정질서 정립을 위한 신학적 기초

1. 칼 바르트와 후기근대 가정질서의 상관성

바르트는 흔히 조직신학자 또는 교리신학자로 알려져 있다. 하지만 그는 하나님의 속성과 계시 자체가 하나님 형상대로 지음 받은 인간이 어떠한 존재인가를 보여 줄 뿐 아니라, 인간 개인 및 인간 삶이 어떻게 영위되어야 하는가를 보여 준다는 확신 속에서 『교회교의학』(Die Kirchliche Dogmatik, 1948-1959)을 저술하였다. 이런 면에서 그는 조직신학자인 동시에 윤리학자이며, 기독교가 인간의 삶 속에 어떻게 적용, 실천되어야 하는가에 대해 지대한 관심을 지닌 실천적 신학자이기도 하다.

한편 바르트의 신학과 윤리가 너무 보수적, 초월적, 성서적이어서 후기 현대 사상과는 맞지 않는다고 비판하는 사람들도 있다. 하지만 존 맥커내치(John McConnachie)는 『교회교의학』을 비판하는 많은 사람들이 사실은 다음과 같은 오류 때문에 그릇된 비판을 제기하고 있다고 지적한다.[14] 그것은 바르트 신학의 전체적 맥락을 올바로 이해하지 못한 데서 오는 오류이거나 또는 특정 이슈나 주제에 대해 함축적 뉘앙스(nuance)를 가지고 풀어 나가는 바르트 특유의 변증법적 논리를 바로 이해하지 못한 데서 오는 오류에 기인한다는 것이다.

오히려 한스 발타잘(Hans Balthasar)은 바르트의 『교회교의학』이 현대 및 미래사회를 위해 "매우 창조적인 통찰"을 제시해 주고 있다고 주장하면서 현대 및 후기현대사회의 문제해결을 위한 바르트의 공헌가능성을 확신한다.[15] 허버트 하트웰(Herbert Hartwell)은 바르트의 신학적 인간학이야말로 "신학 전체 노작 중에서 가장 뛰어날 뿐 아니라 가장 큰 시대적 예언력을 지닌 메시지"라고 평가한다. 또한 그는 바르트 신학이 "세상의 실제적 문제와 직접적 관련이 없는 사변적 체계라는 평가는 대단히 잘못된 오해"라고 반박한다.[16] 한편, 토마스 오든(Thomas Oden)은 "바르트야말로 인간 문제, 인간의 정의(定義), 진정한 인본주의, 인간에 대한 진정한 긍정적 이해를 위한 심오한 연구를 제공"[17]하고 있다고 역설하고 있다.

바르트의 『교회교의학』은 말씀론(I/1, I/2), 신론(II/1, II/2), 창조론(III/1-

III/4), 화해론(IV/1-IV/4) 등으로 구성되어 있으며 이러한 주제들을 삼위일체론 신학(trinitarian theology)과 그리스도의 성육신 신학(incarnational theology)이라는 신학방법론을 중심으로 구성해 나간다.[18] 그의 신학적 인간론 역시 삼위일체론적 신론과 양성론적 기독론의 토대 위에서 논의되고 있다. 이제 바르트의 삼위일체론적 신론과 양성론적 기독론을 중심으로 조명된 남자와 여자, 남편과 아내, 부모와 자녀의 관계 및 질서에 대한 비판적 연구를 통해 기독교는 후기근대사회 가정문제에 대해 어떠한 대안을 제시할 수 있는가 살펴보기로 하자.

2. 바르트의 신학적 유비(類比)에 나타난 하나님-남자-여자의 관계성

1) 존재의 유비(Analogia Entis)

바르트는 예수가 하나님의 성육화된 계시이기에, 그는 또한 하나님의 형상을 따라 창조된 인간의 본성을 이해할 수 있는 인지의 근원이 된다고 주장한다:

> 그[예수]에게는 우리에게 없는 평화와 명료함이 있다. 그에게는 우리를 위협하는 자기모순 없는 인성이 있으며 자기기만 없는 인성이 있다. …… 그리스도에 의한 죄 사함을 통해 하나님에 의해 창조된 본래의 인간의 모습을 볼 수 있는 용기와 가능성이 열린다. 결국, 그리스도는 참된 신학적 인간학의 근거가 된다.[19]

바르트에게 있어서 유비란 서로 다른 두 실재 사이에 일종의 상응하는 유사성이 있음을 의미한다. 이 두 실재는 결코 같은 것이 아니며 질적으로 다른 것임을 기억해야 한다. 하지만 이 두 가지 다른 실재 사이에는 서로 상통하는 유사성이 존재하기에 '유비'라는 말을 사용할 수 있다.

바르트는 다음과 같은 이유로 인해 존재의 유비를 받아들일 수 없다고 주장한다.[20]

첫째, 존재의 유비는 하나님과 인간의 차이를 질적 차이가 아닌 양적 차이로 만들어 버린다.

둘째, 존재의 유비는 하나님의 은총, 즉 하나님과의 만남 없이도 하나님의 계시를 인간이 스스로 받아들여 이해할 수 있다는 인본주의로 이끌어 간다.

셋째, 존재의 유비는 세상의 생명을 하나님의 생명으로까지 끌어올림으로써 인본주의적 종합을 시도하며 그 결과 전적 타자로서의 하나님의 초월의 차원이 잠식된다.

넷째, 존재의 유비는 하나님의 인격성, 즉 'I' 또는 'Thou'를 비인격적 'It'으로 만들며 하나님과 인간의 관계를 역동적인 것으로 보기보다는 정적인 것으로 만들어 버린다. 즉 인간과 세계를 자연적으로 진화하는 비인격적 구속의 과정으로 이해하려 시도한다.

바르트는 존재의 유비가 지닌 이러한 인본주의적 문제점을 지적하면서도 인간이해를 위한 하나님과의 유비 자체를 결코 포기하지 않는다. 오히려 존재의 유비가 지닌 문제점을 신앙의 유비라는 인식론적 차원과 관계의 유비라는 존재론적 차원을 통해 극복함으로써 성서의 증언에 충실하면서도 경험적으로 타당한 인간이해에 중요한 공헌을 하고 있다.

2) 신앙의 유비(Analogia Fidei)

인식론적 유비, 즉 신앙의 유비는 하나님의 계시를 인간이 받아들이고 이해하는 인간의 계시 수용 및 이해방식과 관련이 있다.

> 우리가 하나님을 알 수 있다면 그것은 하나님으로부터 부여받은 특별한 방법에 의해서만 알 수 있다. 그것을 떠나서는 결코 하나님을 알 수 없다. 우리가 하나님을 안다는 것은 우리 자신의 견해, 개념, 말 등을 가지고 하나님 아닌 어떤 것을 설명할 수 있음을 뜻하지 않는다. 그것은 하나님으로부터 부여받은 수단과 방법에 의존하여 하나님의 모습을 있는 그대로 묘사하고 설명할 수 있음을 의미한다.[21]

하나님을 아는 지식은 그리스도를 통한 하나님의 자기 노출과 맞닥뜨리는 사건을 통해 생겨난다. 이것이 곧 성서가 증언하는 신앙이다. 신앙은 "하나님의 결정행위에 상응하는 인간의 결정행위"[22]이기도 하다. 하나님의 자기노출 및 결정행위는 그리스도를 통해 일어난다. 따라서 그리스도는 "하나님의 은혜이기에 하나님 편에서건 인간 편에서건 하나님을 알 수 있는 지식, 또는 하나님을 이해 가능케 하는 원천"[23]인 것이다.

그리스도는 성령의 역사를 통해 인간의 언어를 신적 언어로 성화, 변형시킨다.[24] 그리스도는 성령의 역사를 통해 인간 언어라는 형식 속에 하나님의 말씀이라는 내용을 채워 넣음으로써 인간언어가 신적 언어가 되게 한다. 하지만 그럼에도 불구하고 그것은 여전히 인간의 언어임에 틀림없다. 따라서 인간의 언어는 존재의 유비가 아닌 신앙의 유비 속에서만 하나님의 말씀으로 받아들여지는 것이다. 인간은 "하나님의 말씀"이라는 유비적 매개를 통해 하나님을 이해할 수 있다. 이러한 하나님의 말씀은 세 가지 모습, 즉 '선포된 말씀', '기록된 말씀', '계시된 말씀'이라는 세 가지 형태를 통해 전달된다.[25]

3) 관계의 유비(Analogia Relationis)

바르트의 유비적 사고가 지니는 존재론적 차원은 관계의 유비를 통해 설명된다. 관계의 유비를 통한 시도가 곧 하나님이란 신적 존재와 인간 존재를 상호 비교하는 것은 아니다. 바르트의 유비적 사고의 바탕을 이루는 존재론적 기본 원리는 다음과 같다. 활동하지 않는 존재는 실제적 존재라 할 수 없다. 따라서 관계의 유비에서 말하는 존재는 정적 존재가 아닌 역동적 존재를 의미한다. 그렇다면 존재는 곧 "활동하는 존재"인 동시에 "다른 존재와 관계를 맺어 나가는 존재"[26]라 할 수 있다.

하나님은 역동적으로 활동하시는 존재이다. 그리스도를 통해 계시된 하나님은 관계 속에서 자기 자신은 물론 인간과도 관계를 맺으시는 분이다.

> 분명 하나님은 한 분이시다. 하지만 그분은 홀로 있는 분은 아니다. 그분 안에는 공존과 상호성이 있다. 하나님의 내적 형태는 결코 단순하지 않다. 그분은 그의 본질의 단순성 속에 아버지, 아들, 성령이라는 3중성을 지니고 있다. 그분은 자기가 자신의 근원인 동시에 자신의 목표이기도 하다. 이런 면에서 하나님은 스스로 자신을 세우고[성부], 자신에 의해 세워지며[성자] 또한 자신을 증거[성령]한다. 그분은 영원히 사랑하는 분이고, 영원히 사랑받는 분이며 또한 영원한 사랑 그 자체이시다. 이러한 삼위일체성 속에서 그분은 모든 '나-너'의 인격적 관계의 근원인 동시에 원형이 되는 분이다. 삼위일체 하나님에 있어서 '나'는 '너'로부터 영원히 나오며 그 '나'는 '너'에게로 영원히 돌아가는 동시에 또한 영원한 '나' 그 자체이시기도 하다.[27]

하나님의 형상을 따라 지음 받은 인간의 본래적 모습은 성부, 성자, 성령 사이에 나타나는 바로 이러한 '나-너'의 관계성이었다고 바르트는 주

장한다:

> 인간을 위하시는 하나님이 예수의 인성을 통해 시간 속에 나타난 영원한 언약이라면 이 언약을 위한 하나님의 창조는 하나님 자신의 속성과 부합되는 관계성을 역사 속에 또한 만들어 내신다. 하나님은 자기 자신의 내적 속성과 일치하는 관계성을 자신의 외부적 활동 속에 그대로 나타내 보이시는데 바로 이를 위해 그는 자신의 형상을 닮은 대상[인간]을 창조하신 것이다.[28]

바르트에게 있어서 하나님이 자신의 형상을 따라 인간을 만드신 것은 곧 인간을 남자와 여자로 만드셨음을 의미하며 남자와 여자의 관계성은 곧 성부, 성자, 성령의 관계성을 원형으로 한 상호 공존성 및 상호 보완성, 즉 '나-너'(I and Thou)의 관계로서 지음 받았음을 의미한다.

3. 후기근대가정을 위한 내적 질서

창조론의 마지막 권인 『교회교의학』 III/4의 세 번째 절 "친교 속의 자유"[29]라는 부분에서 바르트는 가정질서의 수평축인 '남편과 아내'(남자와 여자), 수직축인 '부모와 자녀', 그리고 교회와 사회를 일종의 확대된 가정으로 인식할 수 있는 가능성으로서의 '가까운 이웃'과 '먼 이웃'에 대해 다루고 있다. 바르트의 이러한 세 가지 관계성을 구축하는 근본틀은 전술한 대로 하나님의 삼위일체 신학에 기초한 하나님의 내적 삼위일체적 관계성과 그리스도의 성육신 신학에 기초한 하나님의 외적 언약적 관계성이라는 두 축으로 이루어져 있다.

그리스도의 성육신 신학에 기초한 하나님의 외적 언약적 관계성은, 하나님의 형상대로 지음 받은 인간으로 하여금 하나님의 언약 동반자(covenant-partner of God)가 되도록 하시는 하나님의 은혜와 사랑을 의미한다. 이러한 은혜와 사랑을 통해 하나님과 연합한 하나님의 형상으로서의 인간은 하나님의 내적 삶, 즉 하나님의 내적 삼위일체적 삶을 개인 및 공동체의 삶 속에서 구현해 나가게 된다. 이러한 역동성은 사람을 구성하는 기본 양성인 남자와 여자, 남편과 아내 속에 나타나고 두 사람의 결합을 통해 태어난 생명인 자녀와의 관계성 속에 나타나며 나아가 확대된 가정으로서의 이웃과의 만남과 삶을 통해 확산되도록 부름 받고 있다는 것이다.

1) 남편과 아내의 관계성

하나님이 사람을 남자와 여자로 만들었다는 것은 하나님 자신이 성부-성자-성령의 관계적 존재인 것처럼 사람 역시 남자-여자의 관계적 존재로 지어졌음을 의미한다. 이는 곧 인간의 남-녀 관계성은 하나님의 성부-성자-성령 관계성의 특성을 그 속에 반영하도록 창조되었음을 또한 의미한다. 그러나 인간의 타락으로 말미암아 하나님의 형상은 변질, 왜곡되었고 그에 따라 인간의 남-녀 관계성 역시 변질, 왜곡되었다고 성서는 증언한다.[30]

바르트는 남자와 여자, 즉 남편과 아내의 관계성에 대해 다음과 같이 두 가지 방식의 설명을 동시에 제공하고 있다.

첫째, 인간의 남-녀 관계성은 하나님의 성부-성자-성령의 관계성과 동일하지는 않지만 유사한 유비적 관계에 있다.[31] 신학뿐 아니라 인문과학 역시 인간이 하나님의 형상대로 지음 받았음을 밝혀내는 데 공헌하고 있음을 인정한다. 하지만 인간의 타락과 죄 때문에 인간의 이성이나 학문적 노력만으로는 하나님을 인식하거나 하나님의 뜻을 온전히 이해할 수 없는 한계를 지니고 있다. 인간의 이러한 한계적 상황 속에서 하나님은 그의 은총과 사랑에 기초한 계시, 즉 예수 그리스도의 삶, 죽음, 부활을 통해 그 자신을 드러내시며 그의 뜻을 인간에게 보여 주신다. 이것은 곧 성부-성자-성령의 자신을 내어 주는 사랑(self-giving love)에 의한 창조와 구속, 성화와 영화의 과정을 의미한다. 인간은 하나님의 자신을 내어 주는 사랑을 경험함으로써 이러한 사랑을 삶 속에서 실천할 수 있는 가능성을 얻게 된다. 하나님의 형상대로 지음 받은 남자와 여자, 즉 남편과 아내 역시 하나님과의 관계 회복을 통해 서로를 내어 주는 사랑을 가정 속에서 실천할 수 있도록 역동화된다. 이러한 역동화는 남편과 아내의 위치 및 역할, 관계성이 하나님의 내적 삶과 상응하는 것이 되도록 촉구한다. 성부-성자-성령 사이에는 어떠한 상하와 우열 없이 철저히 대등하고 평등한 것처럼 남편과 아내 사이에도 어떠한 상하, 우열 없는 평등함이 존재한다는 것이다. 둘째, 하나님의 형상대로 지음 받은 인간은 하나님의 모작(模作, copy)으로서 하나님은 인간의 원형(原型, prototype)으로서 본래 상호 유기적 관계성을 지니고 있다.[32] 하나님과 인간의 관계성은 마틴 부버(Martin Buber)의 나-너(I-Thou)의 관계성과 같은 것으로 묘사된다. 하나님과 인간의 이러한 상호 유기적 관계성은 하나님의 계시로서 세상에 오신 예수 그리스도의 신성과 인성의 상호 유기적 관계성을 통해 예시된다. 신성은 '하나님의 아들'로서의 예수의 모습을 보여 주는 것으로서 예수의 성육신의 목적을 제시해 준다. 반면 인성은 '사람의 아들'로서의 예수의 모습을 보여 주는 것으로서 이를 통해 성육신의 목적을 실현시켜 준다. 즉, 예수의 신성은 그 자신 안에 하나님의 내적 삼위일체적 생명이 있음을 보여 주는 반면, 예수의 인성은 하나님의 형상대로 지음 받은 인간으로 하여금 이러한 생명에 참여하고 이러한 생명이 서로의 관계 속에 역동화되도록 해 준다. 하나님의 속성으로서의 신성은 인간의 속성으로서의 인성에 대해 일종의 상위적 위치를 차지한다.

하나님이신 그분이 인간의 자리에 서 계시며 또한 인간이신 그분이 하나님의 자리에 서 계신다. 이처럼 그리스도 안에서 하나님과 인간, 인간과 하나님은 하나로, 전일체로, 그러나 질서를 가진 관계로(ordered relation) 연합되어 있다. 이러한 관계는 상위와 하위, 주권과 봉사, 명령과 복종, 지도력과 협력의 관계이다.[33]

이러한 상위와 하위, 주권과 봉사의 상호 유기적 연합의 형태가 곧 그리스도의 성육신이요 또한 인간을 향한 하나님의 언약적 관계인 것이다. 그리스도의 본성에 있어 신성 없는 인성이나 인성 없는 신성을 생각할 수 없는 것처럼, 하나님과 인간의 언약적 관계에 있어서도 하나님 없는 인간이나 인간 없는 하나님은 전혀 있을 수 없다. 이 둘은 상호 유기적, 협력적, 보완적 관계에 있다. 마찬가지로 남자와 여자, 남편과 아내 역시 서로가 서로를 필요로 하는 상호 필수불가결한 관계인 동시에, 유기적, 협력적, 보완적 관계임에 틀림없다. 하지만 하나님과 인간의 언약관계에 있어 하나님이 인간에 대해 상위적 위치에 있는 것처럼, 남자와 여자의 언약, 즉 결혼관계에 있어서도 남편이 아내에 대해 상위적 위치에 있다고 바르트는 주장한다.[34]

바로 여기에 해결되어야만 할 문제가 제기된다. 남자와 여자, 남편과 아내의 상호 관계성에 대한 바르트의 첫 번째 설명과 두 번째 설명 사이에 논리적 모순이 들어 있지 아니한가 하는 것이다. 첫 번째 설명에서는 하나님의 삼위일체 신학에 근거한 남편과 아내의 철저한 평등성을 주장한 반면, 두 번째 설명에서는 그리스도의 양성론적 성육신 신학에 근거하여 남편이 아내에 대해 일종의 상위성이 있음을 주장하기 때문이다. 바르트 자신도 이러한 문제의 가능성을 인지하고 남편의 아내에 대한 상위성이 일방적이거나 강압적인 것이 아니라 상호적, 인격적, 자발적인 것이라고 단서를 붙인다.

> 남자가 여자에 대해 상위의 위치에 있다는 것, 그래서 여자에 대해 우월한 위치에 있다는 것, 그것이 여자에 대해 어떤 본질적 특권이나 특혜 또는 일종의 자기영광(self-glorification)을 차지해 누릴 수 있음을 의미하는 것은 아니다. …… 남자가 여자를 동료인간으로 인정하고 받아들일 때 비로소 그는 여자에 대한 우선적 위치를 인정받게 되며, 만일 여자가 그의 우선적 위치를 인정하고 따라 주지 않는다면 그것은 무효화될 수밖에 없다.[35]

바르트는 이처럼 남자와 여자 사이에 있는 상위, 하위의 질서를 언급하면서도 남자와 여자의 동등성, 평등성을 함께 주장해야 하는 논리적 어려움을 지니고 있다. 이러한 논리적 모순의 위험을 알면서도 바르트가 명확한 해결책을 제시하지 못하는 이유는 무엇일까? 그 이유는 하나님과 인간의 질적 차이, 그리스도의 신성과 인성의 차등성, 즉 인간은 그의 존재와 실존의 기원이 하나님께 있음을 결코 잊지 말아야 함을 강조하고자 하는 데 있다. 하나님의 외적 언약적 관계성이 지닌 비대칭성(asymmetrical relationship)을 하나님의 피조물로서의 남자와 여자의 관계 속에 반영하려다 보니 하나님과 인간 사이에 들어 있는 상위, 하위의 위계를 남자와 여자 사이에 치환시키면서 동시에 남자와 여자의 평등성을 주장해야 하는 논리적 어려움과 모순을 안게 된 것이다.

이에 대해 알렉산더 맥켈웨이(Alexander McKelway)는 다음과 같이 그의 견해를 피력한다.

창세기 1:27의 증언처럼 남자와 여자의 관계성이 하나님의 형상을 따라 창조된 것이라면 그것은 즉 하나님의 내적 삶[내적 삼위일체의 관계성]을 반영하는 것이어야 한다. …… 자신의 정체성을 잃지 않으면서 동시에 대등하고 평등한 상호 역동적 나눔과 교환이 남자와 여자의 관계성 속에 나타나야만 한다는 것이다. 그렇다면 『교회교의학』 III/4의 특별윤리 항목에 나타난 남자와 여자 사이의 위계적 구조는 바르트 자신의 삼위일체론적 기독론에 의해 수정되어야 한다.[36]

결국 바르트의 문제는 하나님의 내적 삼위일체적 관계성과 외적 언약적 관계성이 지닌 질적, 구조적 차이를 알면서도 이 둘을 남자와 여자의 관계성에 함께 적용하는 데서 발생한 상호충돌인 것이다. 바르트의 이러한 논리적 상호충돌을 해결할 수 있는 방안은 없을까?

문제 해결은 하나님의 내적 삼위일체적 관계와 외적 언약적 관계 사이의 공통점과 아울러 차이점을 인식하는 데서 시작된다. 공통점은 내적 삼위일체적 관계나 외적 언약적 관계 모두 참여하는 실재들 사이에 양방향적 역동성, 자기희생적 사랑의 나눔이 있다는 것이다. 한편, 내적 삼위일체적 관계 속에는 참여하는 실재들 사이의 대칭성 및 평등성이 있는 반면, 외적 언약적 관계 속에는 비대칭성 및 차등성이 있다는 점은 두 관계가 지닌 질적 차이를 드러낸다. 하나님의 내적 삼위일체는 하나님의 내적 삶의 모습을 드러낸다면 외적 언약은 그의 형상을 따라 지음 받은 인간과 관계를 맺기 위해 생겨난 것임에 주목할 필요가 있다. 남편과 아내의 내적 삶, 즉 그들과 사랑의 상호적 관계성은 하나님의 내적 삼위일체의 모습을 반영한다면, 그들의 형상을 따라 태어나는 그들의 자녀와의 관계성 속에는 하나님의 외적 언약의 모습이 반영될 수 있다는 논리가 성립된다.

남자와 여자의 관계성 사이에 존재론적 위계의 차이가 존재하는 것은 아니다. 단지 이 둘은 서로 다르기는 하지만 동등한 역할, 기능, 도움, 지지를 상호보완적으로 제공하는 것이다. 존재론적 위계의 차등성은 하나님과 인간, 부모와 자녀처럼 두 실재 간에 질적, 구조적으로 차등할 때에만 인정된다. 인간은 실존적, 존재론적으로 하나님께 의존되어 있고, 자녀 역시 실존적, 존재론적으로 부모에게 의존되어 있기에 이러한 비대칭적 관계성이 형성된다. 하나님의 영원한 사랑과 관심의 결정체로서의 인간의 상황이 하나님의 내적 삶에 중대한 영향을 미치는 것처럼, 부모의 사랑과 관심의 결정체인 자녀 또한 부모 개인 및 부모의 상호관계성에 지대한 영향을 미친다. 하지만 하나님이 인간에게 실존적, 존재론적으로 의존되어 있지 않은 것처럼 부모 역시 자녀에게 실존적, 존재론적으로 의존되어 있는 것은 아니다. 그러나 이러한 비대칭적 관계에도 불구하고 하나님은 인간에게, 부모는 자녀에게 자신을 내어 주는 사랑 속에서 인간과 자녀에 대한 책임과 의무를 스스로 떠안는다. 인간만 하나님을 섬기고 봉사하는 것이 아니라 하나님 역시 인간을 돌보고 인간을 위해 자신을 내어 준다. 따라서 자녀만 부모를 섬기고 순종하는 것이 아니라 부모 역시 자녀를 위해 끝없이 봉사하며 자신을 내어 주도록 요청받는다.

한편 남편은 아내를 사랑하고 돌보고 봉사하지만 아내에게 실존적, 존재론적으로 의존되어 있지 않으며, 아내 또한 남편을 사랑하고 돌보고 봉사하지만 남편에게 실존적, 존재론적으로 의존되어 있지 않다. 따라서 남편과 아내는 상호 돌봄, 사랑, 봉사, 섬김을 통해 서로에게 자신을 내어 주지만 남편과 아내는 평등하고 동등할 뿐 서로 상위, 하위 또는 다스림, 종속의 관계에 있지 않다. 그런데 왜 지금까지의 상황은 남자가 여자 위에 서고자 하고 남편이 아내보다 우위에 서고자 하는가? 이는 하나님의 원창조의 모습이기보다는 인간의 타락으로 인한 죄의 결과요 왜곡이라 할 수 있다. 바르트 역시 이를 지적하고 있다.

> 인간은 그리스도를 통해 나타난 하나님의 모습과는 다른 자세, 다른 태도를 취한다. 타락한 인간은 하나님의 질서를 위배할 뿐 아니라 거부하는 모습으로 나타난다. 그 결과 인간은 하나님의 질서와 정면충돌을 일으킨다. 이러한 인간의 모습은 하나님의 사랑에 근거한 예수 그리스도의 겸손에 대적하는 인간의 교만으로 나타나고 이러한 인간의 교만이야말로 인간의 죄가 지닌 대표적 속성이라 할 수 있다.[37]

2) 부모와 자녀의 관계성

창세기 5:1~3은 자녀들은 단지 하나님의 형상을 따라 새로이 지음 받는 것이 아니라 부모의 형상을 따라 태어난다고 기록하고 있다.

> 이것은 아담의 계보를 적은 책이니라 하나님이 사람을 창조하실 때에 <u>하나님의 모양대로</u> 지으시되 남자와 여자를 창조하셨고 그들이 창조되던 날에 하나님이 그들에게 복을 주시고 그들의 이름을 사람이라 일컬으셨더라 아담은 백삼십 세에 자기의 모양 곧 <u>자기의 형상과 같은</u> 아들을 낳아 이름을 셋이라 하였고[38]

이 말은 최초의 남자와 여자가 하나님의 형상을 따라 지음 받았고 하나님과 일종의 언약적 관계 속에서 살게 된 것처럼, 자녀는 부모의 형상을 따라 지음 받을 뿐 아니라 부모와 일종의 언약적 관계 속에서 살게 된다는 것이다.

하나님의 아버지 되심과 부모의 자녀에 대한 부모직(父母職)은 바르트의 관계의 유비 속에서 인정된다. 아버지-자녀의 관계가 유비의 객체라면 하나님-인간의 관계는 유비의 주체가 된다고 바르트는 주장한다.[39] 이때 부모는 하나님과 자녀 사이에서 이중적 위치에 놓이게 된다. 자녀 앞에서는 부모이지만 하나님 앞에서는 또한 자녀가 되기 때문이다. 자녀가 부모의 양육과 돌봄을 받아야 하는 것처럼 부모는 하나님의 지속적 양육과 돌봄을 필요로 한다. 따라서 인간의 부모직은 하나님의 부모직 모습을 그 속에 반영해야 한다. 부모는 자녀들을 출산할 뿐 아니라 참된 양육과 돌봄을 통해서 하나님의 계속적 창조와 양육, 돌봄의 사역에 동참하는 동반자가 되는 것이다.

> 부모가 자녀에 대해 책임져야 하는 것인 동시에 자녀가 또한 받아들여야 하는 것은 곧 인간을 향한 하나님의 행위[양육과 돌봄]인 것이다.[40]

이를 위한 기준과 증거는 그리스도의 삶과 행위이다. 예수는 하나님 아버지와 인간부모 모두에게 자녀로서 어떻게 행동해야 하는가 하는 모범을 보여 준다. 그것은 하나님의 뜻 안에서 부모를 공경하는 모습을 의미한다. 진리와 사랑 안에서 육신의 부모의 말을 청종하고 공경하는 것, 이것이 육신의 부모에 대한 하나님의 자녀로서의 모습이다. 진리와 사랑의 궁극적 원천과 전형이 그리스도에게서 발견된다.

성서는 우리가 그리스도 안에서 하나님의 자녀로 태어나야 할 필요성에 대해 언급한다.[41] 우리가 이미 하나님의 형상대로 지음 받은 하나님의 자녀이지만 죄와 욕심으로 왜곡된 모습에서 그리스도를 통해 본래의 모습으로 다시 태어날 수 있도록 하나님은 그리스도 안에서 우리를 부르고 계신다. 이 부름에 응답할 때 이미 하나님의 자녀였던(being) 인간이 그리스도를 통해 자녀다운 모습을 다시 회복함으로써 또한 자녀화 되는(becoming) 존재론적 역동성이 공존한다.

하나님을 아버지로 공경한다는 것이 부모님 공경을 결코 폐지하지 않는다. 오히려 하나님을 아버지로 섬기는 것은 부모님을 온전히 공경할 수 있도록 역동화시켜 준다.[42]

이처럼 신-인으로서의 양성론적 그리스도론이나 하나님의 외적 언약적 관계성은 부모와 자녀 사이의 관계성이 어떠해야 할 것인가를 보여 주는 하나의 규범 같은 역할을 한다. 이러한 규범은 다음과 같이 요약된다.

첫째, 부모와 자녀 사이에는 일치와 연합을 통한 교제와 동시에 혼합되지 않는 개별성이 공존한다.

둘째, 부모와 자녀 사이에는 상호 교환적, 양방향적, 그러나 비대칭적 관계성이 존재한다.

셋째, 부모와 자녀 사이에는 결코 취소되거나 깨어질 수 없는 언약적 관계성이 존재한다.

넷째, 자녀는 부모의 돌봄과 사랑을 통해 점차 성장하고 자라남에 따라 부모와 점점 더 많은 상호교환성과 양방향적 관계성을 가지게 되고 자신이 또다시 부모가 됨으로써 부모로부터 배우고 전수받은 것을 다음세대에게 되돌려 주도록 요청받는다. 이 모든 규범의 모델은 신-인으로서의 양성론적 그리스도와 하나님의 외적 언약적 관계성 안에서 찾아볼 수 있다.

전근대의 대가족제도나 근대의 핵가족제도하에서는 철저히 가부장중심의 권위주의적 가족질서가 유지되어 왔다. 가정의 대소사를 결정하고 가정을 이끌어 나가는 절대적 결정권, 힘, 권위가 전근대적 대가족제도하에서는 전체 집안의 최고 어른에게, 근대적 핵가족하에서는 아버지에게 주어져 온 것이다. 하지만 이제 후기근대시대를 맞아 맞벌이 부부, 재택근무, 자녀의 재택수업 및 부업을 통한 수입, 그 외에 과거엔 볼 수 없었던 다양한 후기근대적 가정형태로 인해 과거의 가부장적 권위에 의존한 가정질서는 더 이상 유지될 수 없는 한계상황에 이르게 되었다.

이러한 변화된 상황은 변화된 가정질서를 필요로 한다. 하지만 전술한 대로 변화된 상황에 현상적으로만 부합하려는 공리주의적 주장은 그 정당성과 설득력의 토대를 확보하기 어렵다. 따라서 변화된 상황에 적합할 뿐 아니라 인간 개인 실존 및 인간 사이의 근본 관계성을 밝혀 주는 신학적 인간학의 기본 틀을 찾아보고자 바르트의 신학적 인간이해에 대한 비판적 성찰을 시도하였다. 바르트에 의해 정의된 내적 삼위일체적 관계성이 삼위일체 하나님의 '내적 삶'(ad intra)의 모습이라면 외적 언약론적 관계성은 삼위일체 하나님의 '외적 사역'(ad extra)의 모습임을 생각할 때, 이러한 관계성에 기초한 기독교가정교육을 가리켜 '삼위일체론적 기독교가정교육'이라 명명할 수 있을 것이다. 이러한 삼위일체론적 기독교가정교육은 후기 근대사회에서 가정교육을 어떻게 수행할 것인가에 대한 기본 방향을 제시해 준다. 또한 후기근대사회의 도전, 즉 전통권위의 상실, 개인의 자유 및 선택권의 증대에 따른 가족 해체 및 붕괴의 위기 등에 대한 대안적 가능성을 그 속에 지니고 있다.

Ⅳ. 후기 근대 기독교가정교육을 위한 근본원리

커리큘럼 이론의 대표적 학자로 인정받는 캠벨 와이코프(Campbell Wyckoff)는 교수-학습이론 또는 교육과정의 평가 및 작성을 위한 기본틀로서 육하원칙에 근거한 질문에 응답하는 방법을 사용한다.[43] 와이코프의 이러한 방법론에 입각해서 21세기 후기 근대 기독교가정교육, 즉 삼위일체론적 기독교가정교육을 위한 근본원리를 제시해 보고자 한다.

1. 왜 교육하는가? : 교육목적(Purpose)

삼위일체론적 가정교육의 목적은 미시 및 거시의 양 차원으로 나누어 볼 수 있다. 먼저, 삼위일체론적 가정교육의 미시적 차원은 삼위일체 하나님의 존재방식과 사역방식, 즉 하나님의 내적 삼위일체적 역동성과 외적 언약적 역동성이 가족구성원 개개인과 가정 전체에 확산되도록 안내, 도전, 격려함으로써 가정 내에 참된 상호존중, 상호협력과 인격적 관계가 뿌리 내리도록 하는 데 있다.

이처럼 기독교 가정 속에 먼저 친교와 사랑의 역동성이 회복되고 나면, 이 변화의 역동성은 마치 누룩처럼 교회, 학교, 사회 속으로 퍼져 나가게 된다. 기독교 가정으로 하여금 친교와 사랑의 역동성을 통해 '변화와 은총의 매개체'(agent of transformation & divine grace)[44]가 되게 하는 것, 나아가 세상 속에서 하나님의 창조목적과 섭리를 회복시키는 것은 삼위일체론적 가정교육의 거시적 목적이라 할 수 있다.

2. 누가 교육하는가? : 교육주체(Subject)

삼위일체론적 가정교육은 근본적으로 가정의 주인 및 가정교육의 궁극적 주체(the Teacher)는 삼위일체 하나님임을 근본 전제로 한다. 어느 누구도 스스로 자기가 자기 자신이나 남편, 아내, 또는 자녀의 주인임을 주장할 수는 없다. 그 자신의 생명조차 스스로 얻은 것이 아니요 하나님으로부터 주어진 것이기 때문이다.[45] 그렇다면 가정 또한 남편이나 아내, 부모, 또는 자녀의 것이 아니요 그 가정의 주인은 하나님임을 인정할 수밖에 없다.

가정의 주인 되신 하나님은 결코 스스로 전제적 왕이나 절대군주로 군림하지 않는다. 그분은 상호 유기적 관계성, 상호 순환적 역동성, 상호 평등성을 지니고 있기에 그분 자신을 주인으로, 가장으로 인정하고 받아들이는 가정에 이러한 관계성, 역동성, 평등성이 움트게 하신다.

가정의 기초가 되는 남편과 아내는 하나님의 주인 됨을 인정하고 자신들은 하나님의 사역을 위한 청지기, 사역자임을 인식해야 한다. 청지기는 주인으로부터 위임받은 책임과 권한의 범위 내에서 사역하되 그러한 책임과 권한은 한정적이고(provisional) 의존적(contingent)임을 인정해야 한다. 따라서 부모들은 가정교육의 주체인 동시에 하나님과 교회로부터 지속적으로 위임 및 교육을 필요로 하는 가정교육의 객체이기도 하다.

자녀들 역시 하나님과 부모로부터 교육받아야 하는 교육의 객체이다. 하지만 이들을 수동적 객체에만 머물게 해서는 안 되며 가정교육의 공동 주체로 초청되어야 한다. 부모들이 자녀들 특유의 경험과 관점으로부터 새로운 도전과 통찰을 얻을 수 있는 가능성이 얼마든지 있기 때문이다. 특히 후기근대사회같이 급변하는 시대에는 새로운 문화, 상황, 정보와 관련하여 첨단 지식과 정보들을 자녀들로부터 제공받을 수 있는 가능성이 점증하고 있기에 더욱 그러하다.[46]

3. 언제 교육할 것인가?: 교육시기(Timing)

삼위일체론적 가정교육은 양적 시간(chronos)의 관점에서 보면 잉태의 순간부터 죽음의 순간까지 지속된다. 교육과 양육은 지속적 사회화(religious socialization)와 문화화(enculturation) 과정을 통해 이루어진다. 그중에서도 유아세례 및 입교, 입학 및 졸업, 학습 및 세례, 성년식, 군 입대 및 제대, 취직 및 결혼 등 인생의 나이테가 형성되는 시점이야말로 삼위일체론적 교육을 위한 에너지가 집중되어야 할 시기이다. 이러한 인생의 전환기는 인생을 보는 새로운 눈, 새로운 관점을 형성해 주기 때문이다.

질적 시간(kairos)의 관점에서 볼 때, 삼위일체론적 가정교육은 삼위일체 하나님이 자신을 열어 보여 주실 때, 즉 그분의 은혜와 임재가 느껴지는 순간들을 소중히 다루어야 한다. 개인 및 가족공동체가 유지해 오던 패러다임이나 가치체계가 어떤 한계에 부딪칠 때, 새롭게 다가오는 하나님에 의해 자기 존재의 기본 틀과 인식의 지평이 새롭게 구조화될 때, 그때가 바로 삼위일체론적 가정교육이 심화되는 교육에너지가 집중되는 때이다.

삼위일체론적 가정교육은 사회화를 위한 교육(socializational education)과 동시에 그리스도의 성품을 따른 변형 교육(transformational education)을 그 속에 함께 포함한다. 후기근대사회가 새롭게 제시하는 긍정적, 창조적 도전들을 기독교 전통 속에서 수용, 사회화하는 것 못지않게, 후기근대사회 문화의 부정적, 파괴적 요소들을 변혁해 나가며 인간의 왜곡들을 바로잡아 본래의 모습으로 정위(正位)시켜 나갈 필요가 있기 때문이다.

4. 어디에서 교육할 것인가? : 교육의 장(Field)

위에서 논의한 삼위일체론적 가정교육의 시기는 삼위일체론적 가정교육의 장과도 유기적 연관성을 지니고 있다. 양적 시간과 관련해서 일어나는 삼위일체론적 가정교육은 특정 활동이 이루어지는 장을 중심으로 교육이 행해져야 할 것이다. 예를 들면 유아세례 및 입교, 학습 및 세례는 교회와 가정을 중심으로 교역자, 부모, 당사자의 대화와 협력 가운데, 입학 및 졸업은 학교와 가정을 중심으로 교사, 부모, 당사자의 상호협력과 대화 가운데 교육이 이루어져야 할 것이다.

질적 시간과 관련해서 일어나는 교육은 그야말로 언제 어디에서 일어날지 미리 계획, 통제하기 어려울 정도로 개방적이며 역동적이다. 삼위일체론적 교육은 항상 "Expect for the Unexpected", 즉 예기치 못한 사건의 발생을 기대하라는 말처럼 교육의 장을 하나님의 임재와 현현을 향해 열어 놓는다.

삼위일체론적 가정교육이 용이하게 이루어질 수 있는 장을 조성하려면 기본적으로 다음과 같은 환경, 분위기를 필요로 한다.

첫째, 남편과 아내, 형제와 자매, 교사와 학생들 사이에 서로를 있는 모습 그대로 용납, 수용해 줄 수 있는 개방성이 있어야 한다.

둘째, 항상 양방향적이고 자유로운 의사소통이 유지되어야 한다. 무엇보다 자녀 및 학생이 자유롭게 참여할 수 있는 분위기가 유지되어야 한다.

셋째, 서로의 필요와 요구를 자연스럽게 표현할 수 있을 뿐 아니라 그러한 필요와 요구를 서로 채워 주고자 하는 상호신뢰에 기초한 애정과 사랑이 느껴져야 한다.

넷째, 어느 누구에게도 일방적, 절대적, 배타적 권위가 주어져서는 안 되며 스스로 결단할 수 있도록 인도, 안내받을 수 있는 자율적, 협력적 분위기가 필요하다.

5. 무엇을 교육할 것인가? : 교육내용(Scope)

삼위일체론적 가정교육 내용을 다음과 같이 5가지 관계성 정립을 중심으로 요약해 보자.

1) 하나님-가족구성원 개인 간의 관계 정립

하나님과의 만남을 통해 가족 구성원 개개인에게는 하나님과의 언약적 역동성, 즉 상호 역동적 비대칭적 통일성(mutual dynamic asymmetrical relational unity)의 관계를 회복할 수 있는 기회가 제공된다. 이를 통해 가족 구성원은 자신이 하나님의 형상을 따라 지음 받은 고귀한 존재임을 자각할 뿐 아니라, 하나님의 모작(copy)으로서 원형인 하나님과의 존재론적 의존관계(contingency) 유지의 필요성을 인식한다.

2) 남편-아내의 관계 정립

남편과 아내의 관계는 하나님의 내적 삼위일체적 역동성, 즉 상호 역동적 대칭적 통일성(mutual dynamic symmetrical relational unity)의 관계 위에 기초해야 한다. 이러한 관계는 부부간의 순환적 친교와 순환적 사랑을 통해 자유, 평등, 나눔이 이루어지는 기회를 제공한다.

3) 부모-자녀의 관계 정립

부모는 하나님을 주인으로 한 청지기로서 양육을 위탁받은 자녀들을 위해 언약적 역동성, 즉 상호 역동적 비대칭적 통일성의 관계를 회복할 수 있는 기회를 제공한다. 부모는 자녀에게 자신을 내어 주는 희생적 사랑과 함께 자녀의 자율적 인격성과 선택의 자유를 존중한다. 한편, 자녀는 스스로의 주체적 결단을 통해 부모님께 대한 존경과 순종을 배우는 기회를 얻게 된다.

4) 형제-자매의 관계 정립

형제와 자매의 관계 속에 하나님의 내적 삼위일체적 역동성이 반영되도록 함으로써 인간 공동체성(co-humanity)의 모습을 회복할 수 있도록 안내된다. 이러한 공동체성 회복을 통해 형제-자매 상호 간에 진정한 순환적 사랑, 인격적 친교, 동등한 나눔을 실천할 수 있는 기회가 주어진다.

5) 하나님 공동체-가정 공동체-교회 공동체-사회 공동체 간의 관계 정립

하나님의 내적 삼위일체적 역동성을 통해 회복된 가정 공동체는 그러한 친교와 사랑을 가정 자체만을 위해 유지하는 것이 아니라 교회와 사회를 위해 사용함으로써 교회와 사회 속에 자유, 평등, 나눔을 확산시켜 나가는 일에 기여한다.

6. 어떻게 교육할 것인가? : 교육방법(Method)

삼위일체론적 가정교육의 방법은 하나님의 직접 사역에 의해 창설된 두 기관, 즉 '가정'과 '교회'의 상호 유기적 협력을 중심으로 이루어진다. 레온 스미스(Leon Smith)가 가정과 교회 사이에는 '역동적 상호침투'(dynamic interpenetration)적 역동성이 존재한다고 주장한 것이나[47] 찰스 셀(Charles Sell)이 가정과 교회가 상호 분리될 때 최소한 어느 한쪽 또는 양쪽 다 사멸할 수밖에 없다고 경고한 것은 가정과 교회는 본질적, 존재론적 상관관계가 있음을 확인시켜 준다.[48] 삼위일체적 친교는 가정뿐 아니라 교회의 창설, 구속, 성화의 원천임을 상기할 때, 이러한 유기적 관련성은 당연한 것

이라 생각된다.[49]

종래 한국교회가 교회 사역에만 치중한 나머지 가정사역, 가정교육을 소홀히 하였고 이로 인해 교역자와 평신도 모두 가정에 많은 고통과 위기를 겪어 온 것은 주지의 사실이다. 이러한 문제들이 교회 사역은 물론, 사회에도 심각한 문제를 야기했음을 생각할 때, 가정과 교회의 유기적 관계 유지 및 협력은 대단히 중요한 것이라 하겠다.

부쉬넬(Horace Bushnell)이 교회뿐 아니라 가정 역시 하나님의 "언약공동체"(covenant community)요, 하나님 은총 안에서 이루는 "유기적 연합"(organic unity)임을 주장한 것처럼,[50] 기독교 가정을 하나의 '축소된 교회'라 한다면 교회는 하나님 자녀들로 구성된 '하나님의 가족'(family of God), 일종의 '확대된 가정'이라 할 수 있다. 이처럼 '축소된 교회'로서의 가정과 '확대된 가정'으로서의 교회가 함께 만나 협력할 때, 후기근대사회 속에 나타나는 가정해체의 위기는, 전통적 가부장제도나 가족주의의 족쇄에서 벗어나 순환적 친교, 역동적 나눔, 평등한 상호성 위에 기초한 가정의 모습을 구현할 수 있는 새로운 가능성으로 나타나게 될 것이다.

지금까지의 연구를 통해 우리는 21세기 후기근대 기독교가정교육을 위한 근본원리를 도출하였다. 이러한 원리는 앞에 언급한 것처럼 삼위일체론적 기독교가정교육 원리 또는 코이노니아 기독교가정교육 원리라고도 부를 수 있다. 그 이유는 그 근본원리가 하나님의 내적 삼위일체, 즉 신적 코이노니아(divine koinonia) 역동성에 근거해 있기 때문이다.

2013년 통계청 자료에 의하면 한국가정의 이혼 건수는 2013년 한 해에만 11만5300 건으로서 하루에 316쌍이 이혼하는 것으로 밝혀졌다. 한 해에 결혼하는 신혼부부 32만 쌍 중에 3분의 1 정도가 이혼한다고 보고

되었고, 이는 아시아 전체 국가 중에 가장 높은 이혼율임이 밝혀졌다.[51] 이는 1980년에 비해 6배 이상이나 증가한 수치인데 한국가정의 이혼율이 이렇게 높아지게 된 이유는 무엇일까?

서론에서 언급한 것처럼 한국의 전통적인 가부장적 권위주의가 더 이상 통용되지 않음에도 불구하고 한국의 아버지들이 어려서부터 보고 배워 온 아버지 역할, 남편 역할의 모델이 곧 가부장적 권위주의였기 때문에 이 모델 외에 다른 대안모델을 발견하는 데 어려움이 있기 때문이며, 혹시 발견했다 하더라도 그것을 자신의 것으로 내면화시키는 데 어려움이 있기 때문이다. 똑같은 사회적, 경제적 상황 속에서도 연하의 남편과 연상의 아내가 꾸려 나가는 가정은 가정불화나 이혼율이 현격히 낮을뿐더러 가정 또한 화목하다는 통계가 이러한 사실을 뒷받침해 준다.[52] 한국 및 세계 사회는 이제 후기근대가정의 이런 현실을 인정하고 다양한 교육기관, 다양한 교육채널을 통해 가정해체와 가정 붕괴를 막을 수 있는 돌파구를 만들어 나가야 할 새로운 과제에 직면해 있다.[53]

사회변화 및 새로운 환경에 맞춰 가족 개인 및 가정형태를 변화시켜 나가는 것은 당연한 일이라 하겠다. 하지만 실용적, 공리적 대응은 대증요법이 지닌 일시성과 피상성이라는 한계를 뛰어 넘을 수 없다.[54] 따라서 본 연구는 보다 근본적 뿌리 차원에서 전통적 가부장적 권위주의의 원인과 대책을 논하였을 뿐 아니라 후기근대가정을 위한 새로운 질서 정립을 위해 인간학적, 신학적, 교육학적 분석과 처방을 시도하였다. 또한 후기근대사회의 도전에 효과적으로 대응할 뿐 아니라 인간 개인 실존 및 관계성의 밑그림이 될 수 있는 근본 틀을 바르트의 신학적 인간학에 대한 비판적 성찰을 통해 도출하고, 그러한 관점에서 후기근대 가정교육을 위한 기독교적 대안모델을 제시하였다.

이러한 기독교적 대안모델의 원리는 향후 후기근대가정을 위한 종교교육 또는 사회교육 모델로도 활용될 수 있다. 예를 들면 1998년 6월 30일부터 시행된 '가정폭력범죄 처벌법'의 경우 남편이 아내를 때리거나 심지어 부모가 자녀를 때릴 경우 폭력을 행사한 남편과 부모는 법에 따라 처벌받도록 규정하고 있다. 그러나 자녀 훈육을 위한 매는 부모의 친권(親權) 또는 교육권 속에 포함되어 있다고 생각해 온 한국 부모들은 그들의 친권 및 교육권에 공권력이 개입하게 되면 심한 저항감을 느끼게 될 것이다. 이 경우 일반사건처럼 법률조항을 자구적(字句的)으로 적용하여 처벌을 시도할 경우 가정에 더 많은 문제와 역기능을 초래할 수 있다. 여타 다른 문제들도 그렇겠지만 특히 가정 문제는 사고발생 후 처벌에 관심하기보다 예방 차원에서의 교육을 통해 훨씬 효율적인 성과를 기대할 수 있다.

가정교육은 가정의 종교적 차원을 이미 그 속에 지니고 있다. 다른 사회제도와 달리 가정은 이익을 위해 구성된 집단(Gesellschaft)이 아니라 인간의 인간 됨 또는 공동적 삶을 위해 주어진 가장 근원적인 존재 틀(Gemeinschaft)이기 때문이다. 따라서 가정교육은 가정과 인간의 존재의미와 목적, 가정과 인간에 대한 근본물음이라는 종교적 차원을 그 속에 내포하고 있는 것이다. '인간 실존의 존재 틀', '정신적, 육체적, 영적 결합으로서의 결혼', '계속적 생명창조에의 참여로서의 출산' 등, 인간, 결혼, 출산 등은 근본적으로 그 속에 영적 차원, 종교적 차원을 담지하고 있다.[55] 그렇다면 후기근대사회의 도전에 대처하기 위한 가정교육 역시 그 속에 들어 있는 종교적 의미, 종교적 차원을 결코 소홀히 할 수 없다. 가정교육의 종교적 의미, 종교적 차원이야말로 사회변화에 적응하기 위한 실용적, 공리적 차원을 뛰어넘어 인간의 인간 됨(what it means to be human)과, 가정의 가정 됨(what it means to be a family)의 의미, 이유, 목적 등을 설명해 줄 수 있기 때문이다.

**Holistic Christian
Education for the
Postmodern Era**

제11장
가정과 교회를 연계하는 기독교교육

하나님이 직접 세우신 두 기관이 있다면, 그것은 곧 가정과 교회라 할 수 있다. 최초의 가정은 창세기 2장에 나타나는 아담과 하와가 이룬 가정이다. 아담과 하와 사이에 최초의 자녀 가인과 아벨이 태어난다. 하지만 죄의 결과로 인간 삶의 다양한 차원에 균열이 생겨날 수밖에 없음을 보게 된다.[56] 하나님과 인간, 인간과 자연, 남편과 아내, 형과 동생 사이에 관계 균열과 단절이 나타나고, 이로 인해 고통과 죽음이 생겨나고 있음을 볼 수 있다.

창조주 하나님은 인간의 죄와 고통, 죽음의 문제 대속을 위해 인간의 몸을 입으시고 역사 속으로 들어오신다. 인류 최초의 가정에 나타난 균열과 단절의 문제, 죄와 죽음의 문제 해결을 위해 역사 안으로 들어오신 것이다. 그리스도의 성육신, 십자가와 부활 사건을 통해 탄생한 것이 곧 교회이다. 이처럼, 가정과 교회, 교회와 가정은 하나님의 창조, 구속, 성화, 영화의 경륜 속에서 서로 뗄 수 없는 본래적 상관성을 지니고 있다.[57] 그래서 흔히, 교회는 확대된 가정이요, 가정은 축소된 교회라 불리는 것이다.

이러한 본래적 상관성에도 불구하고, 현재의 한국교회 상황은 다양한 차원의 이분법적 단절과 분리를 경험하고 있다. 이러한 이분법적 단절과 분리는 다음과 같이 세 영역으로 나누어 볼 수 있다. 첫째, 목회와 교육의 단절이다. 둘째, 목회자와 평신도 간의 단절이다. 셋째, 교회와 가정 간의 단절이다. 이 세 영역에 나타나는 단절에 대해 좀 더 자세히 살펴보기로 하자.

I. 교회와 가정 간의 분리 극복

목회와 교육의 단절을 보여 주는 한 단면은 본당과 교육관 사이의 상호 연계성 단절로 나타난다. 교회 리더십을 대표하는 담임목사의 주된 역할은 예배, 설교, 당회, 제직회, 선교사역 등으로 대표된다. 반면, 교육은 교육 담당목사와 교육전도사, 평신도(부장, 총무, 교사 등)들의 몫으로 남겨지곤 한다. 따라서 담임목사는 본당을 중심으로 사역의 동선(動線)이 설정되고 교육관과는 상관없는 목회가 수행되어 왔다. 물론, 담임목사 혼자서 모든 것을 감당하는 것은 불가능하다. 담임목사를 돕는 부교역자들과 평신도 지도자들에게 많은 사역들이 위임될 수밖에 없고 또한 위임되어야 한다. 하지만, 마리아 해리스(Maria Harris)의 저서 『나를 당신의 백성으로 빚으소서: 교육목회 커리큘럼』(Fashion Me A People: Curriculum in the Church)에 나타난 것처럼, 하나님의 백성을 빚고 형성하는 하나님의 다섯 손가락은 예배, 설교, 봉사, 친교뿐 아니라 가르침의 사역 역시 필수적임을 기억할 필요가 있다.[58] 여기에서, 다섯 손가락 중 하나로서의 가르침은 협의의 교육, 즉 디다케(didache)를 의미한다면, 예배, 설교, 봉사, 친교, 가르침을 통해 하나님의 백성을 형성(formation), 재형성(reformation), 변형(transformation)시켜 나가는 하나님의 목회, 하나님의 커리큘럼은 광의의 교육, 즉 "교육목회 커리큘럼"으로 나타난다.

기독교의 '교'(敎)의 의미가 가르침을 나타내고, 목사의 '사'(師)의 의미가 스승, 선생님을 의미함을 보아도, 기독교의 존재양식에 이미 가르침이 들어 있으며 목사의 사역 중심에도 교육이 들어 있음을 볼 수 있다. 예수 그리스도의 '대위임'(the Great Commission) 속에도 가르침과 교육이 크리스천 사역의 본질로서 자리매김하고 있다: "그러므로 너희는 가서, 모든 민족을 제자로 삼아 아버지와 아들과 성령의 이름으로 세례를 베풀고, 내가 너희에게 분부한 모든 것을 가르쳐 지키게 하라"(마 28:19, 20). 이처럼, 목회 속에 가르침의 요소가 필수적이고 또 목회의 틀 자체가 하나님의 교육(pedagogy of God)과의 밀접한 관련 속에서 이루어져야 함을 볼 때, 목회와 교육의 이분법적 단절은 성서적, 신학적 타당성을 견지할 수 없는 비정상적 괴리현상이라 할 수 있다.

교회와 가정 간의 단절은, 양적 성장 위주의 목회철학과도 관련이 있다. 양적 성장을 가능케 하는 동력이 미성년보다는 성인 회중들에게 있었기 때문에, 미성년보다는 성인들이 목회의 주요 대상이 되었음을 부인하기 어렵다. 성인들은 교회의 중심이 되는 본당에서 예배, 찬양, 집회, 제직회 등을 통해 사역이 수행되지만, 자녀들은 교육관 내에서만 거의 모든 활동이 이루어져 왔던 것이다. 교회에 나오게 되면, 부모님은 본당으로, 자녀들은 교육관으로 나누어져 들어가고 교회 안팎의 모든 활동들 역시, 부모와 자녀들이 서로 분리된 채 수행될 수밖에 없는 구조가 지금까지 대다수 한국교회의 목회구조였다.[59] 이러한 상황이 지속되다 보니, 오히려 크리스천이 아닌 가정들은 주말을 가족과 함께 보낼 수 있는 반면, 교회에 열심이 있는 크리스천 가정일수록 주말에 가족이 분리되는 역기능적 상황에 놓이게 되었다. 양적 교회성장 일변도의 목회는, 가족 구성원 간의 결속과 유대관계에 대해서는 무관심하게 되고, 이러한 현상은 교회교육에도 그대로 반영된다. 교회학교는 예배, 신앙교육, 수련회 등 자체 부서활동에만 관심을 기울일 뿐, 학생들에게 가장 많은 영향을 끼치는 부모님이나 가정에 대해서는 별다른 관심을 기울이지 못해 왔다.

한국교회의 교회학교는, 이러한 이분법적 단절을 극복하고, 새로운 변화의 틀을 마련하기 위해 사고의 전환을 필요로 한다. 교회학교와 가정의 분리와 단절을 뛰어넘을 수 있는 교회교육적 대안에 대해 살펴보기로 하자.

II. 부모와 함께하는 교회교육

부모와 함께하는 교회교육이 되기 위해선 다음과 같은 구체적인 시도들을 면밀히 구상할 필요가 있다.

1. 교회학교 교사 – 부모 간의 의사소통

새 학년, 새 학기가 되었을 때, 해당부서 교역자, 부장, 담임교사의 이름으로 부모에게 인사말과 신년도의 교육목표, 중요한 활동 내역이 담긴 안내문을 보낸다. 이렇게 함으로써, 부모님들로 하여금 교회학교가 자녀들과 부모님들에게 관심과 성의를 가지고 모든 교육활동을 수행하고자 한다는 진심 어린 메시지를 전달할 수 있다. 부모들을 향한 이런 배려와 관심은 교회학교와 부모 사이의 원활한 의사소통과 교류를 위한 바탕을 마련해 준다. 이후, 체육대회, 야외예배, 수련회, 선교지 탐방, 절기 행사 등 중요한 교육활동을 위해 자녀들을 미리 준비시키고 참석시킬 수 있도록 부모님의 협조를 구함으로써, 교회와 가정 간의 교육적 일관성과 효율성을 유지하는 신앙교육이 가능케 된다.[60] 이 외에도 필요에 따라, 부모와 교회학교 담당자들과의 만남, 대화, 의견교환 등의 시간을 마련하는 것도 권장할 만하다.

2. 부모들의 절기 및 특별활동 행사 참여

특별한 교회 절기나 찬양대회, 전시회, 바자회 등에 부모님들이 참여해서 자녀들의 교회활동과 교육내용들에 참여하거나 참관할 수 있는 기회를 마련하는 것은, 교회교육과 가정 사이의 관계를 돈독케 하는 역할을 하게 될 것이다.

3. 부모들의 교회교육을 위한 자원봉사 활동

일 년 중, 최소한 한두 번은 부모들이 교회 내외에서의 교육활동에 자원봉사자로 함께 참여할 수 있도록 초청, 안내함으로써 교회학교와 가정이 함께 연계하는 교회교육의 기틀을 마련할 수 있다. 예를 들면, 체육대회, 야외예배, 수련회, 선교지 탐방 등, 가능한 한 부모님들의 참여와 봉사의 기회를 마련함으로써, 의미 있는 일에 교회학교와 가정이 함께 협력하는 구조를 마련할 수 있다.

4. 부모교육 및 자녀교육

아이들의 신앙 인격, 가치관, 사회성 형성에 가장 많은 영향을 미치는 사람은 누구보다 부모님이라 할 수 있다. 그렇다면 부모님들이 자녀들을 위해 어떻게 신앙교육을 할 수 있는가, 부모님들이 자녀들에게 어떠한 영향력을 행사하게 되는가를 교육하는 것은 부모님들은 물론, 아이들을 위해서도 매우 중요한 투자라 할 수 있다.[61]

이를 위해 다음과 같은 것들이 도움이 되리라 생각된다. 첫째, 부모 자신의 객관화와 자기 이해를 위한 교육(예를 들면, 자기 이해를 위한 접근으로서 MBTI와 에니어그램 교육); 둘째, 효율적 자녀양육을 위한 부모교육(Parent Effective Training); 셋째, 자녀들 자신의 객관화와 자기 이해를 위한 교육(MMTIC와 에니어그램 교육); 넷째, 자녀들이 부모님이 처한 상황(심리, 사회, 경제적 상황)과 부모님의 마음을 보다 잘 이해할 수 있도록 돕는 교육; 다섯째, 부모와 자녀들의 원활한 의사소통(effective communication)을 위한 교육 등을 들 수 있다.[62]

이러한 교육들을 통해, 가정 내에서 부모와 자녀들 간의 상호 이해와 효율적 의사소통이 보다 원활해질 수 있도록 교회학교가 돕는다면, 이것은 가정을 위해 교회학교가 중요한 공헌을 할 뿐 아니라, 건강한 가정이 건강한 교회학교를 만드는 선순환의 기초를 확립하는 일이 될 것이다.

5. 교사-학생-부모 기도회

교사, 학생, 부모 간의 신앙적 유대감과 영적 결속력은 올바른 교육과 인격 함양을 위한 모판(matrix)과도 같은 것이다. 따라서 교사-학생-부모 사이에 기도제목을 함께 나누고 정기적인 기도모임을 가질 수 있다면, 가장 깊은 관심사와 고민들을 하나님의 현존 앞에서 나눌 수 있고 서로를 위해 중보할 뿐 아니라, 진지한 관심과 돌봄을 지속적으로 해 나갈 수 있다.[63]

정기적인 기도모임이 여의치 않을 경우, 진급, 입학, 졸업, 입시 등 학교 및 교회학교 학사일정의 중요한 시기, 그리고 또한 어려운 문제에 봉착했을 경우에 함께 기도회를 가질 수 있다. 교회 사정상 교회 내에서 이러한 기도모임을 갖는 것이 어려울 경우에는, 교사-학생-부모 사이에 유인물, 이메일, 문자 서비스, 전화 등을 통해 기도 제목을 나누고 시간을 정해서 서로 기도하도록 격려할 수 있다. 사안과 형편에 따라 교사-학생-부모 기도회는 가정 단위, 부서 단위, 전체 교회학교 차원 등으로 범위와 규모를 확대 또는 축소해서 가질 수 있을 것이다.

Ⅲ. 가정과 교회가 연계되는 교회교육

한국교회의 당면한 문제인 3차원적 단절과 분리를 극복하기 위한 방안 마련이 시급하다. 목회와 교육, 목회자와 평신도, 교회와 가정 사이의 단절과 분리를 극복하기 위해선 보다 입체적이고 전(全) 세대적인 교회교육을 필요로 한다. 입체적 교육목회라는 뜻은, 마리아 해리스의 주장처럼, 예배, 말씀, 친교, 봉사, 가르침이 하나로 어우러져서 커리큘럼이 있는 목회, 교회성숙과 성장을 위해 입체적으로 이루어지는 교육목회를 의미한다. 전 세대적이라 함은, 어린아이부터 노인에 이르기까지 하나님의 전(全) 백성이 함께 모인 신앙공동체의 간(間) 세대적 교육목회(intergenerational educational ministry)를 의미한다.[64] 이러한 입체적, 전 세대적 교회교육의 밑그림을 그릴 수 있도록 하기 위해서는, 구체적인 예시(例示)가 도움이 되리라 생각된다. 아래에 제시하는 전교인이 함께 드리는 예배, 수련회, 체육 및 친교활동, 봉사활동 등은 교회형편에 따라 가족단위 또는 구역단위로도 시행할 수 있고, 아니면 각 연령부서의 구심점을 그대로 유지하되, 각 연령 부서들이 모여 전 교회적 연합 모임의 형태로 시행할 수도 있다.

1. 전교인(연합) 예배

하나님 전 백성 공동체 의식 속에서, 가족 구성원들이 함께 예배드릴 수 있는 기회를 마련하는 것이 필요하다. 부활절, 추수감사절, 성탄절 등 교회의 중요한 절기 때, 부모님들이 자녀들과 함께 예배드릴 수 있는 기회를 마련해 줌으로써 온 가족이 함께 하나님 앞에 나아가는 경험은 중요한 의미를 가진다.[65] 이런 경험을 통해, 서로가 하나님의 가족, 하나님의 식구임을 경험하며, 가족의 소중함과 유대감을 느낄 수 있기 때문이다. 교회 절기 때는 물론이고, 한 달에 한 번, 또는 계절에 한 번씩이라도 "온 가족이 함께 드리는 예배"로 신앙 2대, 3대, 4대가 함께 모여 하나님 앞에 예배드림으로써, 교회와 가정 간의 긴밀한 유대감을 높이게 될 것이다.

2. 전교인 수련회

전교인 예배는 주로 주일에 한두 시간만을 예배의 틀 안에서 함께 나눌 수 있는 시간이라면, 전교인 수련회는 교회에 속한 모든 가정들이 일 년에 한두 번 한 장소에 모여 예배, 친교, 교육, 기도와 다양한 활동들을 총체적으로 함께 할 수 있는 기회를 제공한다. 전교인 수련회는, 모든 행사와 프로그램을 처음부터 끝까지 온 가족이 함께하기보다는, 온 가족이 함께 하는 시간과 또래 그룹들이 함께하는 시간을 적절히 연동시킴으로써, 다양한 교육욕구를 충족시킬 수 있는 수련회가 되도록 안내한다.

3. 전교인 체육 및 친교활동

각 부서별로 하는 활동뿐 아니라, 전 세대를 아우르는 체육 및 친교활동을 통해, 하나님 앞에 하나 되는 경험을 갖는 것은 세대 간의 이해와 대화를 돕는 좋은 기회가 된다. 이러한 활동들 속에서, 가족이나 세대 간의 비교나 우열이 느껴지게 해서는 안 되며, 오히려 가족과 세대 간에 서로 하나가 되어 어우러지는 축제와 연합의 기회가 되도록 하는 세심한 배려가 뒤따라야 할 것이다.

4. 전교인 봉사활동

전교인이 이웃 사랑과 사회봉사를 실천할 수 있는 기회를 갖게 함으로써, 예배, 말씀, 교육, 친교만으로는 얻을 수 없는 또 다른 차원의 기쁨과 보람을 체험케 할 수 있다. 태안반도 기름오염 지역 정화를 위한 봉사, 생태계 및 환경보호, 시설수용 아동 및 독거노인을 위한 봉사 등, 전교인이 가정 및 구역 단위로 참여할 수 있도록 안내할 때, 가정과 구역의 구심점이 강조될 수 있다. 이러한 봉사들을 통해, 어른들은 아이들을 보며 대견해하고 흐뭇해하며, 아이들은 어른들을 보며 자랑스러워하는 마음을 가지게 된다.

한국교회가 지금까지는 이러한 사회봉사와 사랑의 실천에 적극적이지 못했음을 생각할 때, 이러한 사회봉사는 한국교회 교육목회 구조의 창조적 변화를 위한 좋은 기회를 제공하게 될 것이다.[66] 가족 및 구역 단위로 구성된 사회봉사 활동에 교회와 교회학교가 계획, 안내, 후원을 담당함으로써 이웃과 사회를 위해 땀방울을 흘리는 가족들과 교회 공동체를 보며, 가족 구성원 사이에 그리고 교회 공동체 사이에 보다 깊은 유대감이 형성될 것이기 때문이다.

5. 통과의례를 위한 예배 및 기도회

가정과 교회는 하나님의 백성(Laos tou Theou)으로서, 영아기부터 노년기에 이르기까지 개인은 물론 신앙공동체로서 신앙성숙을 향해 나아간다. 지금까지는 출생, 돌, 결혼, 회갑, 장례 등 인생의 통과의례(rite of passage) 예식이 각 가정 차원에서만 목회자를 집 또는 행사장으로 초청함으로써 이루어져 왔다.[67] 이러한 개인과 가정 차원에서의 예식은 물론 필요하다. 하지만 하나님의 전(全) 백성 공동체로서 인생의 중요한 순간들을 함께 나누고, 하나님 앞에 나아가 전체 교회 차원에서 감사예배 및 기도회를 가지게 된다면, 확대된 가정으로서의 교회 됨을 모두가 함께 경험할 수 있는 좋은 기회가 될 것이다.[68]

회중의 규모가 어느 정도를 넘어서게 되면, 한 해에 공통된 통과의례를 경험하는 사람들의 숫자가 늘어나게 된다. 같은 해에 출생, 돌, 입학, 졸업, 군 입대 및 제대, 결혼, 출산, 취업, 회갑, 은퇴 등, 인생의 중요한 시기를 함께 맞게 된 회중과 가족들이 교회에 나와 예배와 기도회를 함께하는 것은 하나님 백성 공동체 의식 고양과 함께 확대된 가족 의식을 갖게 해 준다.

통과의례를 위한 예배와 기도회는 교회 규모와 형편에 따라 모임의 범주를 달리 할 수 있다. 앞에 언급된 통과의례를 경험한 사람들이 각 의례별로 모일 수도 있고, 교인 수가 적을 경우엔 위에 언급된 의례를 경험한 사람들이 한꺼번에 모여, 자신의 삶을 돌아보며 하나님과 하나님의 회중 앞에서 감사와 결단, 새로운 각오와 헌신의 시간을 가질 수도 있다. 이러한 예배와 기도회는 통과의례를 경험한 사람과 가정은 물론, 전교인이 인생의 중요한 순간들을 하나님과 회중들 앞에서 함께 감사하고 함께 축하, 격려함으로써 하나님의 확대된 가정임을 확인하는 좋은 기회가 될 것이다.

지금까지 우리는 가정과 교회를 연결하는 교회교육에 대해 살펴보았다. 먼저, 교회와 가정 간의 분리 극복의 과제에 대해 살펴보았다. 그 후, 부모와 함께하는 교회교육을 교사-부모 간의 의사소통, 부모들의 교회교육 참여 기회 제공, 부모 및 자녀 교육, 교사-학생-부모 기도회를 중심으로 살펴보았다.[69] 또한, 가정과 교회가 연계되는 교회교육을 마리아 해리스의 사상을 중심으로 해서 입체적, 전(全) 세대적 예배, 수련회, 체육 및 친교활동, 봉사활동, 통과의례를 위한 예배 및 기도회 등으로 나누어 제시하였다.

가정의 위기와 해체라는 21세기 한국사회의 시대적 상황 속에서 교회교육이 건강한 가정, 성숙한 가정을 위해 다양한 형태의 교육 및 봉사 현장에 가정과 부모의 참여 기회를 제공하고 안내하는 것은, 신앙에 기초한 가정의 치유와 회복에도 도움을 주는 소중한 사역이라 할 수 있다. 이러한 사역들을 통해 많은 가정들이 회복되고 건강해지게 되면, 그러한 가정들이 모여 이룬 교회와 교회학교 역시 건강한 성숙과 발전을 향해 나아가게 될 것이다.[70]

교회학교가 가정을 위해 할 수 있는 것이 무엇인가? 가정과 함께할 수 있는 교육적 방안과 대안이 무엇인가? 이러한 질문에 대한 응답을 깊이 성찰하는 것은, 교회학교와 가정, 가정과 교회학교 사이에 상호보완적 성장과 성숙의 선순환을 이루는 중요한 걸음이 될 것이다.

제12장
세계화 시대를 위한 기독교가정교육

21세기의 지구촌은 세계화(globalization)와 더불어 지역화(localization)의 역동성이 강조되는 역설적 상황에 놓여 있다. 명망 있는 국제 전문가이자 퓰리처상 수상자인 프리드먼(Thomas Friedman)은 세계화를 '렉서스'(Lexus)로, 지역화를 '올리브나무'(Olive Tree)로 묘사한다. 일체의 제작 공정이 첨단 로봇으로 제작되는 '렉서스'가 다국적 기업의 상징이라면, 자기 집 앞마당에 자라고 있는 '올리브나무'를 서로 자기 것이라고 우기며 싸우는 중동인들의 모습은 지역화의 상징이라는 것이다.

올리브나무의 중요성은 새삼 강조할 필요조차 없을 것이다. 이들은 곧 우리의 뿌리를 의미하고, 이 세상에서 우리가 차지하고 있는 위치와 존재 의미를 말해 주며, 우리가 한 곳에 정착하게 해 줌으로써 마치 배의 닻과도 같은 역할을 한다. 올리브나무는 우리가 속한 가족과 지역사회, 민족과 종교 그리고 다른 무엇보다도 우리가 '우리 집'이라고 부를 수 있는 곳을 상징한다.[71]

세계화와 지역화가 엄연히 실재하는 힘으로써 상호 충돌을 벌이는 21세기 상황이 가정에 어떠한 영향을 미치게 되는지 그리고 이러한 상황 속에서 바람직한 가정교육 및 기독교가정교육은 어떻게 이루어져야 하는가를 본 연구를 통해 성찰해 보고자 한다. 세계화 시대에 기독교가정교육은 어떠한 방향을 향해 나아가야 할 것인가에 대해 집중적으로 살펴보게 될 것이다. 이러한 시도를 위해 본 연구는 다음과 같은 절차를 통해 소기의 목적을 달성해 보고자 한다.

첫째, 세계화 시대의 특성을 지역화와의 관련 속에서 살펴본다. 둘째, 세계화를 촉진시킨 변화의 요인들에 대해 살펴본다. 셋째, 세계화 시대에 나타나는 가정의 위기에 대해 고찰한다. 넷째, 세계화 시대에 교회 및 기독교가정 속에 거세게 불어 닥치는 세속의 물결에 대한 기독교적 대응 방향이 무엇인가를 모색한다. 다섯째, 세계화 시대를 위한 기독교가정교육의 원리를 제시한다. 이러한 논의의 토대 위에서 세계화 시대에 요청되는 구체적인 기독교가정교육의 실례를 제시함으로써 본 연구를 마무리하고자 한다.

Ⅰ. 세계화 시대의 특성

현재의 지구촌은 국제화 및 세계화가 가속화되어 가는 상황 속에 있다. 국제화와 세계화는 흔히 유사어 내지 동의어처럼 사용되곤 한다. 하지만 면밀히 살펴보면 국제화는 세계화와 공유되는 공통점과 함께 차이점이 있다. 공통점은 세계 국가들 사이에 긴밀한 연관성과 상호성이 점증된다는 것이고 또한 국가 간에 활발한 교류가 가속화된다는 점을 들 수 있다.

국제화와 세계화의 차이점은 무엇일까? 국제화는 한 국가가 타 국가들에 대해 자신의 영향력을 행사해 나감으로써 이루어지는 국가 간의 교류임에 비해, 세계화는 전 세계적으로 국가 간의 차이와 고유성이 사라짐으로써 점차 하나로 통용되는 단일화된 규범, 문화, 가치관이 통용되는 것을 뜻한다.[72]

국제화(internationalization)는 동일 문화권이 아닌 타 문화권과의 교류와 협력을 의미한다. 예를 들면, 한류문화 열풍 같은 것이 국제화의 좋은 예이다. 한류열풍은 한국 드라마의 수출을 통해 한국문화를 국제적으로 소개하고 알리는 역할을 수행한다. 반면, 세계화(globalization)는 삶의 단위가 국가를 넘어 전체 지구촌(global community)으로 확대되는 것을 의미한다. 세계화의 동의어는 '지구화,' '지구촌화,' '전 지구화' 등으로서, 세계화는 그 잠재력, 가능성과 더불어 그에 수반하는 비판도 함께 받고 있다.[73] 비판을 통해 제기되는 것은 곧 세계화는 강대국을 중심으로 이루어지는 세계표준화작업과 일방적 세계재편이라는 것이다. 본 연구에서는 국제화와 세계화의 의미를 상호 대립시키기보다는 일종의 기능적 유사어로 사용하고자 한다. 본 연구는 세계화 속에 들어 있는 위험의 요소를 인식하되 그 역기능을 최소화하고 순기능을 최대화하는 방안으로 논의를 전개하고

자 하기 때문이다.[74]

II. 세계화를 촉진시킨 변화의 요인들

중세에서 근대에로의 전환은 유럽에서 일어난 3대혁명을 중심으로 전환의 기초가 마련되었다. 그것은 독일에서 시작된 종교개혁, 프랑스에서 시작된 시민혁명, 영국에서 시작된 산업혁명 등을 들 수 있다.[75] 이것은 각각 영적, 정신적, 물질적 차원에서 일어난 일종의 혁명과도 같은 사건이라 할 수 있다. 이것을 혁명이라 부를 수 있는 것은 그러한 사건들이 유럽 및 세계사회를 전적으로 바꾸어 놓은 근본적 변화의 모멘텀을 제시하였기 때문이다. 이로 인해 유럽사회는 교황절대주의, 절대적 왕권에 기초한 봉건제도, 노동 집약적 가내 수공업으로부터의 해방이 이루어졌을 뿐 아니라, 그 결과로서 만인제사장설을 주장하는 개신교의 등장, 시민계약사상에 기초한 근대국가의 등장, 기계공업을 통한 대량생산이 가능하게 되었다.

근대가 시작된 16세기 이후 300여 년간 서구사회를 지배해 온 근대주의 사조는 20세기에 들어와 새로운 변화를 맞게 된다. 이는 근대주의 세계관이 지닌 한계와 모순을 극복하고자 하는 노력의 일환으로 나타난 새로운 사조로서 이것을 가리켜 후기근대주의 또는 탈근대주의라고 명명하게 된 것이다.[76]

탈근대주의가 시작된 20세기 후반의 세계는 또 하나의 새로운 전기를 맞이함으로써 탈근대화 프로젝트가 가속화된다. 2차 세계대전 이후 미국과 소련의 양대 진영으로 나뉘어 자본주의 대 공산주의라는 양대 구도를 유지하던 세계가 자본주의의 승리로 귀결되어 하나의 지구촌화, 세계화의 급물살을 타게 된 것이다. 이러한 지구촌화, 세계화가 급속히 이루어지게 된 역사적 사건으로는 소련연방의 해체와 더불어 베를린 장벽의 붕괴를 꼽을 수 있다. 1985년 고르바초프의 등장과 함께 시작된 '페레스트로이카'(perestroika, 개혁)와 '글라스노스트'(glasnost, 개방)는 소련연방의 해체를 초래하였고, 소련연방의 해체과정 속에서 1989년 11월 9일 동서분단의 상징이었던 베를린 장벽이 무너지게 된다.[77]

베를린 장벽은 동독과 서독의 물리적 통행만을 차단한 것이 아니다. 그것은 세계인들의 정신적 소통을 차단하는 역할을 하였다. 즉, 세계인들의 사고를 자본주의 대 공산주의의 대립이라는 이분법적 틀 속에 가두는 역할을 하였던 것이다. 이후 냉전체계는 더욱 공고해졌고, 전 세계를 단일시장, 단일생태계, 단일공동체로 인식할 수 없도록 이분화하는 차단막 역할을 하였던 것이다.

1989년 이전까지만 해도 동방정책이나 서방정책은 일종의 양자택일을 요구하는 이분법을 늘 제시하였다. 이 둘을 통합하거나 넘어서는 제3의 대안을 상정하기가 어려웠던 것이다. 동방과 서방을 함께 아우르는 전 세계적인 정책을 제시하는 것이 불가능했던 것이다. 하버드대학교 교수이자 노벨상 수상자인 경제학자 아마르탸 센(Amartya Sen)은 이렇게 주장한다 : "베를린 장벽은 사람들을 동독 안에 가두는 상징만이 아니었습니다. 그것은 미래를 세계적 관점에서 바라보는 것을 막는 수단이었습니다. 베를린 장벽으로 인해 우리는 세계를 글로벌 관점에서 볼 수 없었습니다. 세계를 하나의 단일체로 생각할 수 없었다는 것입니다."[78]

센은 인도에서 고대로부터 전해져 내려오는 이야기를 들려준다. 우물 안에서 태어나 평생을 그 속에서 보내 온 개구리 이야기이다.

이 개구리는 우물을 보는 나름대로의 세계관을 가지고 있었습니다. 그것이 바로 베를린 장벽이 붕괴되기 전 지구상의 많은 사람들에게 비쳐진 세계였습니다. 장벽의 붕괴는 마치 우물이 무너짐으로써 그 안에 있던 개구리가 주변의 다른 개구리들과 소통할 수 있게 되는 기회를 주었습니다. 내가 장벽의 붕괴를 적극 환영하는 이유는, 인간은 서로가 서로를 통해 굉장히 소중한 많은 것을 배울 수 있다고 확신하기 때문입니다. 대부분의 중요한 지식들은 막혀 있던 경계를 넘어서게 될 때 비로소 얻어지기 때문입니다.[79]

프리드먼은 소련의 붕괴와 더불어 베를린 장벽을 붕괴시킨 3대 요인을 다음과 같이 지적한다.

첫째, 소련과 베를린 장벽으로 대변되는 공산주의를 극복하고자 하는 기독교 및 이슬람권의 국가들의 종교적 열정과 신념을 꼽을 수 있다. 공산주의의 맹주요 종주국이었던 소련은 동유럽 전체를 포괄하는 소련연방과 동독 외에도 중동, 아프리카, 중남미의 독재정권들을 비호하며 지원하였다. 공산주의는 대중 모두를 가난하게 만드는 경제체제이다. 그리고 인민의 자유와 해방을 위해 투쟁한다는 목적하에 인간의 자유와 존엄성을 억압하는 정치체제라 할 수 있다. 이러한 체제는 무신론적 유물론의 기초 위에서 종교를 탄압한다. 이러한 종교 탄압에 항거하기 위해 기독교 국가뿐 아니라 이슬람권 국가들 역시 공산주의에 대항하여 소련과 베를린 장벽을 무너뜨리도록 지칠 줄 모르는 종교적 열정과 신념을 가지고 헌신하였다.[80]

둘째, 전 세계를 관통하는 정보 네트워크, 개인 컴퓨터(PC), 팩시밀리, 인터넷 등을 통한 정보혁명이 폐쇄적인 공산정권의 기반을 흔들어 대기 시작하였다. 정보혁명을 통해 수평적인 의사소통이 급증해 감에 따라 철저히 위에서 아래로의(top-down) 의사소통에 의존하는 공산주의의 통치기반이 붕괴되기 시작한 것이다. IBM에서 제작한 최초의 PC가 1981년에 등장하였다. 이와 함께 세계의 컴퓨터 과학자들이 인터넷과 전자우편이라는 것들을 개발하여 사용하기 시작하였다. 1985년에는 MS-Window가 처음으로 등장하였다. 일반 대중들도 PC와 함께 모뎀을 구입함으로써 PC를 전화와 연결시켜 사용하게 되었고 전자우편을 보내기 시작하였다. 마이크로소프트의 최고기술경영자(CTO)인 크레이그 먼디(Craig Mundie)는 이렇게 단언한다 : "PC, 팩시밀리, 윈도우즈의 확산과 함께 전 세계 전화망과 연결된 다이얼업 모뎀은 1980년대 말과 1990년대 초에 세계적 정보혁명의 기본 플랫폼을 세웠다."[81]

셋째, 냉전체제하에서의 군사력 증강을 위한 군비경쟁이 소련을 경제적 파산으로 몰고 갔고, 이를 극복하기 위해 고르바초프는 소련의 개혁을 추진하게 되었으며 결국 개혁 불가능한 소련 체제와 베를린 장벽은 무너질 수밖에 없었다는 것이다. 소련은 연방공화국으로서의 내부 모순과 심각한 경제적 비효율성에 시달리고 있었다. 프리드먼은 1977년 당시의 소련의 경제상황을 이렇게 술회한다.

> 1977년에 학생 신분으로 처음 모스크바를 방문했을 때, 특히 시내 중심지의 붉은 광장 주변에 펼쳐진 대조적인 풍경이 내게는 무척 인상적이었다. 대로는 엄청나게 넓은 데 반해 그 위를 달리는 차들이 거의 없었기 때문이다. 물론 지금은 그렇지 않다. 30년이 지나 2007년에 모스크바를 방문했을 때, 대로마다 자동차들이 빽빽이 들어차서 움직이기도 힘들 지경이었다.[82]

소련과 베를린 장벽의 붕괴를 가져온 3대 요인 역시 그 속에 영적, 정신적, 물질적 차원을 지니고 있다. 유물론에 반대하는 반공산주의적 종교적 신념이 영적 차원이었고, 급속한 정보혁명은 정신적 차원이었다면, 서구의 우월한 경제력은 물질적 차원의 요소였음은 주목할 만하다. 중세에서 근대로의 전환뿐 아니라, 근대에서 탈근대로의 전환 속에서도 영적, 정신적, 물질적 차원이 예외 없이 나타나는 것은 우연의 일치이기보다는 필연적 상황이라 할 수 있다. 그것은 곧 인간은 기본적으로 영, 혼, 육의 유기적 통일체이기에, 인간 역사 속에 나타나는 중요한 변화 역시 영, 혼, 육의 차원에서 상호 유기적으로 일어날 수밖에 없다는 것이다. 인간은 근본적으로 영, 혼, 육의 유기적 통일체이기에, 국제사회이든 가정이든 간에 인간의 모든 활동 속에는 영적, 정신적, 물질적 차원이 함께 나타날 수밖에 없다는 것이다.

이러한 점을 생각할 때, 세계화 사회 속에서의 기독교가정교육의 방향성 정립에 있어서도 그것이 통전적인 것이 되기 위해서는, 기독교가정교육의 영적, 정신적, 물질적 차원을 함께 고려하지 않을 수 없다. 사회제도의 기본단위로서의 가정을 인간 실존의 근본 세 차원의 관점에서 살펴봄으로써 기독교가정교육의 방향성을 통전적으로 정립해 보는 기회를 마련할 수 있으리라 기대된다.

Ⅲ. 세계화 시대 속 가정의 위기

현대인의 현실인식과 도덕적 가치관은 20세기 후반 이후에 들어와 엄청나게 빠른 속도로 변화해 나가고 있다. 이러한 급속한 변화들은 현대가정에 감당하기 힘든 도전과 충격을 가져다준다. 이러한 도전과 충격의 모습을 한국가정과 함께 미국을 중심으로 한 서구가정의 모습에서 살펴보도록 하자.

한국사회는 단기간 안에 고도압축성장을 통해 엄청난 변화와 발전을 이룩하였다. 전 세계 경제규모 11위, OECD가입국가, G-20의장국, 런던 올림픽 5위국, WCC총회 개최국 등 삶의 각 분야에서 세계적 리더십을 발휘하는 위치에 우뚝 서게 되었다. 하지만 서구가 수백 년에 걸쳐 경험한 변화를 단 수십 년 안에 압축적으로 경험하다 보니 변화로 인한 사회적 현기증과 문화적 멀미 증상을 보이고 있다. 이러한 변화의 급류에 싸여 표류하기 시작하는 것이 바로 한국의 가정인 것이다.

현재 한국사회는 고유의 국가적, 전통적 울타리가 무너져 내리고 있다. 전통적인 가정제도, 가정윤리, 가정가치관이 흔들리고 있다는 것이다. 1960년대의 대가족, 1980년대의 핵가족을 넘어 2000년대 이후에는 탈핵가족(post-nuclear family)화가 가속화되고 있다. 현재 한국의 가정에는 전통적인 가부장 권위가 더 이상 통용되지 않음을 볼 수 있다. 급작스런 변화에 적응 못한 나머지 한국가정의 남성 우울증이 급증하고, 중년 남성 자살율이 여성의 통계를 훨씬 넘어서고 있는 실정이다. 어른을 공경하고 직위를 존중하던 전통도 무너지고 있다. 각 급 학교에서 학생들이 교사를 구타하는 사건, 가정에서 일어나는 존속 폭행과 살인 사건, 사회 곳곳에서 일어나는 노약자 구타사건들이 계속 늘어나고 있다.

전통 질서, 동양적 가치, 전통 가정제도가 무너지고 있는 작금의 상황은 옛 질서가 무너지고 새 질서가 세워지기 이전의 과도기적 혼란과 무질서, 아노미적 현상을 보이고 있다고 할 수 있다. 이러한 무질서와 아노미 속에서 한국은 OECD 가입국가 중 이혼율 1위, 출산율 꼴찌라는 가정해체의 위기를 겪고 있다. 그 결과 편모, 편부, 조손 가정의 증가와 비전통가정의 증가가 뒤를 잇는다. 한편, 서구 가정의 모습들은 어떠한가 살펴보기로 하자.

세계화 시대의 일반 가정들의 보편적 상황들은 어떻게 변화되어 가고 있는가 살펴볼 필요가 있다. 런드버그(Ferdinand Lundberg)는 세계화 시대의 가정이 점차 파괴, 붕괴, 소멸을 향해 나아갈 것이라고 전망한다. 울프(William Wolf)는 세계화 시대의 가정이 어린아이를 기르는 몇 년을 제외하고는 이미 죽은 것과 다름없을 정도로 심각하다고 진단한다.[83] 세계화 시대 현상으로 나타나는 다양한 형태의 가정들이 있다. 딩크(Double Income No Kid)족, 이피(Young, Individualistic, Freeminded, Few)족, 동성애 가족 등은 가정위기의 현 상황을 보여 준다. 런드버그나 울프 같은 비관론자들은 가정에 대한 어두운 전망을 하는 것 이상의 구체적인 대안이나 방향은 제시하지 않는다.

기독교인 상담가이자 가정사역자인 게리 콜린스(Gary Collins)는 전통가정의 모습과 가치에 대해 이렇게 술회한다.

> 1950년대에는 가족이 서로 하나로 뭉쳐 있었다. 확대가족들은 종종 서로 찾아보거나 경제적으로도 돕기도 하고, 아이들을 돌봐주고 집안일도 서로 도왔다. 그리고 일단 결혼하면 여간해서는 이혼하지 않았다.[84]

한편 과격한 해방주의가 지향하는 구호와 운동들은 이미 취약해진 가정의 기반을 더욱 위태롭게 하고 있다. 이러한 구호와 운동에 대해 가디너(William Gardiner)는 다음과 같이 개탄한다.

> 최근에 어떤 이들은 [과격한 해방주의]가 자기들의 종교라고 말한 적이 있다. 이 종교는 자신이 공허하다고 주장하면서도 '진정한 정체성'과 '안에 있는 여신'을 발견하기 위해 자기 안을 들여다보는 나 중심의 종교를 의미한다. 미네소타 교회협의회가 그 스폰서 중 하나요, 여러 주요 교단들이 재정 지원을 했으며, 광고도 많이 나간 한 집회에 참석한 2,200명

의 여성들은 그곳에서 여성 각자가 '자기 자신의 진리'를 발견할 수 있도록 '2000년의 기독교 신앙을 통해 전수된 모든 것을 마음에 다시 재상상(re-imagine)하라'는 촉구를 받았다. 그 집회에 참석한 사람들은 이 재상상 과정의 신(deity of this RE-Imagining process)은 바로 '성경적 전통에는 나타나고 있지 않지만 분명히 인간 영혼의 여성적인 면'인 소피아(Sophia)라는 말을 들었다. 이 말은 글로리아 스타이넘이 자신은 서기 2000년이 되면 "우리 자녀들을 하나님이 아닌 인간의 잠재력을 믿도록 양육하게 되기 바란다"고 한 그 희망과 별로 다를 바가 없는 말이다.[85]

이러한 과격한 해방주의 속에는 가정이 발붙일 만한 곳이 거의 없다. 한 여성단체(National Organization for Women)의 창시자는 가정을 가리켜 자유를 필요로 하는 여성들에게는 "편안한 포로수용소"라고 말하였다. 최근 로스엔젤레스 타임즈에 실린 "남녀 동권주의 선언문"에는 이렇게 명기되어 있다: "결혼이라는 제도를 종결짓는 것이 여성의 해방을 위해서는 필수적이다. 따라서 여성들에게 남편을 떠나라고 권장하는 것이 중요하다."[86]

현금의 상황에서는 동서양, 영미와 서구 할 것 없이 가정해체, 가정위기의 총체적 홍역을 앓고 있기는 마찬가지이다. 영미와 서구에 만연된 동성애, 약물중독의 정도는 한국가정 이상의 수위를 넘고 있는 현실이다.

가정은 인간 삶의 기초단위이자 최소단위이다. 인간의 자기표현, 존재표현이 외적으로 나타난 것이 문화라 할 때, 가정의 삶 역시 하나의 문화이기에 가정문화라는 표현을 쓸 수 있다. 21세기를 살아가는 기독교인들이 세속 문화에 대해 어떤 자세, 어떤 태도를 가지고 응해야 할 것인가에 대해 살펴보는 것은, 세계화 시대에 기독교가정교육을 어떤 방향으로 끌고 가야 할 것인가에 대한 논거를 제시해 주리라 생각된다. 이제, 세계화 시대의 세속문화에 대한 기독교적 대응 방향에 대해 살펴보도록 하자.

Ⅳ. 세계화 시대의 세속문화에 대한 기독교적 대응

틸리히(Paul Tillich)는 인간의 문화를 다음과 같이 정의한다 : "문화의 본질은 종교이며, 문화는 종교의 표현이다." 틸리히는 문화와 종교는 밀접한 상관관계가 있음을 강조하고 있다. 틸리히의 표현대로 "인간의 궁극적 관심"이 곧 종교이기에, 인간의 지, 정, 의, 도덕적 제 차원의 상호작용 활동이 외적으로 표현된 것이 곧 인간의 문화로 나타나게 된다.

그렇다면 우리는 한번 생각해 보아야 한다. 기독교인은 세속문화들에 대해 어떠한 자세, 어떠한 태도를 취해야 할 것인가? 기독교인과 세속문화의 관계성에 대해 집중적으로 성찰한 대표적 학자 중에 리처드 니버(Richard Niebuhr)가 있다. 앞서 살펴보았듯이 그는 『그리스도와 문화』라는 대표적 저서를 통해 기독교인이 세속문화를 대하는 태도를 다음과 같이 5가지 범주로 분류한 바 있다(Niebuhr, 1951). 1) 문화에 대립하는 그리스도(Christ against Culture), 2) 문화를 수용하는 그리스도(Christ of Culture), 3) 문화 위에 군림하는 그리스도(Christ above Culture), 4) 문화와 역설관계에 있는 그리스도(Christ and Culture in paradox), 5) 문화를 변혁해 나가는 그리스도(Christ the transformer of Culture) 등이 그것이다.

시대와 역사의 변천에 따라 세속문화는 바뀌어 가기 마련이다. 어떤 시대는 세속문화가 기독교적 가치와 연결되는 연속선상의 문화가 있는가 하면, 어떤 시대는 세속문화가 기독교적 가치와 완전히 배치되는 문화도 있다.

21세기 세계화 시대의 문화는 인류역사상 그 어느 때보다 다양성, 다원성, 상대성이 두드러지는 시기이다. 그로 인해, 기독교적 가치와 부합하는 것 이상으로 부합하지 않는 다양한 문화와 가치체계가 여과 없이 교회와 가정을 파고든다. 이럴 때일수록, 기독교적 가치와 부합하는 것들은 선택적으로 수용, 활용하지만 기독교적 가치와 상충되는 것들은 과감히 변화, 변혁시켜 나가야 할 과제가 주어진다.

니버 자신도 "문화를 변혁해 나가는 그리스도"의 유형에 방점을 두고 있는 것처럼, 기독교 신앙, 기독교 진리의 생명력을 존중하는 기독교인 가정들은 다섯 번째 유형의 입장을 견지하면서, 복음의 빛, 진리의 빛 속에서 문화에 대한 변별력과 변형적 능력을 행사해 나가야 할 것이다.

V. 세계화 시대의 기독교가정교육의 기본 원리

세계화 시대는 영적, 정신적, 물질적 급변화, 다원화, 상대화의 시기이다. 이러한 급변화, 다원화, 상대화의 시기에 기독교인 가정의 신앙적, 정신적, 물질적 건강과 통전성을 지속가능하게 할 수 있는 큰 틀과 원리를 어디에서 찾을 수 있을까? 교회의 머리가 그리스도인 것같이 기독교인 가정의 머리 역시 예수 그리스도임을 고백하고 믿고 실천하는 하나님의 백성들이다. 예수 그리스도는 곧 하나님이시며 하나님은 성부, 성자, 성령의 신적 공동체(divine community) 속에 계심을 생각할 때, 삼위일체 하나님의 내적 역동성이야말로 기초 신앙공동체(faith community)인 가정과 교회의 원형이라 할 수 있다.

하나님이 직접 창설하신 두 기관이 교회와 가정임을 생각할 때, 교회와 가정은 상호 밀접한 관계가 있다.[87] 교회는 확대된 가정이요, 가정은 축소된 교회처럼 신앙과 삶이 하나 될 수 있을 때 가장 이상적인 모습이라 할 수 있다. 이러한 전제하에서 세계화 시대의 기독교가정교육의 기본 원리에 대해 살펴보기로 하자.

1. 교육목적

세계화 시대의 기독교가정교육의 목적은 다음과 같이 정의될 수 있다. 다양한 가정의 형태, 구조, 가치관, 문화 속에서, 성경에 계시된 참되고 바른 가정의 원정신과 원의미를 가정의 영적, 정신적, 물질적 차원 속에 구현하고 실천함으로써, 기독교인 가정은 물론이고 불신자 가정들에게도 그러한 정신과 의미들이 회복되어 갈 수 있도록, 겨자씨 운동을 펼쳐 나가는 것이 세계화 시대의 기독교가정교육의 목적이라 할 수 있다. 여기에서 말하는 겨자씨 운동이란 삼투현상처럼 확산과 확장을 통해 점진적이면서도 편만한 변화를 이루어 내는 것을 뜻한다.[88]

2. 교육내용

1) 영적 차원

진리의 근원 되신 삼위일체 하나님 공동체(divine community)와 가족 구성원들(faith community) 사이에 유기적이고 건강한 관계성을 회복, 유지, 확장해 나가도록 교육한다. 그 구체적인 관계성 정립을 위한 신학적 논거와 토대를 다음과 같이 제시할 수 있다. 먼저 가족 구성의 기본 토대가 되는 부부간의 관계성은 성부, 성자, 성령 사이에 나타나는 동등성과 상호순환성, 상호친교성의 모습을 반영하며 성숙해 가도록 안내되어야 한다. 부모와 자녀의 관계성은 그리스도의 신성과 인성 사이에 나타나는 상호보완

성과 함께 부모가 자녀에 대해 일종의 한계적 조율성을 유지할 수 있도록 안내되어야 한다.[89]

그 구체적 내용은 가정과 상황에 따라 달라지겠지만, 최소한 기본 원리와 형태를 위한 통찰과 전거(典據)는 인간의 원형 되신 하나님, 인간 공동체의 원형 되신 하나님 공동체와 연결되어야 한다. 인간 존재와 인간 삶의 절대적 근원이 곧 삼위일체 하나님이심을 성서가 증언하고 기독교신학과 신앙이 그것을 증거하고 있기 때문이다. 삼위일체 하나님의 부르심과 종말론적 완성을 믿고 그를 위해 분투하며 나아가는 것이 기독교 신앙과 삶임을 생각할 때, 이러한 관계성의 전거야말로 참된 기독교적 인간, 참된 기독교 가정을 위해 토대가 될 수 있다.[90]

2) 정신적 차원

(1) 지적 영역

세계화 시대 속에서, 하나님-세상-인간의 운행원리와 상호관계성 원리를 이해, 숙지, 납득할 수 있도록 교육한다.

(2) 정서적 영역

하나님의 마음을 느낄 수 있고, 다른 사람의 마음을 공감할 수 있고, 자기의 본 마음을 투명하게 감지할 수 있도록 교육한다.

(3) 의지적 영역

자기 마음을 하나님 마음에 맞추어 살겠다는 결단, 다른 사람 마음에 고통을 주지 않으면서도 함께 소통하며 살겠다는 결단을 하도록 교육한다.

(4) 도덕적 영역

자신의 지적 깨달음, 정서적 공감, 의지적 결단이 자신이 속한 공동체뿐 아니라, 하나님 공동체 규범에 부합하는 것인지를 점검하고 잘못된 것을 바로잡아 가도록 교육한다.

3) 물질적 차원

세계화 시대에 부응할 뿐 아니라 공헌하는 가정이 될 수 있도록, 가족 구성원이 스스로 그리고 함께 물질의 개인적 영역과 공적 영역을 건강하면서도 생산적으로 관리할 수 있도록 교육한다.

(1) 개인적 영역

육체적 건강과 가정경제를 건강하면서도 생산적으로 관리할 수 있도록 한다.

(2) 공적 영역

자신의 직업과 소명을 발견할 수 있도록 한다. 하나님의 피조세계를 건강하게 유지, 관리할 수 있는 청지기(stewardship)가 되도록 한다.

3. 교육방법

1) 부모의 역할

(1) 영적 안내자로서의 부모

하버드대학교와 예일대학교 교수 자리를 내려놓고 라르쉬(Daybreak)공동체에 들어가 장애인들을 위한 삶을 살았던 20세기 최고의 영성가 헨리 나우웬(Henri Nouwen)은 그의 저서 『역동적 발돋움』(Reaching Out)에서 참된 영적 성장은 세 방향으로 자라 나가야 한다고 역설한다.[91] 그것은 곧 '성숙한 자아'로 나아가기, '동료인간'에게로 나아가기, '하나님'께로 나아가기이다. 이것은 누가복음 2장 52절에 나타난 참 인간의 전형으로서 예수 그리스도의 성장 및 성숙과 일맥상통한다: "예수는 <u>지혜</u>와 <u>키</u>가 자라가며 <u>하나님</u>과 <u>사람</u>에게 더욱 사랑스러워 가시더라."[92] 키와 지혜가 자란다는 것은 '성숙한 자아'로 나아가기를 의미한다. 하나님 앞에 사랑스러워 간다는 것은 '하나님'께로 나아가기를 의미한다. 사람 앞에 사랑스러워 간다는 것은 '동료인간'에게로 나아가기를 의미한다. 이러한 움직임을 나무로 표현하면 다음과 같다. '성숙한 자아'로 나아가는 것은, 나무가 토양 깊숙이 뿌리를 내리는 아래로의 움직임이다. '동료인간'에게 나아가는 것은, 나무가 양 옆으로 가지를 뻗어나가는 옆으로의 움직임이다. '하나님'에게로 나아가는 것은, 나무가 하늘을 향해 힘 있게 자라 나가는 위로의 움직임이다.

세계화 시대의 기독교가정교육은 나우웬이 말한 영성교육에 기초해야 한다. 이것은 통전적인 삶, 건강한 삶을 위한 영적 지침이라 할 수 있다. 이것은 누가복음 2장 52절에 나타난 예수 그리스도의 성장과 성숙의 모범을 따라 사는 삶이기도 하다.[93] 영적 혼란, 영적 혼돈의 세계화 시대에 예수 그리스도의 본을 따라 자신, 이웃, 하나님을 향한 성장과 성숙의 초석을 확고히 하는 것은 대단히 중요하다. 이러한 영적 토대를 통해 다음과 같은 기본 방향을 정립할 수 있다. 첫째, 외로움(loneliness)을 하나님 앞에 단독자로 설 수 있는 거룩한 고독(holy solitude)으로 변환시켜야 한다. 둘째, 타인을 향한 적개심(hostility)을 환대(hospitality)로 변환시켜야 한다. 셋째, 하나님에 대한 막연한 환상(illusion)을 하나님께 드리는 진실된 기도(prayer)로 변환시켜야 한다. 이러한 움직임과 방향성은 다른 정신적, 물질적 기독교 가정교육을 위한 확고한 토대(foundation)요 모판(matrix)이다.

기독교인 가정의 부모는 자신이 이러한 영적 성숙과 성장의 길을 걸어가기 위해 노력해야 한다. 또한 자신의 경험과 가족의 경험이 함께 이 세 방향으로 수렴되어 하나님 궁전에 백향목같이, 감람나무같이 자라 나가도록 기도하며 중보적 기도를 드리는 삶을 살아야 한다.

(2) 멘토로서의 부모

멘토링의 저자 밥 빌(Bobb Biehl)은 국제마스터플랜 그룹 대표이자 가정사역 전문기관인 "포커스 온 더 패밀리"(Focus on the Family)의 설립멤버이다. 그는 1991년 비영리단체인 "멘토링 투데이"(Mentoring Today)를 설립한 바 있다. 밥 빌은 제자화와 멘토링의 특성을 아래와 같이 구분하고 있다.[94]

[표 2] 제자화와 멘토링의 특성 비교

항 목	제자화	멘토링
역할의 유형	영적인 진리를 가르침.	삶의 전 영역에서 돌봐주고 세워 줌.
필요한 훈련	학문적인 지식과 개인적 통찰	삶의 경험
소요 시간	제한된 시간의 학습과정	일생
장기간의 관계성	낮음	낮음
함께하는 시간의 초점	영적인 교훈을 가르침.	모든 삶의 영역에서 성숙하도록 뒷받침함.
개인적인 성격의 중요성	존경심	존경심과 개인적인 성격 모두 요구됨.

필적할 만한 역할인물	훈련되고 성숙한 교사	사랑 많은 아저씨, 아주머니 혹은 친구
핵심적 메시지	영적으로 성숙하기 위해 행해야 할 내용	당신의 현재 상황에서 어떻게 하면 당신을 도울 수 있을까?

밥 빌은 스승, 후견인, 지도자, 동지, 영적 지도자, 조언자와 멘토의 특성을 아래와 같이 구분한다.[95]

[표 3] 멘토의 특성

스승	직업적인 기술에 초점이 있다.	멘토	삶에 관심이 있다.
후견인	대체로 사회적 고위층으로서 오래 지속되는 관계가 아닌 일종의 계약 관계이다.	멘토	평생토록 지속되는 관계이다.
지도자/교사	기술이나 능력 개발에 관심을 갖는다.	멘토	삶의 모든 영역에 관심을 갖는다.
친구/동료/동지	경험, 상호존중, 신분, 학습 능력 거의 동일하다.	멘토	멘토는 삶의 경험이 더 많고 깊다.
영직 지도자/조언자	영직인 영역에 초점을 맞춘다.	멘토	영적인 부분을 포함한 삶의 모든 영역에 관심을 집중한다.

이런 점들을 볼 때, 부모가 자녀에게 교육적 역할을 할 수 있는 형태는 스승, 후견인, 지도자보다 멘토의 역할이 가장 적합하고 잘 어울리는 교육 형태라 생각된다. 부모는 자녀를 위한 일생의 멘토로서 영적, 정신적, 물질

적 영향력과 멘토링을 통해 교육해 나가야 한다.

2) 자녀교육의 원리

(1) 근본 원리

자녀교육을 위한 근본원리는 하나님과 인간 사이의 구심력과 원심력의 토대 위에서, 기독교인으로서의 정체성과 세계화 시대의 개방성을 함께 유지하는 "양극의 관계적 통합의 원리"다. 이것은 로더의 성령의 관계적 논리와 기독교교육 인식론에 나타나는 "양극의 비대칭적 일치"(bipolar relational unity)와도 그 역동성과 토대를 함께한다.[96]

(2) 응용 원리

① 다양성의 원리

자녀의 기질, 성격, 특성, 은사, 관심의 다양성을 인정한다.

② 상호존중의 원리

부모는 자녀의 인격과 존엄성을, 자녀는 부모의 인격과 존엄성을 상호 존중한다.

③ 한계적 조율의 원리

부모가 자녀에 대해 선재성, 우선성, 조율성을 지니되, 주의 교양과 훈계 속에서 자녀의 자율성, 권한, 선택의 기회를 보장해 준다.

④ 성육신의 원리

그리스도가 자신을 비워 인간의 형체를 취하듯, 부모가 자신을 비워 자녀와 함께 같은 눈높이, 같은 관심, 같은 정서를 통해 하나 되고 연합되는 삶 속에서 교육이 이루어진다.[97]

Ⅵ. 세계화 시대를 위한 기독교가정교육의 실례

지금까지 우리는 세계화 시대의 기독교가정교육을 위한 기본 인식, 논거, 원리와 방향성 등에 대해 논의하였다. 이제 이러한 기본 원리와 정신이 구체적인 현실 속에 어떤 방식으로 적용되고 실천되어야 하는가에 대한 실제적인 예시가 필요하다. 예시를 구체화하기 위해 인간의 3요소 중 가장 현실적인 필요와 맞닿아 있는 인간 삶의 물질적 차원과 관련하여 교육의 실례를 들어 보도록 하자.

물질적 차원에서 중요한 것은 두 가지 영역이다. 하나는 개인적 영역이고 또 하나는 공적인 영역이다. 물질 차원의 개인적 영역은 육체적 건강, 경제생활, 진로교육 등을 들 수 있다. 공적인 영역의 대표적인 과제로서 환경 및 생태계 보호를 들 수 있다.

1. 개인적 영역

1) 육체적 건강을 위한 교육

개인적 영역으로서 육체적 건강이 뒷받침되지 않으면 영적 차원과 정신적 차원이 활동할 수 있는 기반을 잃고 만다. 즉, 육체적 생명이 없이는 영적, 정신적 활동이 불가능하다는 것이다. 흔히 이원론적 신앙, 이분법적 기독교는 영혼은 중요시 하지만 육체는 등한히 하는 경향이 있다. 하지만 성경은 몸의 중요성을 결코 소홀히 하지 않는다: "너희 몸은 너희가 하나님께로부터 받은 바 너희 가운데 계신 성령의 전인 줄을 알지 못하느냐"(고전 6:19). 성경에서 말하는 육체는 두 가지 단어로 사용된다. 하나는 부정적 의미의 육(flesh, sarx)이고 또 하나는 긍정적 의미의 몸(body, soma)이다. 육(sarx)은 몸(soma)와 달리 인간의 부정적, 파괴적인 성향을 나타낸다. 하지만 몸은 하나님의 영이 거하는 전으로서 소중하고 중요한 의미를 가진다. 몸이 없이는 선교, 전도, 봉사, 사랑의 실천이 불가능하다. 따라서 몸을 소중히 여기고 건강하게 유지하는 것은 대단히 중요한 기독교적 덕목이다. 특히 현대의 삶 속에서 과로, 스트레스, 공해, 오염의 문제가 날로 심각해지기에 몸을 건강하게 하는 것은 그 어느 때보다 많은 주의와 노력이 필요하다.

육체의 건강을 위해서는 어린 시절부터 규칙적인 생활, 좋은 습관, 절도와 절제, 운동 등을 몸에 익혀 생활화하도록 하는 것이 중요하다. 온 가족이 함께 이러한 생활, 습관, 운동을 생활화하되 특히 부모들이 자녀에게 삶으로 행동으로 모범을 보이는 것이 필요하다.

2) 경제생활을 위한 교육

오늘날 현대인들에게 있어서 경제는 점점 더 중요해지고 있다. 과거에는 자연, 천연자원, 공동체 의존적 생활을 하였기에 경제적 어려움이 있어도 그 어려움을 다 함께 견디거나 서로가 서로를 돌보는 것이 가능하였다. 하지만 현대 및 탈근대 사회에서는 개인 또는 가정의 경제가 어려움을 당하면 모든 것이 함께 무너져 내리는 위기감이 점증되고 있다. 이런 상황 속에서 자녀들에게 경제생활 및 물질 관리에 대한 교육이 뒷받침되지 않으면 자녀들의 미래가 대단히 어려워질 수밖에 없다.

현대 및 탈근대 시대에는 경제생활에 대한 국제적 균형감각과 함께 책임 있는 물질관리를 위한 교육이 가정에서부터 이루어져야 한다. 이러한 물질관리 교육과 함께 뒤따라야 하는 것이 자녀들의 미래와 진로를 위한 안내와 지도이다.

아이들은 자기가 잘할 수 있는 것이 무엇인지, 자기가 인생에서 어떤 삶을 살아야 할지 몰라 불안해한다. 매스 미디어의 홍수 속에서 아이들이 부러워하고 좋아하는 인물은 스포츠 스타나 인기 연예인, 가수 등이 대부분이다. 그래서 이들을 동경하고 그런 삶, 그런 직업을 가지고 싶어 하기도 한다. 하지만 정작 그러한 재능을 가지고 직업적 성공과 함께 건강한 삶을 살아가는 사람은 극히 소수이다.

3) 진로 및 직업선택을 위한 교육

아이들이 매스미디어를 통해 볼 수 있는 스타와 연예인들만을 동경한다는 것은, 보다 참된 삶의 모델, 진정한 삶의 귀감을 발견할 기회가 없었다는 방증(傍證)이기도 하다. 이런 점을 볼 때, 자녀들이 TV, 유선방송, 영화, 인터넷 외에도 음악회, 연극, 미술관, 과학 전시관, 박물관 등을 접하며 볼거리들을 다양화시킬 필요가 있다. 이 외에도 등산, 여행, 취미 및 여가활동, 동아리 활동 등을 통해 아이들의 오감을 자극해 주고 도전 정신과 함께 꿈을 키워 주는 것이 필요하다.

은행, 우체국, 도서관, 공공단체, 종교단체, 시민단체, 관공서 등 공공성이 있는 현장이나 구체적인 삶의 현장들을 찾아가서 직접 보고 듣고 경험하도록 하는 것도 중요하다. 어린 시절, 미성년시절 보고 듣고 느끼고 체험한 것들은 평생을 통해 힘과 영감과 상상력을 제공해 주는 보고(寶庫)요 원천(源泉)이기 때문이다. 요즘 같은 세계화 시대에는, 배낭여행, 언어연수, 단기선교, 자원봉사 캠프 등을 통해 외국 문화를 경험하도록 하는 것도 중요하다. 이를 통해 세상을 보는 안목과 시각을 열어 주고 국제적 마인드를 가지고 자신의 진로와 직업을 생각해 볼 수 있기 때문이다.

적절한 기회와 시간이 허락될 때, 학교, 교회 등의 단체에서 사회 각 분야의 전문가를 통해 다양한 직업이 가진 가능성과 비전에 대해 설명해 주는 것도 좋은 교육의 기회가 될 것이다. 이때, 부모들이 그러한 모든 보고 듣고 체험하는 것들을 자녀와 함께함으로써 안내자, 대화자, 상담자가 되어 주어야 한다. 자녀들을 가장 잘 알고 이해하고 사랑하는 부모님이 신뢰관계 속에서 나누는 대화들은 자녀들의 마음을 열게 하고 움직일 수 있기 때문이다.

자녀들의 진로와 직업을 위해 좀 더 분석적이고 이론적인 안내를 받도록 해 주는 것도 중요하다. 에고그램(Egogram), DISC이론, MBTI 성격선호도 검사, 에니어그램 등을 통해 자녀들이 자신의 기질적 특성과 성격유형을 객관적으로 명료화시키도록 하는 것은 진로와 직업선택을 위한 좋은 기초 작업이라 할 수 있다.[98] 이외에 개인 은사확인 검사, 적성검사, 직업선택을 위한 상담 등을 통해 자신의 가능한 진로와 직업들을 찾아보도록 하는 것은 학업 및 실력향상의 동기부여와 방향 정립에 구체적인 도움을 주게 된다.[99]

치유주말학교, 방학 중 집중 내적 치유 프로그램, 개인상담 등을 통해 어린 시절부터 지금까지의 삶을 되돌아보는 시간도 자신의 진로 및 방향을 결정하는 데 많은 도움을 준다. 왜곡되거나 굴절된 시각, 관점, 해석, 태도는 건강한 인생과 진로에 걸림돌이 되기 때문이다.

2. 공적 영역 : 환경 및 생태계 보존 교육

책을 펴낼 때마다 세계의 이목과 관심을 집중시킨 프리드먼은 최근에 미래생존전략 『코드그린』(Code Green)이라는 책을 출판하였다.100) 『코드그린』은 "뜨겁고 평평하고 붐비는 세계"(Hot, Flat, and Crowded)를 부제로 달고 있다. 뜨겁다는 것은 지구온난화를, 평평하다는 것은 모든 국가 사이의 장벽이 무너졌음을 의미한다. 붐비는 세계는 2세계, 3세계 할 것 없이 68억 세계 인구 모두가 1세계 인구와 똑같이 먹고, 마시고, 쓰고, 소비하는 삶을 살고자 전력투구하고 있다는 것이다.

지금까지 해 왔던 것처럼 화석연료를 소모하는 레드(Red)의 삶을 지향하게 되면 지구는 조만간 아웃레드(Outred)가 되어 모두가 아웃될 수밖에 없다는 것이다. 나무, 석탄, 기름, 가스를 태워 빨간불을 내게 될 때, 지구의 생명에 빨간불이 들어올 수밖에 없다는 것이다.

이제 환경보존과 청정에너지를 향한 삶은 인류의 선택이 아니고 필수과정이다. 우리가 그리고 지구가 살아남기 위한 그린코드는 우리 모두가 향해 가야 할 목표점이다. 그린을 선도하고 그린을 앞당겨 이루는 것을 가리켜 아웃그린(Outgreen)이라고 한다. 남들보다 한 발 더 빨리 그린에 다가가는 개인, 가정, 기업, 국가가 세계의 리더가 되어야 한다. 그래야 세계가 공멸(共滅)이 아닌 공생(共生)의 길을 갈 수 있다.

하나님의 창조, 유지, 구속을 향한 하나님나라 역군으로 부름 받은 기독교인들은 모두가 아웃그린 개인, 아웃그린 가정이 되어야 한다. 세계 모두가 지속가능한 세계(sustainable world)를 향한 방향성과 리더십을 갈망하는 이때, 어려서부터 그린코드 교육을 받은 기독교인 개인과 가정은 국제시대의 리더로 쓰임 받을 수 있다. 이를 위해 "정의, 평화, 창조보전(Justice, Peace, Integrity of Creation)"을 위해 노력하는 세계교회협의회(WCC)와 협력해 나가는 한국교회, 한국기독교인가정이 되어야 한다.101)

우리는 지금까지 세계화 시대의 기독교가정교육론에 대해 고찰하였다. 독일의 문호 괴테는 교육에 대해 이렇게 단언한다:"교육은 인간이 할 수 있는 일 중 가장 어려운 일이다. 하지만 가장 가치 있는 일이다."

세계화 시대는 다양성, 다원성, 상대성이 심화되는 시기이다. 인류 최초의 제도인 가정은 역사상 어느 때보다 심각한 위기와 도전 앞에 직면하고 있다. 너무나 다양한 가르침, 학설, 이론, 주장, 논리 앞에서 어떤 주장, 어떤 방향을 택해야 할지 때론 정보의 홍수 속에서 길을 잃을 때가 있다. 이런 다양성, 다원성, 상대성의 격류들은 정보의 홍수, 정보의 쓰나미를 불러일으킨다. 지구의 한복판에서 길을 잃은 사람, 가정, 학교, 교사, 학생, 부모에게 필요한 것은 나침반과 지도이다. 좁은 길, 의의 길, 진리의 길, 생명의 길을 걸어가려면 나침반과 지도가 있어야 한다. 신앙적 단언을 하자면, 계시의 말씀인 성경이 인생의 지도라면, 그 말씀을 조명해 주는 성령님이 인생의 나침반인 것이다.

인간 역사는 쉬지 않고 흐른다. "인간은 같은 강물에 두 번 들어갈 수 없다"는 한 철학자의 경구(警句)가 생각난다. 인간 역사는 끝없이 변하지만, 역사의 주관자인 그리스도는 어제나 오늘이나 영원토록 변함이 없으시다. 성경의 증언에 기초해서 이렇게 말할 수 있다:"고대, 전근대, 근대, 탈근대, 그리고 탈근대를 지나도 하나님의 진리에는 변함이 없다. 다만, 그 진리를 표현하는 방식과 적용하는 방식만 다를 뿐이다."

세계화 시대의 기독교가정교육의 방향성을 이렇게 요약해 볼 수 있다:"한 발은 반석 되신 그리스도의 진리에 기초하고, 또 한 발은 시대의 변화에 과감하게 응전하며 나아가라!"[102] 반석이신 그리스도께 초점과 구심점을 두고 변화하는 시대를 향해 원심력을 가지고 뻗어 나가는 것, 이것이 바로 "세계화 시대 기독교가정교육의 방향성"이라 할 수 있다.

기독교인으로서의 정체성을 유지하며 현대를 살아가는 세계인으로서의 개방성을 열어놓는 것이 필요하다. 자신의 정체성 유지가 시대에 뒤쳐지거나 시대착오적인 것이 되지 않고, 또한 시대의 조류에 부응하고 대처하는 것이 자신의 정체성 상실 또는 변질로 전락하지 않도록 하는 것이야말로 이 시대의 기독교인들과 기독교가정들이 감당해야 할 과제요 지향점인 것이다. 이 과제와 지향점을 향해 지혜와 경험을 공유하고 사회와 끊임없이 소통함으로써 기독교 개인과 공동체가 시대적 책임을 온전히 수행하도록 부름 받고 있음을 분명히 인식해야 한다.

지금까지 21세기 포스트모던 사회 속에서 통전성을 담보하기 위해 시대적, 신학적, 문화적, 현장적으로 어떠한 기독교육적 도전과 응전을 수행해야 할 것인가에 대해 논의하였다. 이러한 학문적, 이론적 성찰은 바른 실천을 위해 반드시 선행되어야 하고 또한 강조될 필요가 있다. 이제 이러한 이론적 성찰들이 구체적 현장 속에서 학습자들을 대상으로 어떻게 적용, 활용, 응용될 수 있는가를 예시해 보고자 한다. 하나의 예시가 지금까지 성찰한 이론들을 전체적으로 포괄하는 것은 불가능한 일이다. 하지만 이러한 예시는 본서의 논의가 피상적 성찰에 그치지 않고 구체적인 실천을 위해 한 걸음을 크게 내딛게 하는 역할을 수행하게 될 것이다. 이제 통전적 기독교교육을 위한 21세기 교육목회의 새로운 방향을 그 예로서 제시해 보고자 한다.

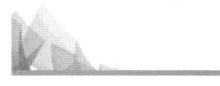

1) "가정폭력 추방하기", 동아일보 (1998. 6. 30) ; 김기평 외, "가정이 흔들린다," 중앙일보, 『전문가 대책』(1999. 5. 5) ; 김미현, "21세기의 악부(惡父)," 중앙일보, 『오피니언』(2000. 4. 1) ; 김보협, "아버지 바꾸세요," 한겨레, 『함께하는 교육』(2000. 5. 20).

2) 본 장은 기독교가정교육을 위한 구체적 실천방안이나 프로그램 개발보다는 이러한 방안이나 프로그램들이 근거해야 할 신학적, 교육학적 원리를 도출하고자 하는 데 연구의 목적이 있다.

3) Alvin Toffler, *Future Shock*, 이규행 역, 『미래의 충격』(서울 : 한국경제신문사, 1970), 236쪽에서 재인용.

4) 그러나 미래 비관론자들에게서 발견되는 공통적 문제점은 그들은 장차 가정이 소멸될 것이라는 우울한 예측만 할 뿐, 이에 대한 처방이나 대책에 대해선 전혀 언급이 없다는 것이다.

5) Alvin Toffler, *The Third Wave*, 이규행 역, 『제3물결』(서울 : 한국경제신문사, 1980), 222-269 ; 이주연, "성령의 새 시대와 가정목회," 『기독교사상』(1998년 5월), 2-3.

6) 그것도 한 사람이 두세 가지 이상의 업무를 수행하는 다직종 형태가 될 것이라는 전망이다.

7) 여기에서 "탈 핵가족화"라는 말은 단순히 부모-자녀로 구성된 핵가족에서 부부가족 또는 독신가족화 되어 가는 것만을 뜻하는 것이 아니다. 물론 형태상으로 이런 변화도 포함하지만, 부모-자녀로 구성되어 있다 해도 가정이 소비와 휴식의 공간에서, 투자와 생산의 공간으로 개념이 바뀌는 것, 그리고 다시 대가족화 되는 것까지를 포함한다. 결국, 어느 특정 형태를 뜻하기보다는 핵가족의 고정관념이 깨어지고 다양화, 다원화되는 탈 근대적 경향성을 지칭하는 용어이다.

8) T. Hareven & A. Plakans ed., *Family History at the Crossroads* (Princeton : Princeton Univ. Press, 1987), xiv-xviii.

9) Ibid.

10) Gary Collins, *Family Shock*, 안보헌 외 공역, 『가정의 충격』(서울 : 생명의 말씀사, 1997), 78-82.

11) 이규민, "탈근대화 시대의 기독교교육 과제 설정을 위한 신학적 고찰," 한국기독교학회 편, 『포스트모더니즘과 탈식민주의 시대의 신학』(서울 : 한국신학연구소, 1996), 250-252.

12) Ibid.

13) 본 장은 후기근대주의를 종교다원주의와는 구별된 의미에서 다루고 있다. 후기근대주의가 어느 정도 다원주의적 요소를 내포하고 있는 것은 사실이다. 하지만 포스트모더니즘과 다원주의 또는 종교다원주의는 그 유사성 못지않게 분명한 차이점이 있다. 한인철은 후기근대주의 신학과 다원주의 신학의 차이점을 다음과 같이 설명한다. "후기근대주의 신학은 문화 및 세계관의 변화에 치중하는 반면, 다원주의 신학은 종교들 사이의 특수성과 보편성에 대해 치중"한다는 것이다. 본 장은 후기근대주의 속에 나타나는 인간의 개별성, 자율성, 자유와 평등의 문제를 중심으로 논의하기에 다원주의는 논급하지 않기로 한다. 한인철, "포스트모던 종교다원주의", 홍정수 편, 『읽을거리 : 포스트모던 신학』 (서울 : 조명문화사, 1993), 263.

14) John McConnachie, *The Significance of Karl Barth* (London : Hodder and Stoughton, 1931), 272.

15) Hans Balthasar, *The Theology of Karl Barth*, trans. by John Drury (New York : Holt, Rinehart, and Winston, 1971), 36.

16) Herbert Hartwell, *The Theology of Karl Barth : An Introduction* (London : Gerald Duckworth & Co. Ltd., 1964), 183.

17) Thomas Oden, *The Promise of Barth* (Phila. : Lippincott Co., 1969), 36.

18) Karl Barth, *Church Dogmatics*, Vol. I/1 – IV/4, Geoffrey Bromiley and T. F. Torrance ed. (Edinburgh : T. & T. Clark, 1955 – 1961).

19) Karl Barth, Ibid., III/2, 48 – 49.

20) Jung Young Lee, "Karl Barth's Use of Analogy in His *Church Dogmatics*," *Scottish Journal of Theology* Vol. 22, No. 22 (1969), 134 – 136.

21) Karl Barth, Ibid., II/1, 225.

22) Ibid., 27.

23) Ibid., 150.

24) Karl Barth, Ibid., I/1, 49.

25) Jung Young Lee, op. cit., 141.

26) Ibid., 146.

27) Karl Barth, Ibid., III/2, 218.

28) Ibid.

29) Karl Barth, Ibid., III/4, "Freedom in Fellowship."

30) 창세기 3 : 9 – 19.

31) Karl Barth, op. cit., 116f.

32) Ibid., 149f.

33) Karl Barth, Ibid., III/2, 341.

34) Karl Barth, Ibid., III/4, 169f.

35) Ibid., III/4, 170.

36) Alexander McKelway, "Perichoretic Possibilities in Barth's Doctrine of Male and Female," *The Princeton Seminary Bulletin*, Vol. VII, No. 3 (1986), 232.

37) Karl Barth, Ibid., IV/1, 418.

38) 창세기 5 : 1 – 3, 밑줄 첨가되었다.

39) Karl Barth, Ibid., III/4, 245f.

40) Ibid., 247.

41) 베드로전서 1 : 23 ; 요한1서 5 : 1 ; 유다서 1 : 18.

42) Karl Barth, op. cit., 248.

43) Campbell Wyckoff, *Theory and Design of Christian Education Curriculum* (Philadelphia : The Westminster Press, 1961), 114f ; "Understanding Your Church Curriculum," *The Princeton Seminary Bulletin* 63 (1970), 77 – 84.

44) 여기에서 "변화와 은총의 매개체"라는 의미는 부쉬넬의 "은총의 매개"(means of grace)로서의 '가정' 개념과 레이만(Paul Lehmann)의 "변형의 매개"로서의 '코이노니아' 개념을 삼위일체론적 관점에서 창조적으로 통합해 낸 의미를 지닌다. Horace Bushnell, *Christian Nur-*

ture (New Haven : Yale Univ. Press, 1966), xxxiv-xxxv ; Paul Lehmann, *Ethics in a Christian Context* (New York : Harper & Row, 1963), Chap. XIX.

45) 이규민, "생명을 위한 기독교교육의 목적," 대한예수교장로회 편, 『그리스도께서 주신 생명과 평화』(서울 : 한국장로교출판사, 1996), 261-262.

46) 후기근대사회의 대표적 통신수단으로 등장하는 인터넷은 가족 및 확대가족 간의 원활한 의사소통을 위한 효율적 이기(利器)로 활용될 수 있다. 예를 들면 http : //cc21.hankyung.com은 가족 및 확대가족 간의 소식과 근황을 서로 알리고 다른 사람들에게 자신 및 자기 가족을 소개함으로써 가족의 유대와 친밀감을 고취할 수 있는 홈페이지를 무료로 만들어 주는 일을 하고 있다. 가족공동체 건설을 위한 이러한 창의적 시도에 있어서는 부모님보다 자녀들이 더 많은 능력을 발휘할 수 있고 부모님 또한 자녀로부터 배우고자 하는 열린 마음을 필요로 한다. 김광현, "사이버컬쳐 21," 한국경제, 『E-비지니스』(2000).

47) Leon Smith, *Family Ministry* (Nashville : Discipleship Resources, 1974), 64f.

48) Charles Sell, *Family Ministry* (Grand Rapids : Zondervan Co., 1981), 17f.

49) 가정과 교회 협력에 있어 유의해야 할 점 한 가지는 이러한 협력이 일과성에 그치거나 단순히 프로그램 의존적인 것이어서는 소기의 성과를 달성하기 어렵다는 것이다. 그보다는 가정사역과 교회사역의 근본전제와 기본발상 자체가 처음부터 본질적으로 상호유기, 상호침투적인 것이 될 때에 비로소 가정의 교회화, 교회의 가정화가 이루어질 수 있다.

50) Horace Bushnell, *Christian Nurture* (New Haven : Yale Univ. Press, 1966), 92-94.

51) https : //www.youtube.com/watch?v=nGT5TzpCih8 (2015년 8월 28일 접속) ; 배명복, "이혼하는 세태", 중앙일보(http : //search.joins.com/news_content.asp?id=20010525172918&keyword=NEWS2001).

52) "연하남편", 동아일보. www.donga.com/fbin/searchview?n=199805250284 (2014년 12월 15일). 연하의 남편은 다른 가정에 비해 내 집 마련 등 경제적인 능력은 떨어지지만, 가부장적 권위의식이 없어 오히려 가정이 화목하다는 통계와 사례를 볼 때, 가정불화와 이혼의 주된 이유가 경제적 어려움보다는 오히려 가부장적 권위와 억압 때문임을 보여 준다.

53) 예를 들어 전주대학교 사회교육원은 아버지 학교를 개설하고 매주 토요일마다 다음과 같은 주제로 교육을 실시하고 있다 : "권위주의적 아버지 상을 바꾸는 방법", "자녀들과의 대화법", "흔들리는 아버지 위상의 원인과 대책".

54) 실용적, 공리적 처방과 대응이 가질 수밖에 없는 문제에 대해서는 본 장의 서론 부분에서 상세히 다룬 바 있다.

55) 이규민, "탈근대화 시대의 기독교교육 과제설정을 위한 신학적 고찰," 272-274.

56) 고용수, 『하나님나라와 교육목회』(서울 : 장로회신학대학교출판부, 2009), 87-88.

57) Ibid., 92-94.

58) Maria Harris, Fashion Me a People : Curriculum in the Church (Louisville, KY : Westminster/John Knox Press, 1989).

59) 이규민, "21세기 한국교회 교육목회의 위기 분석 및 대안 제시," 『기독교교육논총』 26집(2011년 1월), 248-249. Maria Harris, Fashion Me a People : Curriculum in the Church (Louisville, KY : Westminster/John Knox Press, 1989). 고용수, 『하나님나라와 교육목회』(서울 : 장로회신학대학교출판부, 2009).

60) 박상진, "가정과 교회를 연결하는 신앙교육과정 연구," 장신대기독교교육연구원 편, 『해피 투게더 : 교회와 가정을 연결하는 아동부 교육목회』(서울 : 장신대기독교교육연구원, 2009), 55-56.

61) 김재은, 『기독교 성인교육』(서울 : 한국기독교교육학회, 2004).

62) Rebecca Williams, Child, parent, or both? : Who should be the Focus of an Effective Parenting Program (New York : Garland Pub., 1995).

63) 이규민, "생명을 회복하는 교회교육," 『다음세대에 생명을』(장신대 기독교교육과 50주년 기념 세미나 자료집, 2015년 5월), 46.

64) James White, Intergenerational Religious Education (Birmingham, AL : Religious Education Press, 1988), 4-6.

65) 김도일, "노스포인트커뮤니티교회의 교육사역에 대한 고찰과 한국교회에서의 적용가능성 모색에 관한 연구," 장신대 기독교교육연구원 편, 『해피투게더 : 교회와 가정을 연결하는 아동부 교육목회, 기본지침서』(서울 : 장신대 기독교교육연구원, 2009).

66) 이규민, "생명을 회복하는 교회교육," 『다음세대에 생명을』(장신대 기독교교육과 50주년 기념 세미나 자료집, 2015년 5월), 44-45.

67) Richard Wright, Rite of passage (New York : HarperCollins, 1994).

68) 고용수, 『하나님나라와 교육목회』(서울 : 장로회신학대학교출판부, 2009), 87-91.

69) 이규민, "21세기 후기근대 기독교가정교육을 위한 근본원리에 관한 연구," 『기독교교육정보』 제3집 (서울 : 한국기독교교육정보학회, 2003), 336-337.

70) 고용수, 『만남의 기독교교육사상』 (서울 : 장로회신학대학교출판부, 1994), 198-201.

71) Friedman, *The lexus and the olive tree*, Journal of Economic Issues. vol. 37 no. 2, 79.

72) '국제화'의 사전적 정의는 "한 국가가 경제, 문화, 정치, 환경적으로 다른 국가들과 활발히 교류하는 움직임"을 뜻한다. 한편, '세계화'는 "국제 사회 속에서 상호 의존성이 증가함에 따라 세계가 하나의 단일한 체계가 되어 가는 현상"을 의미한다. 세계화의 결과로 인해 민족국가의 경계가 약화되고 세계사회가 하나의 경제체제로 통합해 가는 현상이 가속화되어 가는 것이 현 국제사회의 실정이다. http : //ko.wikipedia.org/wiki. (2013년 1월 25일 접속).

73) John Cavanagh. et. al. ed., *Alternative to Economic Globalization* (San Francisco : Berrett-Koehler Publisher, 2004). "세계화에 관한 국제포럼"(IFG, International Forum on Globalization)은 반세계화(anti-globalization)운동을 이끄는 대표적인 모임이다. 이 포럼은 주로 기업세계화의 문제점에 대해 집중한다.

74) Joseph E. Stiglitz, *Globalization and its Discontents* (New York : Norton, 2002). 스티글리츠(Joseph Stiglitz)는 21개 국어로 번역 출판된 그의 저서 『세계화와 그 불만』(*Globalization and its discontents*)에서 세계화를 찬성할 것인가 반대할 것인가 하는 논쟁의 단순성을 넘어 "세계화를 어떻게 이루어 갈 것인가"를 논하고 있다. 스티글리츠는 세계화는 전 세계적인 추세요, 방향성임을 인정하되 선진국과 개발도상국이 상생할 수 있는 세계화, 즉 "인간의 얼굴을 한 세계화"를 위한 효율적 방안을 제시하고 있다. 즉, 자유무역(free trade) 대신 공정무역(fair trade)을 위한 방안을 제시한다.

75) 이진우 편, 『포스트모더니즘의 철학적 이해』 (서울 : 서광사, 1993), 12.

76) Barry Smart, *Postmodernity*, 이규헌 외 역, 『탈현대성의 개념』 (서울 : 현대미학사, 1995), 19-20.

77) '페레스트로이카'(러시아어 : перестройка)는 1987년 6월, 소비에트 연방의 지도자 미하일 고르바초프가 주창한 경제 개혁 정책 슬로건으로서 "재건", "재편" 등을 뜻한다. '글라스노스트'(러시아어 : гласность)는 고르바초프가 실시한 개방 정책으로서 '열림', '개방'을 의미한다. 이를 통해서 과거에는 반소적(反蘇的)이라고 금지했던 문학작품과 영화, 연극 등이 공개되었다. 하지만 모든 것을 공개한 것은 아니다. 특권계급의 부패에 대해서는 공개 비판하면서도 고르바초프 자신과 주변에 대한 비판은 여전히 금지되었다. 비록 제한적 공개이기는 하나 수동적인 국민을 활성화시키고 보수 관료와 사회부패를 비판함으로써 소련 민주화에 많은 영향을 미쳤다. http : //ko.wikipedia.org/wiki/(2014년 12월 22일).

78) Thomas L. Friedman, *The World is Flat : a Brief History of the Twenty-first Century* (New York : Farrar, Straus and Giroux), 2005, 68.

79) Ibid., 68-69.

80) Ibid., 70-71.

81) Ibid.

82) Ibid., 94.

83) Alvin Toffler, *Future Shock*, 이규행 역, 『미래의 충격』 (서울 : 한국경제신문사, 1970), 236.

84) N. Collins, P. E. Wilde ; S. Hofferth ; S. Stanhope ; M. Noonan, "Pre-1997 Trends in Welfare and Food Assistance in a National Sample of Families," *American Journal of Agricultural Economics*, 2000/VOL 82 ; PART 3 : 119.

85) Robert Gardiner ed., *Warship* (London : Conway Maritime Pr., 1992), 295.

86) Ibid., 428.

87) Charles Sell, *Family ministry* (Grand Rapids : Zondervan Co. 1981).

88) 이규민, "포스트모던 시대의 기독교가정교육," 304-306.

89) Barth, 1955, 기독교가정교육에 있어서 교육내용으로서의 영적 차원은 이규민, "포스트모던 시대의 기독교가정교육," 중에 제5장 "삼위일체론적 기독교가정교육"을 참고하라.

90) Karl Barth, Bromiley, G. W. eds. *Church Dogmatics*, Vol. IV, I, (Edinburgh : T. & T. Clark, 1961), 418.

91) Henri Nouwen, *Reaching out*, 이상미 역, 『영적 발돋움』 (서울 : 두란노, 1998).

92) 개역개정판, 강조는 첨가되었다.

93) 노스포인트커뮤니티교회(North Point Community Church)는 누가복음 2 : 52의 핵심을 모토로 252 Basics라는 교육교재를 개발하여 가정에 보급하여 상당한 결실을 거두고 있다. 이러한 교육개념을 기초로 가정과 교회의 유기적 접목을 통한 라이프스타일의 변화를 꾀하는 교회들이 점점 늘어나고 있다. 예를 들면 미국 L.A. 영락교회, 토론토 밀알교회가 이를 접목해서

많은 결실을 거두고 있다. 장로회신학대학교 기독교교육연구원에서도 가정과 교회의 유기적 연결을 통한 기독교적 삶과 가치관 교육을 위해, 해피투게더(Happy Together)교재를 개발하여 보급하고 있다. 현재까지는 "믿음, 사랑, 희망, 기쁨, 책임, 공동체" 등 총 12주제의 성품교육 교재를 출판하였다. 이들 자료에 대한 정보는 www.ceri.co.kr에서 찾아볼 수 있다. www.kidstuf.com ; http : //czoneministry.com ; www.ceri.co.kr (2014년 12월 21일).

94) Bobb Biehl, *Mentoring*, 김성웅 역, 『멘토링 : 사람을 세우는 22가지 원리』 (서울 : 도서출판 디모데, 1997), 50−51.

95) Ibid, 56.

96) 하나님과 인간, 정체성과 개방성 사이에 나타나는 창조적 긴장의 특성을 위한 자료. 이규민, "관계," 『기독교교육에 생기를 불어넣는 일곱 주제』, 138−142 ; James Loder, *The Knight's Move : The Relational Logic of the Spirit in Theology and Science*, 이규민 역, 『성령의 관계적 논리와 기독교교육 인식론』, 제5장 "상보성과 기독론".

97) 자녀교육을 위한 응용 원리의 상세 내용을 위한 자료. 이규민, "기독교교육과 문화," 384−390.

98) 이규민, "청소년 진로를 위한 교육과 상담," 22.

99) Peter Wagner, *Finding Your Spiritual Gifts* (Ventura, CA : Gospel Light Publishing Co. 1997).

100) Thomas Friedman, *Code green : Hot, Flat, and Crowded*, 최정임 역, 『코드 그린 : 뜨겁고 평평하고 붐비는 세계』 (서울 : 21세기북스, 2008).

101) 허호익, 『신앙, 성서, 교회를 위한 기독교 신학』 (서울 : 동연, 2009).

102) 오우성, 『기독교종합대학의 정체성과 제도』 (서울 : 이문출판사, 2000).

**Holistic Christian
Education for the
Postmodern Era**

오늘날 한국교회는 목회 및 기독교교육의 위기를 맞고 있다. 양적 정체와 감소, 내적 갈등과 힘겨루기 심화, 사회적 신뢰와 존경 상실, 기독교 안티 세력의 급증 등을 통해 위기의 단면을 볼 수 있다. 이런 위기 상황 속에서, 교회의 구심점, 생명력, 내적 충만을 회복하고, 세상을 향한 원심력, 돌봄, 창조적 변화를 이루어 낼 수 있는 대안을 마련해야 할 시대적 요청 앞에 직면해 있다.

이러한 시대적 요청 속에서 본 장은 다음과 같은 것을 시도한다. 즉, 교육목회 위기의 문제를 분리와 단절, 대립과 갈등이라는 주제를 중심으로 분석한 후, 통전적 기독교교육을 위한 대안을 제시해 보고자 한다.

제5부
통전적 기독교교육을 위한 새 방향[1]

고용수는 "새 시대를 여는 한국교회의 교육목회" 서문에서 21세기 한국교회의 소명을 이렇게 밝히고 있다: [2]

한국교회는 21세기 한국 사회가 자리하고 있는 시간과 공간, 문화와 역사 속에서 기독교복음이 지닌 생명성과 역동성을 시속적으로 유지하기 위해, <u>안으로는</u> 교회가 지닌 정체성과 공동체성을 강화하고, <u>밖으로는</u> 21세기의 세계화, 정보화, 다양화의 거대한 역사적, 세속적 도전과 사회 변화에 적극적으로 대응하면서 하나님께서 주도하시는 하나님나라의 구현에 응답해야 할 역사적 소명을 받고 있다.[3]

마리아 해리스(Maria Harris)는 『교육목회 커리큘럼』(Fashion Me A People)

을 통해 교육목회의 범주를 다음과 같이 제시한다:[4]

목회적 소명은 그 단어 자체에 암시되듯이, 특별한 삶의 방식에로의 부름이요, 특별한 삶의 방식에 대한 요구이다. 이러한 특수성이 곧 '목회적'(pastoral)이라는 단어로 요약될 수 있는데, 그것은 사람들에 대한 보살핌과 관계성을 함축하고, 아울러 기독교적인 사역활동에 적극적이고 실천적으로 참여하는 것을 함축한다. 우리는 우리 자신을 돌보고, 서로서로를 돌보고, 우리의 삶의 터전인 지구를 돌보기 위하여 부름을 받았다. 우리는 교회 안과 교회 울타리를 넘어서까지 하나님과의 관계와 모든 하나님의 피조물들과의 관계를 진지하게 받아들이도록 부름을 받고 있다.[5]

올바른 기독교교육 및 교육목회를 위해 국내 및 국외 두 학자가 공통적으로 강조하는 교육목회의 특징은 다음과 같다. 즉 교회의 구심점, 생명력, 내적 충만성은 물론이고 세상을 향한 원심력, 돌봄, 창조적 변화도 함께 만들어 나가야 한다는 것이다. 그 이유는 하나님의 교육목회는 하나님으로부터 부름 받은 하나님백성 공동체를 통해 세상 속에 하나님의 나라를 구현해 나가는 교육적 돌봄이기 때문이다.

한국교회의 교육목회는 위기를 맞고 있다. 양적 정체와 감소, 내적 갈등과 힘겨루기 심화, 사회적 신뢰와 존경 상실, 기독교 안티세력의 급증 등을 통해 위기의 단면을 볼 수 있다. 이런 위기 상황 속에서, 교회의 구심점, 생명력, 내적 충만을 회복하고, 세상을 향한 원심력, 돌봄, 창조적 변화를 이루어 낼 수 있는 대안을 마련해야 할 시대적 요청 앞에 직면해 있다.

이러한 시대적 요청 속에서 본 장은 다음과 같은 시도를 하고자 한다. 교육목회 위기 문제를 분리와 단절, 대립과 갈등이라는 주제를 중심으로 분석한 후, 21세기 교육목회를 위한 대안을 제시해 보고자 한다.[6] 본 연구는 다음과 같은 근본적인 질문들을 중심으로 연구와 논의를 수행해 나가게 될 것이다:

① 교육목회의 정의는 무엇인가?
② 교육목회 중심축은 무엇이며 어떠한 유형들이 있는가?
③ 교육목회 위기의 핵심은 무엇인가?: 분리와 단절, 대립과 갈등을 중심으로
④ 교육목회의 구조 변화와 다이아몬드시스템은 가능한가?
⑤ 변화의 두 영역(교회 내적 변화 & 외적 변화)의 핵심주제는 무엇인가?
⑥ 변화를 위한 구체적 방안은 무엇인가?
⑦ 21세기 교육목회의 대안은 무엇인가?

I. 교육목회의 정의: 협의 vs. 광의

목회와 교육, 교육과 목회는 상호불가분의 연관성을 지니고 있다. 목회와 교육의 긴밀한 연관성은 교회의 시작을 명하는 예수 그리스도의 대위임(마 28:19-20)뿐 아니라 그 명령에 따라 세워진 초대교회 속에도 나타난다(행 2:42). 그리스도의 대위임은 제자 삼기, 세례 주기, 가르쳐 지키게 하기로 요약된다. 이 명령에 기초한 초대교회의 모습은 가르침 받기, 기도하

기, 떡을 떼기, 교제하기로 요약된다. 이처럼 교회의 존재방식, 교회의 존재표현에는 가르침과 교육이 핵을 이루고 있음을 성경에서 찾아볼 수 있다. 또한 한국적 토양에 맞게 한자어로 표현된 '교회', '목사', '전도사'라는 말 자체가 이미 그 속에 교육적 의미를 지니고 있다. '교회'(敎會)는 천국복음의 가르침을 받기 위해 부름 받은 모임을 의미한다. '목사'(牧師), '전도사'(傳道師) 역시 목회와 전도를 하는 '선생님'이며 '교사'임을 나타낸다. 이처럼 목회와 교육, 교육과 목회는 서로 분리될 수 없는 유기성을 지니고 있다. 목회와 교육이 분리될 때 많은 문제들이 발생한다. 한국교회 속에 나타난 다양한 모습의 분리를 생각할 때 이 점은 더욱 분명해진다. 목회자와 평신도의 분리, 성인과 아동의 분리, 본당과 교육관의 분리, 신앙과 생활의 분리 등이 그것이다.

목회와 교육이 분리될 때, 회중은 무기력하고 수동적인 객체가 되고 만다. 하지만 회중 자체가 신앙공동체인 동시에 곧 하나의 신앙학교임을 잊지 말아야 한다.[7] 회중은 학습과 교육의 객체로 머무는 것이 아니라 주체인 동시에 서로가 서로의 교사임을 기억해야 한다. 칼뱅이 교회를 가리켜 "모든 신앙인의 어머니"(piorum omnium mater)이며 "하나님의 학교"(Schola Dei)라고 부르는 것도 이 때문이다(Calvin, IV, 1.1). 교회는 하나님으로부터 부름 받고(called-out), 하나님으로부터 훈련받아 세워지며(called-up), 하나님으로부터 세상 속으로 파송받은(called-into) 무리들임을 바르트는 『교회교의학』(Church Dogmatics)을 통해 강조한다.[8]

교육목회에 대한 정의를 내리고자 할 때, 협의의 교육목회와 광의의 교육목회로 나누어 살펴볼 수 있다. 협의의 교육목회는 "교육을 목회적으로 하는 것"을 의미한다. 즉, 디다케 중심의 목회 내지는 디다케의 목회적 확장을 의미한다. 예를 들면 성경공부, 교리교육, 교회학교 및 교회교육 활성화를 중심으로 이루어지는 목회가 협의의 교육목회인 것이다.

한편 광의의 교육목회는 "목회를 교육적으로 하는 것"을 의미한다. 즉, 커리큘럼이 있는 목회 내지는 하나님 백성공동체를 성숙, 확장시켜 나가기 위한 하나님 교육(Educatio Dei)의 마스터플랜에 따라 예배, 설교, 봉사, 친교, 가르침이 유기적으로 이루어지는 것을 의미한다.[9] 예를 들면, '사랑'이라는 기독교 덕목을 회중들이 이해, 숙지, 실천할 수 있도록 하려면 다음과 같은 유기적 커리큘럼을 가진 목회가 필요하다. 사랑에 대한 성경적, 신앙적 의미를 설교를 통해 전달하고(Kerygma), 사랑을 느끼고 경험할 수 있는 예배를 드리며(Leiturgia), 사랑의 기독교적 의미를 강의와 성경공부를 통해 가르친다(Didache). 또한, 이러한 사랑의 교제를 나눌 수 있는 친교의 장과 기회를 마련하고(Koinonia), 이제 그러한 사랑을 이웃과 사회를 위해 실천하고 봉사하도록(Diakonia) 목회해야 한다는 것이다. 이처럼 커리큘럼이 있는 목회를 통해 하나님의 백성이 형성-변형-재형성되어 갈 수 있도록 안내하는 것이 곧 광의의 교육목회인 것이다.

II. 교육목회의 중심축과 교육목회의 유형

1. 교육목회의 중심축

교육목회의 중심축이 되는 것이 무엇인가를 살펴보려면 교육목회의 초점, 장소, 핵심이 무엇인가를 살펴보아야 한다. 교육목회의 초점은 주로 개인 신앙, 개인 영성 중심인가 아니면 공적 신앙, 공적 영성 중심인가의 문제로 나뉜다. 개인 신앙, 개인 영성 중심의 교육목회는 개인의 경건, 개인의 성품, 개인 인격의 심화와 성숙을 지향하는 목회이다. 한편, 공적 신앙, 공적 영성 중심의 교육목회는 개인보다는 사회의 도덕성, 윤리성, 공의와 정의의 실천을 중시하는 목회를 의미한다.

목회의 장소는 '교회 안'(intra ecclesia)인가 아니면 '교회 밖'(extra ecclesia)인가의 문제로 나뉜다. 교회 안 중심의 목회는 교회 내의 예배, 친교, 헌신, 봉사, 교육을 강조하는 목회이다. 교회 밖 중심의 목회는 교회 밖을 향한 전도, 선교, 봉사, 모범, 실천을 강조하는 목회이다. 교회 안 중심의 목회는 교회의 정체성과 구심력을 중시한다면, 교회 밖 중심의 목회는 교회의 섬김과 원심력을 중시하는 목회인 것이다.

목회의 핵심은 그리스도의 제자로서의 책무와 모범성을 강조하는 목회와 이 세상 시민으로서의 책무와 모범성을 강조하는 목회로 나뉜다. 전자는 제자직 중심의 목회라면 후자는 시민직 중심의 목회라 할 수 있다. 제자직 중심의 목회는 개인구원, 영혼구원에 더 관심이 있는 반면, 시민직 중심의 목회는 사회구원, 사회변화에 더 많은 관심을 가지는 경향이 있다.[10]

이 논의를 통해 교육목회의 초점, 장소, 핵심 사이에는 상호 밀접한 연관성이 있음을 알 수 있다. 개인 신앙, 개인 영성 중심목회는 교회 안 목회, 제자직 중심목회와 연관되어 있다. 한편, 공적 신앙, 공적 영성 중심목회는 교회 밖 목회, 시민직 중심목회와 연관되어 있다. 보수를 표방하는 교회는 전자에 치중하는 한편, 진보를 표방하는 교회는 후자에 치중하고 있다. 하지만 이 두 축은 어느 하나를 택할 수 있는 양자택일의 문제가 아니다. 교회가 교회 되려면 이 두 축은 선택이 아닌 필수의 축이어야 한다. 특히 개혁전통 신앙은 개인 신앙과 공적 신앙, 교회 안과 교회 밖, 제자직과 시민직을 함께 포괄하는 신앙임을 생각할 때, 개혁전통에 서 있는 교회는 이 두 축의 중요성을 잊어서는 안 된다. 이 두 축을 함께 유지하되, 목회자와 회중의 은사와 특성에 따라 다양한 형태, 다양한 컬러의 목회형태를 갖추어야 할 것이다.

2. 교육목회의 유형

목회자와 회중의 은사와 특성에 따라 이루어지는 다양한 형태의 교육목회의 예를 들어 보면 다음과 같다.[11]

1) 전통적 목회(케리그마)

말씀과 예배, 교리의 기초 위에서 이루어지는 전통적 목회가 있다. 이러한 전통적 목회는 목회자와 평신도, 항존직과 일반 교인, 남녀선교회와 교육부서라는 기존 틀을 중심으로 목회가 이루어진다.

2) 열린예배 중심 목회(레이투르기아)

열린예배 중심 목회는 찬양과 기도를 통해 하나님의 영광과 임재의 경험을 중요시한다. 윌로우크릭커뮤니티교회, 새들백커뮤니티교회 등의 예배를 활용하는 온누리교회, 뉴사운드 교회(천관웅목사), 꿈이 있는 열린예배(JDream Bank), 대학로 기다리는 예배 등의 예를 들 수 있다. 형식과 격식을 넘어 모든 사람들이 지존하신 하나님의 영광, 능력을 경험하며 감동과 열정이 있는 예배를 드리는 것을 중요시한다.

3) 관계목회(디다케)

관계목회는 목회자와 교인 사이의 신앙적, 인격적, 영적 관계성을 중심으로 이루어지는 목회를 의미한다. 멘토링, 코칭, 제자훈련 등을 강조하는 목회를 예로 들 수 있다.

4) 봉사목회(디아코니아)

봉사목회는 "타자를 위한 존재"(Being for others)를 모토로 하나님이 지으신 세상을 위해, 하나님과 함께 이웃을 섬기는 목회를 의미한다. 러셀(Letty Russell)의 주장처럼 세상을 위한 빛, 세상을 위한 소금으로서 하나님 선교(missio Dei)로의 참여를 강조하는 목회이다. 두레교회, 다일교회, 깡통교회, 감자탕교회의 예를 들 수 있다.

5) 공동체 목회(코이노니아)

공동체 목회는 교회의 공동체성을 중시하고 강조하는 목회이다. 공동체 속에서의 상호작용을 통해 개인의 신앙, 인격, 성품이 형성, 성숙되어 감을 강조한다. 유사 연령, 유사 관심, 유사 가치를 중심으로 공동체를 형성하고 그 공동체 속에서의 삶과 활동을 통해 기독교적 가치와 덕목을 실천해 나가는 목회이다. 사랑방교회, 어린이교회, 청소년교회 등을 그 예로 들 수 있다.

6) 연계(Network) 목회

(1) 학교연계 : 대안학교, 방과후학교

학교연계 목회는 학교와의 직·간접적 연관 속에서 목회의 장을 확대해 나가는 목회를 의미한다. 대안학교, 방과후학교처럼 기존 학교에 결핍되어 있는 신앙교육, 인성교육, 가치관교육, 세계관교육을 시도하고자 하는 노력들을 예로 들 수 있다.

(2) 가정연계

가정연계 목회는 가정과의 직·간접적 연관 속에서 목회의 장을 확대해 나가는 목회를 의미한다. 기존 교회학교는 주일학교 개념에 기초하여 일주일 중 주일 하루를 중심으로 이루어지는 교육이라면, 가정연계 목회는 교회와 가정, 가정과 교회를 밀접하게 연계함으로써 주 7일 이루어지는 교육, 신앙과 생활의 연계성, 교회학교 교사와 부모의 연계성에 강조점을 두는 목회이다. 이러한 교육목회의 대표적인 예를 외국에서는 노스포인트커뮤니티교회(North Point Community Church),[12] 국내에서는 영락교회(With)와 소망교회(Happy Together) 등에서 찾을 수 있다.

(3) 지역사회연계

지역사회연계 목회는 이웃과 사회를 섬긴다는 면에서는 봉사목회와 유사한 성격을 지닌다. 차이점은, 봉사목회에 비해 지역사회연계 목회는 바로 인접한 지역사회의 필요에 보다 민감하게 대처하는 목회라는 점이다. 지역사회의 필요를 채워 주고 지역사회와 밀접한 대화와 교류를 통해 인접사회의 한 부분으로서 함께 성장하고 함께 지어져 가는 연대성, 유기성, 상호 관련성이 두드러지는 목회이다. 광양대광교회가 시행하고 있는 아쿠아(Aqua), 아가페(Agape), 아로마(Aroma)로 대변되는 트리플 에이(Triple A) 목회를 예로 들 수 있다.[13]

7) 생태 목회

생태목회는 환경과 생태계의 돌봄을 강조하는 동시에 교회 구성원들이 자연과 더불어 쉼, 재충전, 활력을 회복해 나갈 수 있도록 배려하는 목회를 의미한다. 전원교회, 민들레공동체, 장성 한마음공동체 등을 그 예로 들 수 있다.

Ⅲ. 한국교회의 교육목회의 위기 : 분리와 단절 & 대립과 갈등의 문제

한국교회 교육목회의 위기는 치유, 회복의 대안 없이 방치된 분리와 단절, 대립과 갈등 구조에 기인한다.[14]

1. 직책 간의 분리와 갈등 : 목회자 vs. 평신도

목회자 없는 평신도도 있을 수 없고 평신도 없는 목회자도 있을 수 없다. 목회자는 처음부터 목회자가 아니라 평신도로서 안수목회(ordained ministry)에 소명을 받아 목회자가 된 것이다. 평신도 또한 언제든지 하나님께서 안수목회의 소명을 주시면 소정의 과정을 거쳐 목회자가 될 수 있다.

목회자와 평신도는 서로 분리, 단절되거나 대립, 갈등의 구도 속에 놓이기보다는 서로 협력과 보완의 구도에서 동역해 나아가야 한다. 평신도는 목회자의 소명과 전문성을 존중하고, 목회자는 평신도의 헌신과 봉사를 존중하는 상호존중의 모습을 보여야 한다. 대립이나 헤게모니 싸움을 넘어 주님의 몸 된 교회를 위해 협력과 상생의 마인드를 갖는 것은 대단히 중요하다. 이러한 모습을 통해 사회로부터 신뢰와 존경을 회복할 수 있게 된다.

2. 세대 간의 분리와 갈등:성년 vs. 미성년

교회의 모든 결정과정과 권한을 성년들이 독점하는 것은 바람직하지 않다. 이렇게 되면 미성년은 수동적 피교육자로 객체화되고 만다. 미성년이 교회 구성원으로서 주체적 위치를 잃은 채 객체로만 소외될 때, 이들은 교회에 매력과 흥미를 잃게 될 것이다. 교회 내에서 특정 그룹만이 주체가 되고 나머지는 객체가 되는 분리구조는, 하나님백성 공동체의 유기적 관계성을 해치는 결과를 낳는다.

이스라엘 백성이 출애굽하여 가나안을 향한 순례여정을 행하는 동안 하나님의 백성은 장년뿐 아니라 아동과 청소년 모두를 포함하는 것이었다. 마찬가지로, 교회공동체 또한 장년 외에도 아동, 청소년 모두를 아우르는 하나님백성 공동체이다. 물론, 가장 많은 책임과 함께 책임수행에 필요한 권한 또한 장년에게 집중되는 것은 당연한 일이다. 하지만 하나님백성 공동체의 유기적 긴밀성을 생각할 때, 아동과 청소년에 대한 배려와 존중은 대단히 중요하다.

이것은 교회뿐 아니라 일반 시민사회에서도 요청되는 덕목이다. 하나님백성 공동체로서의 교회는 시민사회로부터 모범을 통한 존경을 얻을 수 있어야 한다. 남자뿐 아니라 여자, 성인뿐 아니라 미성년, 강자뿐 아니라 약자를 함께 존중하고 배려하는 모습을 통해, 성경적 가르침을 실천하는 교회, 타의 모범이 되는 교회, 사회로부터 존경과 신뢰를 얻는 교회가 되어야 한다.

3. 건물 간의 분리와 갈등: 본당 vs. 교육관

본당과 교육관의 분리는 목회와 교육의 분리라는 안타까운 현실을 눈으로 보여 주는 매개라 할 수 있다. 즉, 목회는 본당을 중심으로, 교육은 교육관을 중심으로 이루어진다는 것이다. 담임목사의 목회활동은 본당에, 교육교역자의 교육활동은 교육관에 한정되는 현실을 가시화해 준다. 하지만 이런 모습은 여러 가지 문제점과 역기능을 낳는다.

첫째, 교육은 미성년만을 위한 것이고 성인은 교육의 대상이 아닌 것 같은 착시 현상을 유발한다. 교육은 하나님의 전 백성을 위한 것임에도 불구하고 성인층 이상의 교인들이 지속적 교육, 평생교육, 재교육의 중요성을 간과함으로써 교회 중심층을 위한 신앙교육, 성서교육, 기독교교육을 소홀히 함으로 한국교회 및 교인들의 질적 저하라는 결과를 낳게 된다. 질적 성숙이 뒷받침되지 않는 양적 성장의 한계를 2000년대 이후의 한국교회 정체 및 감소현상을 통해 절감하고 있다. 따라서 성인 및 교회 중심층을 위한 교육의 중요성을 다시금 인식하고 효율적인 교육을 위한 대안들을 모색해야 한다.

둘째, 자신들의 활동무대를 교육관으로 제한받은 미성년들이 고등부 졸업 후 교육관을 떠나야 하는 시점에 이르렀을 때, 본당 중심의 생활에 이질감을 느끼게 된다. 그 결과, 그들이 적응에 실패하고 교회를 떠나게 되는 중요한 요인으로 작용한다. 교회 전체 회중이 그 교회의 중요한 구성원이요 멤버임을 느낄 수 있도록 하는 것은 매우 중요하다. 교회 전체 회중이 교회에 대한 소속감과 주인의식을 가질 수 있도록 해 주어야 하는 것이다.

셋째, 담임목회자와 교육교역자 또는 교육책임자 사이의 거리감이 심화될 수 있다. 담임목회자가 중요한 절기 및 행사 때마다 교육관에 찾아가 교육교역자 및 교육책임자들을 격려하고 학생들을 중요한 구성원으로 여기고 있음을 보여 줄 때, 모두가 한 교회의 지체로서의 연합과 일치감을 느끼게 된다. 반대로, 본당과 교육관이 절연되어 있을 때, 본당에서의 목회철학과 강조점이 교육활동에 연결되지 않고, 교육관에서 일어나는 일들이 본당에 있는 성인들에게 긴밀하게 전달되지 않는다. 그 결과, 한 교회 속에 동떨어진 두 그룹, 즉 본당과 교육관 그룹으로 분리될 수밖에 없다.

4. 교회 안과 밖의 분리와 갈등: 신앙 vs. 생활

불교, 천주교에 비해 기독교가 사회적 공신력과 존경을 받지 못하고 있음은 참 안타까운 현실이다. 이러한 현상을 야기한 요인 중에 대표적인 것이 기독교인들의 신앙과 삶 사이에 나타나는 괴리를 첫 번째로 꼽을 수 있다.

교회 안에서의 신앙고백과 열정, 헌신과 봉사는 교회 안에서만 머물면 안 된다. 이런 것들이 교회 안에만 머물게 될 때, 그것은 기독교 분리주의나 이원주의가 되고 만다. 교회 내에서의 다짐이 교회 밖으로 표현되지 않을 때, 기독교인들의 모습이 위선적, 이중적인 것으로 낙인찍히게 된다. 이것은 기독교 본연의 모습이 아니며 전도의 문, 선교의 문을 막는 결과를 낳게 된다. 교회의 교회다운 모습을 회복할 뿐 아니라, 전도와 선교를 위해서도 기독교인의 신앙은 생활 속에 표현되어야 한다. 교회 안과 밖이 분리된 이분법적 이중성이 아니라, 교회 안과 밖이 일치된 투명성, 통전성을 통해 사회의 신뢰와 존경을 회복할 수 있어야 한다. 이러한 신뢰와 존경의 토대 위에 전도와 선교, 교회성장도 가능하게 된다.

Ⅳ. 교육목회 위기의 거시적 차원 : 교단 리더십

현행 한국교회가 경험하는 목회위기는 크게 두 구조, 즉 거시적 구조와 미시적 구조로 나누어 볼 수 있다. 거시적 구조는 교단 리더십 지형을 결정하는 3주체를 중심으로 살펴볼 수 있다. 목회후보생을 선발, 훈련, 양성하는 신학교, 실제적 목회가 실행되는 개교회, 그리고 각 교단 전체를 총괄하는 총회라는 3주체를 중심으로 목회위기의 거시 구조를 살펴보고자 한다.

1. 신학교

1) 목회후보생의 과잉배출

목회후보생의 과잉배출로 인한 수급 불균형은 한국교회에 심각한 문제와 위기로 나타나고 있다. 이 수급 불균형 문제는 목회자 간의 과잉경쟁, 목회자의 이미지 실추, 교회 난립 및 분열의 문제들과 직접적으로 연결되기에 이 문제를 해결하기 위해 한국교회가 전 교회적인 노력을 기울여야 한다.

2) 학교 커리큘럼과 목회현장 사이의 괴리감

목회자를 양성하기 위해 신학교에서 가르치는 교과목과 내용들이 목회현장과 충분한 접촉점을 가지지 못하고 있다. 목회현장에 나가면 신학교에서 배운 것들을 다 내려놓고 새롭게 배워야 한다는 말들이 나오는 것도 바로 이런 괴리감을 반영한다.

3) 목회후보생 선발 방식의 문제점

많은 신학교들이 목회후보생을 선발할 때, 담임목회자와 노회의 추천서를 요구하고 있지만, 대부분은 형식적인 추천서에 그치고 만다. 결국 신학교 목회후보생을 결정하는 기준은 성경암기능력과 영어어학능력 위주의 입학시험에 의존하고 있다. 과연 암기능력, 어학능력 여부가 바람직한 목회후보생 선발기준으로서 충분한 조건이 되는 것일까? 암기능력, 어학능력은 다중지능 이론에서도 극히 부분적인 인지능력의 일부분에 불과하다. 일반대학 신입생을 선발할 때에도 입학사정관제를 통해 다면적 능력평가를 하고 있음을 볼 때, 현행의 목회후보생 선발 방식은 시대에 뒤떨어진 것임을 알 수 있다. 목회자는 인지적 능력 외에도 도덕성, 윤리성, 리더십, 협동정신, 희생정신, 소명감과 인격이 중요한 비중을 차지한다. 따라서 목회후보생 선발 시에 이런 특성들을 가늠해 볼 수 있는 제도적 장치가 필요하다.

예를 들면 다음과 같다. 서류전형, 면접, 필답고사 등으로 2배수 내지 3배수의 신입생을 선발한 후, 2박 3일이나 3박 4일 등의 수련회, 단체훈련, 봉사활동에 교수진과 후보생들이 함께 시간을 보냄으로써 후보생의 인격적 특성과 단체생활 적응 능력을 가늠할 수 있는 기회를 갖는 것도 한 방안이 될 수 있을 것이다.

2. 개교회

1) 과거의 답습 및 매너리즘

고용수는 한국교회 교육목회의 현실을 다음과 같이 지적한다:

> 한국교회 초기부터 전수된 구태의연한 교회조직 및 교육행정 체제의 현상유지와 목회자들의 교육에 대한 관심 결여 내지 부재 등 …… 변천하는 사회 속에서 빚어지는 가치관의 혼돈에 따른 현실적 물음과 도전 앞에서 교회교육은 분명한 윤리적 입장이나 방향을 제시해 주지 못하고 있다. 지역사회 변화에 따른 교회의 새로운 과제 수행의 긴급한 요청에도 불구하고 기동성 있는 프로그램의 개발은커녕 문제의식도 느끼지 못하고 구태의연한 개 교회주의의 벽을 높이 쌓으면서 현상유지(status quo)에만 급급해하는 모습이다.[15]

그는 한국교회의 조직, 행정, 프로그램이 시대적 변화와 새로운 요청에 부응하지 못하고 있음을 잘 지적하고 있다. 구태의연함을 벗고 좀 더 참신하고 영향력 있는 체제, 제도, 방향을 제시하지 못하고 있는 것이 한국교회의 현실이다. 물론, 이러한 변화를 어느 한 개인이나 한 교회가 시도하는 것은 쉬운 일이 아니다. 개교회는 노회와 총회의 제도적 틀 안에 갇혀 있을 뿐 아니라 변화를 위해서는 구성원들의 합의와 단결을 필요로 하기 때문이다.

하지만 이런 어려움들이 있음에도 불구하고 교회는 끊임없이 갱신되고 새로워져야 한다. 새로운 시대의 변화에 창조적 응전을 하지 못하면 교회는 시대를 선도하기는커녕 시대의 낙오자가 되고 만다. 교회의 변화와 갱신을 위해 끊임없는 노력, 연구, 연대감 형성은 물론이고 재정적, 제도적 지원이 함께 이루어져야 한다.

2) 기득권 주장과 집착

교회는 시간이 갈수록 기득권층이 누적되고 고착화되는 경향이 짙다. 여타 모든 단체들이 그렇지만, 특히 교회는 이러한 기득권층 고착현상이 강하다. 교회 특유의 보수성과 문화적 지체(cultural lag) 현상이 이를 가속화한다. 물론, 기독교 신앙 및 진리의 본질에 해당하는 전통은 소중히 보존되어야 한다. 하지만 본질이 아닌 외양과 껍데기는 과감히 변화, 쇄신되어야 한다.

댄 킴볼(Dan Kimball)은 다음과 같이 주장한다:"그들은 예수를 좋아한다. 하지만 교회는 싫어한다."[16] 그 이유는 교회가 너무 시대에 뒤떨어지고 구태의연하기 때문이다. 이러한 교회의 모습은 예수 그리스도의 복음이 젊은 층과 지식인층들에게 흘러 들어가는 것을 막고 있다.

물은 높은 데서 낮은 데로 흐른다. 문화 역시 보다 상위의 문화가 하위의 문화를 대체하고 변화시켜 가는 것이 순리이다. 변화를 위해서는 기득권을 포기할 수 있어야 한다. 보다 나은 미래와 창조적 변화를 위해 과거의 구태를 과감히 청산할 것을 존슨은 이렇게 주장한다:"만일 변하지 않으면, 당신은 멸종될 것입니다".[17]

기득권층을 무조건 배척하고 몰아내는 것은 지혜가 아니다. 기득권층은 자신들의 시대에 많은 봉사와 기여를 한 사람들이기에, 그들의 공로를 진심으로 존중하고 귀하게 여겨야 한다. 하지만 새로운 층, 새로운 세대, 새로운 멤버들에게도 새로운 기회를 주는 것이 필요하다. 그때 그들이 새로운 도전, 새로운 실험, 새로운 공헌을 할 수 있기 때문이다. 복음이 힘 있게 전파되고 교육목회가 활성화되려면 기득권의 주장과 집착을 내려놓을 수 있는 아량과 역량이 있어야 한다. 또한 새로운 시도를 할 수 있는 무대와 장을 제도적으로 마련해 주어야 한다.

3) 갈등, 반목, 힘겨루기의 증폭

현금의 한국교회는 다양한 분리 현상에 기초한 다양한 갈등, 반목, 힘겨루기로 인해 고통받고 있다. 목회자와 장로 사이의 갈등, 담임목회자와 부교역자 사이의 갈등, 보수와 진보 사이의 갈등, 기득권층과 비기득권층 사이의 갈등, 중장년과 청년들 사이의 갈등 등이 그것이다. 이러한 갈등은 나아가, 기독교인과 비기독교인 사이의 갈등을 더 크게 만드는 결과를 낳는다.

이러한 갈등은 불안과 반목을 가중시키고 그에 따른 힘겨루기의 모습으로 나타난다. 이러한 힘겨루기는 기독교 신앙의 본질인 사랑, 화해, 용서와는 전혀 다른 모습으로 나타나서 교회를 병들게 하고 많은 사람들에게 교회에 대한 실망과 불신을 느끼게 만든다. 결국은 이러한 것들이 교회의 생명력을 저해하고 교육목회의 새로운 가능성을 차단함으로써 한국교회를 위기의 악순환이라는 늪에 빠져들게 한다.

3. 총회

1) 교육전문목사(PCE) 및 교육사(DCE) 제도 정착

한국교회의 교회교육에 있어서 심각한 현상 중 하나는 전문성의 결여이다. 교회학교 교육이 평신도를 중심으로 이루어지다 보니 보다 심도 있고 전문성 있는 교육을 위한 계획과 실천이 이루어지지 않는 경우가 많다. 이를 보완하기 위해서는 다음과 같은 제도를 정착시킬 필요가 있다. 목사안수 자격 위에 기독교교육 전공으로 석사학위 이상을 한 사람을 교육전문목사로 인정하는 것, 그리고 기독교교육을 전공하고 소정의 실무경험을 쌓은 사람을 교육사(Director of Christian Education)로 인정하는 것이다. 이처럼, 교육전문목사와 교육사제도를 잘 준비하고 정착시킴으로써 교회교육, 기독교교육, 교육목회의 효율성과 전문성을 훨씬 더 높일 수 있다.

2) 교단 차원의 교육지원 시스템 구축 및 활용

개교회와 노회에서 할 수 없는 교재개발, 교육지도자 양성, 절기세미나, 방학을 이용한 성경학교 및 수련회 강습 등을 보다 효율적, 체계적으로 시행할 수 있는 제도와 시스템 마련이 요청된다. 이를 위해 총회 교육자원부에 보다 많은 재정과 인력이 집중, 투자될 필요가 있다. 국가의 미래가 교육에 달려 있는 것처럼, 교회의 미래 역시 교육에 달려 있다 해도 과언이 아니다. 백년대계로서의 교육에 대한 투자가 부족하면 교회의 발전과 미래를 기대하기 어렵다.

3) 목회후보생 추천, 지원, 관리의 책임

위에 언급한 목회후보생 선발, 교육, 훈련의 근본적 개선이, 어느 한 신학교 혼자의 힘으로만 이루어질 수 있는 것은 아니다. 총회 차원에서 각 노회와 개교회가 목회후보생의 추천, 지원, 관리를 할 수 있는 제도적 틀을 마련해 주어야 한다. 총회의 제도 마련과 행정적 지원 없이는 신학교, 개교회, 노회가 수행하는 노력이 지속적인 결실을 거둘 수 없기 때문이다.

V. 교육목회 위기의 미시적 차원 : 개교회 리더십

교육목회위기의 미시적 구조는 개교회 리더십의 핵심을 구성하는 3주체를 중심으로 살펴볼 수 있다. 개교회 리더십의 3주체는 목회 총책임을 맡고 있는 담임목사, 담임목사와 함께 당회를 이끌어 가는 장로, 그리고 목회 리더십의 매개적, 보완적 역할을 수행하는 부교역자를 중심으로 살펴볼 수 있다. 이제 목회 위기의 미시구조에 대해 살펴보기로 하자.

1. 담임목사의 위기

1) 당회원 또는 교회 중직과의 갈등, 알력, 견제

갈등이란 칡넝쿨과 등나무가 서로 복잡하게 얽혀 들어가는 상태를 의미한다. 사람 사이에 갈등이 있는 이유는 사람마다 누구나 자기 특유의 생각, 방식, 뜻, 의지를 가지고 있기 때문이다. 사람이 살아 있는 한, 갈등은 생기게 마련이다. 따라서 갈등이 없기를 바라기보다는 갈등을 건강하게 생산적으로 대하는 방식을 배우는 것이 더 현명하고 지혜로운 일이다.

교회는 학교나 직장, 그 어느 단체보다 다양한 배경을 가진 사람들이 함께 모여 함께 생활해 나가는 공동체이다. 따라서 너무나 다양한 생각, 방식, 의지들이 표출되고 충돌될 수 있는 곳이다. 이러한 공동체를 이끌어 가는 리더로서 담임목사는 다양한 갈등에 노출되어 있다. 특히 당회원들은 교회의 평신도 대표로서의 책임과 권한을 위임받고 있다. 따라서 담임목사와 당회원들 중 몇 사람은 늘 갈등관계에 놓이곤 한다. 담임목사가 그 교회를 개척하였는가, 청빙 받아 왔는가에 따라 갈등의 정도와 종류는 달라질 수 있다. 이 외에도 다양한 컨텍스트와 역학관계로 인해 갈등의 상태는 사람 수만큼 다양할 수 있다. 따라서 갈등을 어떻게 풀어 나가고 해결해야 한다는 구체적인 지침을 제시한다는 것은 현실적으로 불가능하다.

다만 담임목사의 뜻과 생각대로만 교회사역의 방향을 끌고 나가는 것이나 당회원들의 뜻과 생각대로만 교회사역의 방향을 끌고 나가는 것은 옳지도 않고 현실적이지도 않음을 말할 수 있다. 말씀을 통해 계시된 하나님의 뜻, 예수 그리스도의 뜻을 따라 마음을 합하여 함께 순종하며 나아가야 한다. 하지만 하나님의 뜻, 예수 그리스도의 뜻에 대한 해석이 각각 다르기에 어려움이 있다. 이처럼 쉽지 않은 과제이지만, 기본적인 원리는 제시할 수 있다.

첫째, 목회자의 분명한 경건과 영성이 선행되어야 한다.

둘째, 목회자의 말씀 묵상과 기도 가운데 하나님의 뜻과 섭리, 인도하심을 구해야 한다.

셋째, 하나님의 뜻과 섭리, 인도하심 속에 발견한 비전과 방향을 당회원들과 함께 겸허히 나눌 수 있어야 한다.

넷째, 당회원들의 대다수가 그 비전과 방향을 동의하고 수용할 수 있을 때까지 기도, 대화, 설득, 교육, 친교를 병행한다.

다섯째, 반대자의 수가 적을 때, 그들을 끌어안고 사랑으로 기도하며 대다수의 뜻을 관철시킬 것인지, 아니면 더 기다리고 더 인내할 것인지는 담임목사가 하나님 앞에서 결정하고 그 결정에 따르는 책임을 감당한다.

2) 담임목사의 탈진

담임목사의 위기 중 대표적인 것은 곧 소진, 탈진의 문제이다. 너무 많은 책무와 과제를 감당해야 하고 너무 많은 설교를 해야 하고 너무 많은 사람들을 만나야 하고 너무 많은 스트레스를 감당해야 하는 상황은 곧 담임목사를 소진, 탈진의 상태로 몰고 간다. 소진의 형태는 크게 세 가지로 나타난다. 첫째, 더 이상 생산적이고 창의적인 아이디어나 열정이 생겨나지 않는 상태이다. 생명력과 에너지가 고갈되어 새로운 것을 만들어 낼 수 있는 힘과 능력이 솟아나지 않는 상태를 말한다. 둘째, 현상유지(status quo)를 하는 것도 쉽지 않은 상태이다. 해 오던 일과와 일상적 일도 힘겹게 느껴지고 어디론가 잠시 도피하고 싶은 마음이 끊임없이 올라오는 상태이다. 셋째, 급기야 몸과 마음의 질병이 발생하는 상태이다. 현상유지조차 어려운 상태를 지속하다 보면, 몸과 마음의 약한 곳이 터져 임무수행을 더 이상 할 수 없는 지경에 이르게 된다.

2. 평신도지도자의 위기

1) 기득권 유지 및 확장

평신도지도자가 빠지기 쉬운 위기는 평신도 지도자로서 세움을 받은 현 기득권을 유지, 확장해 나가고자 하는 유혹에 빠지기 쉬운 데서 시작된다. 평신도 지도자는 모든 기독교지도자들이 그래야 하는 것처럼 누리고 다스리는 직분이 아닌 봉사하고 섬기는 직분이다. 평신도지도자로 처음 피택되고 세움을 받았을 때에는 이러한 봉사와 섬김의 정신이 분명하다가도 시간이 지날수록 그 위치가 대접, 존경, 특권을 누리는 자리로 변질되어 간다는 데 문제가 있다. 이러한 문제에 빠져들지 않으려면 무엇보다 항상 깨어 있으려 하는 개인적 노력이 있어야 한다. 또한 평신도 지도자 세미나, 수련회, 기도회 등을 통해 평신도 지도자들의 영적 각성과 내면의 상태를 점검 받을 수 있는 기회를 자주 가져야 한다.

2) 그룹화 및 세력화

많은 교회들에 나타나는 평신도지도자의 문제는 그룹화, 세력화의 문제이다. 사람이 모이다 보면 다양한 인맥과 친소관계가 드러난다. 이러한 인맥과 친소관계는 그룹화, 세력화로 나타나고, 이것이 어떤 사안 결정에 있어서 정치적 갈등과 충돌의 모습으로 나타난다. 이러한 모습이 세속사회가 영위되는 모습이며, 세속사회는 이것을 당연한 것으로 받아들인다. 하지만, 교회는 세속사회 속에는 있지만 세속사회에 속한 것은 아님을 기억해야 한다. 교회의 정체성이 흐려질 때, 교회는 세속화, 제도화의 급류에 휩쓸리게 된다. 그 결과, 교회는 소금의 맛을 잃게 되고 세상 사람들의 웃음거리가 되고 마는 것이다.

그룹화, 세력화는 이기주의 및 집단이기주의가 외적으로 발현된 것이다. 목회자와 평신도지도자는 이기주의를 벗어나 그리스도의 몸 된 교회를 돌아보고 예수 그리스도의 권위 앞에 자신의 이기주의를 내려놓기 위해 노력해야 한다. 교회의 중요한 결정과 변화가 있을 때마다, 자신의 이익에 반한다고 생각되는 모든 것들에 대해 다양한 명분을 붙여 거부하며 저항하게 되면, 결국 교회의 변화와 발전은커녕 끝없는 내분과 싸움이 계속될 수밖에 없다.

이러한 이기주의 및 집단이기주의의 유혹과 역동성에서 벗어나기 위해 다음과 같은 의도적 노력을 해 보는 것도 도움이 될 수 있다. 러셀(Letty Russell)의 제안처럼 역할 바꾸기, 역할 전환하기를 가끔씩 해 보는 것이다.[18] 예를 들면, 당회원들이 주방봉사나 청소하기를 시도해 보고, 주방봉사나 청소를 맡았던 사람들이 교회의 중요한 결정들을 놓고 몇 시간씩 토론과 회의를 해 보는 것이다. 이것을 통해 정신노동과 육체노동을 맞바꾸어 보고 서로의 고충과 입장을 몸으로 체험해 보는 것이다. 또 교육을 맡았던 사람들이 찬양대를 해 보고, 찬양대를 맡았던 사람들이 교육의 책임을 맡아 보는 것이다. 이것을 통해 서로의 역할이 무엇인지 깨닫게 되고 모두가 합력하여 교회의 삶을 이루어 감을 몸소 체험하게 되는 것이다.

3. 부교역자의 위기

부교역자들은 불안정한 신분, 경제적 어려움, 그리고 개인적, 인격적 성향에 따라 처세형, 방관형, 충성형으로 나뉘곤 한다.

1) 처세형(야곱형)

자신과 가족들의 안정과 행복을 최우선으로 하여 그에 필요한 모든 자원들을 동원하고 활용하고자 하는 자기중심적 부교역자를 가리켜 처세형 또는 야곱형이라 부를 수 있다. 그리스도와 그의 몸 된 교회를 향한 소명, 열정, 헌신, 희생보다는 자신의 꿈과 야망을 이루기 위한 노력을 위주로 하는 부류이다. 이런 부교역자의 경우 동료 부교역자들을 경쟁자로 의식하게 되고 과도한 경쟁과 힘겨루기를 계속하게 된다. 자신의 신념과 부합하지 않을 경우 담임목사와도 갈등을 일으키거나 아니면 담임목사를 역으로 이용하기도 한다.

2) 방관형(에서형)

유유자적해 보이기도 하고 달리 보면 무사태평, 안일해 보이는 부교역자, 아무런 열정, 헌신, 노력이 드러나 보이지 않는 부교역자를 가리켜 방관형 또는 에서형이라 부를 수 있다. 그리스도와 몸 된 교회를 위한 소명, 열정, 헌신, 희생정신도 없고 자신을 위한 꿈과 야망도 없기에 매사에 수동적, 소극적이다. 이런 사람들을 열심히 충성, 봉사하는 사람들을 지치게 한다. 야곱형이 잘못된 동기를 가진 열심과 적극성으로 주위 사람들을 힘들게 한다면, 에서형은 한 발 뒤로 빠져있는 수동성, 소극성으로 주위 사람들을 힘들게 한다. 이 사람들은 책임의식과 소명의식 결핍, 게으름과 열정부족이 최대의 문제점이다.

3) 충성형(엘리에셀형)

처세형은 잘못된 동기에 기초한 열심이 문제이고, 방관형은 나태와 소명감 부족이 문제라면, 충성형은 바른 동기에 기초한 열심과 바른 소명감을 가진 엘리에셀 같은 부교역자이다. 이런 부교역자를 곁에 둔 담임목사는 참으로 행복한 사람이다. 충성형은 자신을 드러내기보다는 자신이 섬기는 예수 그리스도를 위해 노력과 열심을 다하는 사람이다. 자신의 내적 동기와 소명감이 분명하기에 누가 보든 보지 않든 간에 자신에게 주어진 역할과 책임을 성실하게 감당한다. 자신이 섬기는 지도자에 대한 충직성과 정직성이 있기에, 담임목사가 마음 놓고 일을 맡길 수 있는 사람이다. 문제는, 이런 사람이 많지 않다는 데 있다.

한국교회의 변화와 성숙, 성장을 위해 신학교, 개교회, 총회는 목회후보생 지원자들 중에 엘리에셀 같은 충성형들을 식별하고 추천할 책임이 있다. 또한 추천 이후에도 성숙한 충성형들로 자라나도록 지속적 교육 훈련을 지원해야 한다. 이러한 식별, 추천, 훈련이 가능한 제도 마련을 위해 신학교, 개교회, 총회 간의 협력체계가 이루어져야 한다.

VI. 변화의 가능성 : 협력, 상생, 샬롬의 회복

1. 변화의 구조

교육목회가 처한 현 상황과 위기의 국면을 타개하기 위해선 무언가 새로운 변화를 필요로 한다. 하지만 변화는 결코 쉽지 않다. 특히, 문화적 보수성을 표방하는 기존 교회에서 새로운 변화를 시도한다는 것은 결코 쉬운 일이 아니다. 변화를 시도하다가 뜻하지 않는 갈등과 대립으로 교회가 분열되거나 목회자가 교회에서 나가야만 하는 상황이 펼쳐지곤 한다.

변화는 어느 한 사람이나 어느 한 그룹에 의해 이루어질 수 있는 것은 아니다. 물론 특정인이나 특정 그룹이 변화를 주도할 수는 있다. 하지만 이러한 변화를 향한 비전, 변화를 위한 계획은 소통되어야 하고 공유되어야 한다. 이러한 소통과 공유를 통해 온전한 변화, 바람직한 변화를 기대할 수 있다. 이렇게 변화의 비전과 계획이 소통되고 공유될 때, 편벽된 주관이나 오해, 잘못된 대립각으로 인한 피해와 파괴를 줄일 수 있다.

21세기 두 번째 10년기를 맞은 한국교회 장년목회는 일종의 위기의식을 공유하고 있다. 이러한 위기상황을 창조적으로 극복하기 위해서는, 악순환의 고리를 끊고 선순환으로 향하도록 하는 지혜가 필요하다. 변화를 기대하고 변화를 가능케 하는 변화의 구조를 크게 세 가지로 나누어 볼 수 있다. 그것은 곧 견딤의 구조, 준비의 구조, 역동의 구조이다.

1) 견딤의 구조(Structure of Endurance)

견딤의 구조는 무엇보다 인내와 지구력을 필요로 한다. 섣불리 변화를 시도하고 나섰다가는 여러 가지 저항, 반대, 후폭풍으로 인해 오히려 역작용, 역기능에 시달릴 수밖에 없다. 변화를 위해 인내와 기다림이 요청될 때, 견딤의 구조가 필요하다. 여건과 시기가 충분히 무르익을 때까지 기다릴 수 있는 것이 견딤의 구조의 장점이다. 견딤의 구조의 단점은 소극성, 수동성에 있다. 변화를 이끌어 내고 촉발시키기보다는 무르익어 터질 때까지 기다리는 것이기에 소극적이고 수동적일 수밖에 없다.

이러한 문제에 대해 의사와 환자는 각각 다른 입장을 가지고 있다. 예를 한번 들어 보자. 계속 기다리기만 하는 것은 화농이 깊어져서 터지고 나서야 수술을 시작하는 것과 같다. 병이 깊어지면 누가 보아도 수술이 필요하기에, 수술하려는 의사에게 별 저항을 하지 않는다. 따라서 의사입장에서는 별다른 저항 없이 수술할 수 있을 때까지 기다리고 싶어 할 것이다. 이렇게 해야 수술 메스를 잡은 사람에게 부담이 적다. 하지만 환자 입장에서 보면 이렇게 기다리는 것은 결코 바람직하지 않다. 적절한 치료 없이 시간을 보내게 되면 병이 깊어지고 건강을 해치게 되기 때문이다.

2) 준비의 구조(Structure of Preparation)

준비의 구조는 때를 분별하는 지혜와 결단력을 필요로 한다. 언제든 때가 되면 수술할 준비를 미리 하고서 사태의 추이를 예의주시하는 것이다. 변화를 시도할 때가 왔다고 생각되면, 과감하게 변화 드라이브를 거는 것이다. 어떤 방식으로 어떻게 변화를 완성시킬 것인지 미리 연구하고 준비하였기에 우왕좌왕하거나 혼란에 빠지지 않는다. 준비의 구조가 갖는 최대의 장점은 결단력이 있고 시행착오를 줄일 수 있다는 것이다. 단점은 소수에 의해 변화가 주도되기에 대다수가 객체로서 수동적으로 변화를 맞게 된다는 것이다.

3) 역동의 구조(Structure of Empowerment)

역동의 구조는 준비의 구조보다 어떤 의미에서 더 적극적이고 능동적인 구조를 의미한다. 양적 성장, 질적 성숙이 지속적, 체계적으로 이루어지기 위해선 변화의 때가 오기를 기다리는 것만으로는 부족하다. 구성원들에게 변화를 위한 동기부여를 제공함으로써 변화를 미리 준비시키고 모두가 변화를 기대할 수 있는 분위기를 조성하는 것이 필요하다. 구성원들이 능동적으로 변화를 준비하고 변화에 참여하고 변화를 주도할 수 있도록 하는 것이다.

역동의 구조의 장점은 다음과 같다. 역동의 구조는 변화의 단계를 능동적으로 이끌어 가는 적극적 리더십을 행사할 수 있다는 것이다. 그리고 구성원 모두가 함께 이루어 냈다는 성취감과 자부심을 느낄 수 있도록 한다는 것이다.

구성원들의 충분한 의견 수렴, 구성원들의 동의와 참여가 무르익지 않은 상태에서 역동의 구조에만 충실하다 보면, 준비의 구조와 비교할 때 너무 많은 반대와 저항에 부딪칠 수 있다는 것에 유의해야 한다. 역동의 구조가 성공적인 변화를 이끌어 내려면 다음과 같은 단계가 충분히 성숙되어야 한다. 즉, 변화를 위한 준비, 동기부여, 촉진, 의견수렴, 확산, 실행의 단계들이 효율적으로 수행되어야 한다.

2. 변화를 위한 역동적 연계 시스템: "Diamond System"

위에 언급한 역동의 구조 속에서, 변화를 체계적, 효율적으로 끌어내기 위해서는 교육목회의 거시적 3주체인 총회, 신학교, 교회가 유기적인 관계성을 가지고 협력할 필요가 있다. 오스머는 교육목회 3주체의 역할과 관계성을 다음과 같이 삼각구도로 제시한 바 있다.[19]

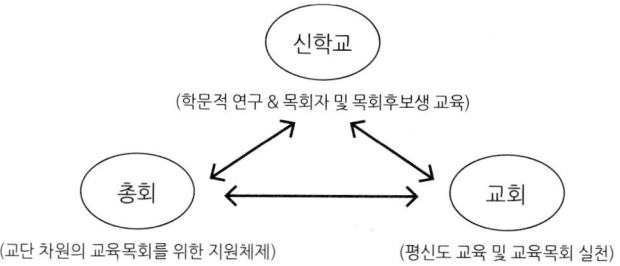

[그림 1] 교육목회를 위한 3주체: 신학교-총회-교회

변화가 임시적, 일시적, 부분적이기보다는, 근본적, 전체적, 지속적인 것이 되려면, 교육목회의 3주체 외에도 전문성과 지속성을 위해 또 한 기관의 참여가 필요하다. 즉, 전문성을 가진 연구소의 참여이다. 전문연구소를 통한 자문, 연구, 평가, 피드백을 더하는 것이다. 전문 연구소라 함은 기독교교육연구원, 교육목회연구원, 교육교역연구원, 기독교학교교육연구소 등과 같이 특정분야에 대한 전문 연구의 심화와 장단기 연구를 수행할 능력을 갖춘 연구소를 의미한다.

신학교는 학교 자체 학사운영에, 교회는 개교회의 목회 일정에, 총회는 총회회기 동안 수행해야 할 사업 등에 묶이는 경향이 있다. 또 제도라는 틀에 묶여서 제도 밖에서 자신을 바라볼 수 있는 객관성과 자유함을 갖기 어렵다. 이런 점을 보완하기 위해 책임 있고 전문성 있는 연구소와 함께 변화를 위한 역동적 연계 시스템을 구축할 필요가 있다. 이러한 시스템을 통해 체계적, 효율적 변화를 끌어낼 수 있을 뿐 아니라 창조적 변화의 전 교단적 확산과 연구소 및 학계의 뒷받침을 지속적으로 받게 될 것이다. 따라서 필자는 다음과 같은 다이아몬드 시스템을 제시하고자 한다.

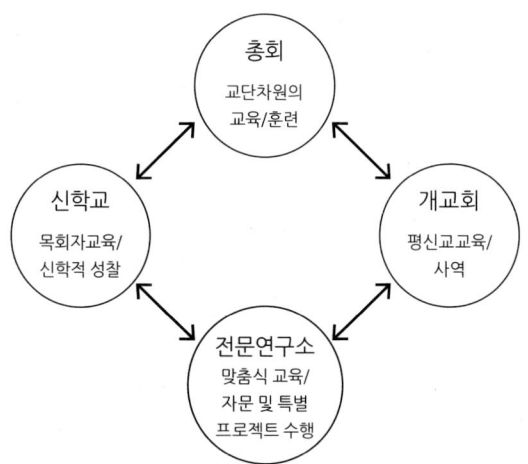

[그림 2] 변화를 위한 역동적 연계 시스템(Diamond System)

한국교회 교육목회의 현 상황은 어떠한 형태이든 새로운 변화와 활력을 필요로 한다. 이러한 변화가 좀 더 근본적일 뿐 아니라 전 교단적 확산이 가능하려면, 어느 한두 교회의 시도보다는 전 교단적 노력이 필요하다. 이를 위해 역동의 구조 속에서 이루어지는 역동적 연계 시스템을 갖추어야 한다. 이러한 전체적, 구조적, 지속적 변화와 혁신은 정체되고, 화석화되어 가는 한국교회에 새로운 활력과 비전을 제시하게 될 것이다.

Ⅶ. 변화의 두 영역과 핵심 주제

교회는 하나님나라 건설의 주체로서 그리고 세상 문화의 변혁자(Church as the transformer of Culture)로서 부름 받았다.[20] 이 부름에 맞게 교회는 내적 변화와 외적 변화를 함께 수행할 책임이 있다. 내적 변화와 외적 변화라는 영역 속에는 또한 양적 변화와 질적 변화라는 두 차원이 들어 있다. 이 두 영역과 두 차원에 대해 살펴보기로 하자.

1. 교회의 내적 변화: 교회의 존립-성장-비전-방향제시

교회가 살아 있다면 그 교회는 성장해야 하는 동시에 또한 성숙해야 한다. 여기에서 성장은 양적 변화를, 성숙은 질적 변화를 나타낸다.

첫째, 양적 변화, 즉 양적 성장을 위해 교회는 다음과 같은 것들을 시도할 수 있다. 즉, 다양한 효율적 전도훈련을 시행한다. 개인전도, 관계전도, 새신자초청, 제자훈련 등을 통해 생명이 생명을 낳도록 함으로써 교회의 역동성과 생명력을 키워 나가야 한다.

둘째, 질적 변화, 즉 질적 성숙을 위해 다음과 같은 것들을 시도할 수 있다. 즉, 성경공부, 리더십 훈련, 예배훈련, 신앙성숙 프로그램, 부모교육, 부부세미나, 치유프로그램, 상담학교 등을 시도할 수 있다. 이를 통해 죽정이가 아닌 알곡, 오합지졸이 아닌 정예병, 현상유지가 아닌 새로운 창조를 향해 나아가는 질적 변화가 이루어지는 목회가 되어야 한다.

2. 교회의 외적 변화: 사회적 영향력-모범-실천-존경의 회복

생명을 가진 교회는 교회의 내적 변화와 생명력을 지역사회, 국가, 세계를 향해 발휘해야 한다. 이것은 교회의 사명일 뿐 아니라, 교회가 사회를 향해 선한 영향력과 리더십을 발휘함으로써 신뢰와 존경을 회복하는 지름길이기도 하다. 이것은 닫혔던 전도의 문을 열 수 있는 중요한 열쇠이다. 교회의 내적 변화와 마찬가지로, 외적 변화의 영역에도 양적 변화와 질적 변화라는 두 차원이 공존한다.

첫째, 양적 변화는 다음과 같은 것들을 포함한다. 사회 구제 및 봉사를 위한 인적, 물적 자원의 확대, 문화 및 미디어를 통한 사회선교의 기회 확대, 교회의 사회 및 현실참여에의 적극성 제고 등이 그것이다.

둘째, 질적 변화는 다음과 같은 것들을 포함한다. 교회의 도덕성 및 윤리성 회복, 올바른 세계관, 가치관, 역사관 정립, 타 종교 및 단체들과의 협력 및 상호 이해 증진 등이 그것이다.

교회의 외적 변화를 위해 노회 및 총회의 안내, 계몽 및 제도적 지원들이 병행될 필요가 있다. 사회적 봉사를 향한 영향력이 힘을 발하려면, 상위 기관이 안내를 통해 자원들을 효율적으로 계획, 결집, 배분, 시행해야 하기 때문이다. 상회의 안내와 계획에 따라 보다 일관성 있고 지속적인 사회봉사가 이루어지도록 구조화되어야 한다.

Ⅷ. 변화를 위한 방안

1. 목회자 리더십과 회중연구

1) 목회자 리더십 훈련 및 개발

성부의 문화명령, 성자의 대위임, 성령의 선교 동력을 받은 바 있는 하나님의 자녀, 그리스도의 제자, 성령의 역군 된 기독교인들은 이러한 명령과 위임을 감당하기 위해 훈련받아야 한다. 쓰임받기 전에 훈련받아야 하고 가르치기 전에 교육받아야 하기 때문이다. 특히, 교회를 대표해서 회중을 이끌어 가야 할 책임이 있는 목회자의 리더십 훈련 및 개발은 대단히 중요하다. 결국, 최후의 관건은 목회자의 영성과 인격에 기초한 리더십이기 때문이다.

리더십에도 카리스마형, 민주형, 방임형, 행정가형, 학자형 등 다양한 형태가 있다. 이러한 리더십 유형은 목회자의 은사, 기질, 재능과 연관이 있다. 목회자의 분명한 자기 이해, 객관적 이해는 효율적 리더십을 위한 출발이 된다. 자신이 잘할 수 있는 것이 무엇인지, 자신이 잘하기 어려운 것은 무엇인지를 분명히 알아야 한다. 그래야 자신의 장점을 극대화하고 자신의 단점을 보완할 수 있기 때문이다. 개발되어 학자들의 인증을 받고 있는 공인된 인성검사, 성격검사, 기질검사 등이 이를 위한 도움이 된다. 예를 들면, 지도력 유형 및 인성 진단(LEAD:Leader Expressor Analyst Dependable),

MBTI, 에니어그램 등을 통해 자신을 이해하고 진단함으로써 자신이 할 일과 위임해야 할 일들을 지혜롭게 분별할 수 있게 된다.

2) 회중연구

목회자가 사역해야 할 임지, 대상으로서의 교회와 회중을 명확히, 객관적으로 이해하는 것은 효율적 목회를 위해 중요하다. 주관적 추측, 느낌, 예단 등에 의존한 회중이해보다는 객관적 데이터, 통계, 자료 등의 분석과 평가가 회중에 대한 객관적 사실에 더 부합할 수밖에 없다. 캐롤(Jackson Carroll), 더들리(Carl Dudley), 애머만(Nancy Ammerman) 등은 회중연구를 통해 회중에 대한 객관적 이해를 가능케 하였다. 이들에 의해 개발된 회중연구는 다음과 같은 것들을 시도한다.[21]

첫째, 회중 자체에 대한 객관적 이해이다. 현재의 모습을 형성해 온 과거경험과 역사, 중요한 사건들, 중요한 상징들, 예배 형식, 신학적 성향, 세계관, 가치관, 통계적 데이터(경제수준, 학력수준, 직업분포, 주거지 환경, 가정형태) 등을 객관적으로 분석해 보고 평가해 보는 것이다. 회중은 그 자체가 하나의 생명을 가졌을 뿐 아니라 독특한 특성을 가진 집단적 인격이다. 이러한 생명체, 인격체에 대한 면밀한 분석과 진단, 평가는 효율적 목회를 위한 핵심이라 할 수 있다.

둘째, 교회를 둘러싸고 있는 주변 지역사회에 대한 이해이다. 교회가 위치한 지역의 정치, 경제, 사회, 문화, 종교적 특성을 분석, 파악해야 한다. 이러한 연구를 통해 지역사회가 가진 문제, 아픔, 필요가 무엇인지 파악해야 한다. 이러한 문제, 아픔, 필요에 대해 교회는 어떠한 도움을 줄 수 있는가를 파악해야 한다. 이러한 문제, 아픔, 필요를 채워 주기 위해 어떤 조직, 체계, 절차, 방법을 세울 것인가를 결정해야 한다.

셋째, 교회의 내적 필요(회중 자체의 성장과 성숙)와 외적 필요(지역사회의 성장과 성숙)에 응답하기 위해, 어떤 자원들을 활용할 수 있는가를 연구한다. 교회 안팎의 다양한 자원들을 어떤 과정, 절차를 통해 조직, 동원, 활용할 수 있는가를 연구하는 것이다. 이를 위해 목회자의 리더십과 평신도의 리더십이 어떻게 역할분담 및 협력을 할 것인가를 결정한다.

2. 교회의 내적 변화를 위한 방안 : 제자직(Discipleship)의 회복

교회의 내적 변화, 곧 그리스도의 제자로서의 정체성 회복과 더불어 교회의 내적 성장 및 성숙을 위해서는 다음과 같은 훈련들이 필요하다.

1) 사역자 직급별 훈련

교회의 총 책임자로서 담임목사의 리더십 훈련 및 계속교육의 중요성은 이미 언급한 바 있다. 이 외에도 부목사, 전도사 등의 부교역자 훈련, 당회원들을 위한 훈련은 노회 및 총회 차원에서 제도적인 틀을 마련해 줄 필요가 있다. 교역자와 당회원들은 교회를 이끌어 가는 리더십의 주체이기에 교회 자체에서 훈련받는다는 것이 현실상 어렵다. 교회 내에서 교구장, 지역장, 구역장들을 훈련하는 것은 가능하다. 이러한 훈련을 위한 이론적 안내 및 지침을 노회 및 총회 차원에서 마련해 준다면 그에 근거하여 평신도들을 위한 훈련을 응용, 활용할 수 있을 것이다.

2) 사역분야별 훈련

커리큘럼이 있는 교회, 하나님백성 공동체 형성을 위한 교회로서 사역분야별 맞춤식 훈련을 시행하면 사역의 초점과 전문성을 심화할 수 있다. 케리그마로서의 전도훈련, 선교훈련, 레이투르기아로서의 예배참여훈련, 예배담당자 훈련, 디아코니아로서의 부서별 섬김훈련, 디다케로서의 성경교육, 교사교육, 교리교육, 코이노니아로서의 친교 및 나눔 훈련, 베품훈련 등이 그것이다.

3) 평신도 그룹별 훈련

평신도 그룹별 훈련의 예는 다음과 같다. 남선교회, 여전도회 등 연령과 성별에 따른 자치단체별 훈련이 있다. 교구, 지구, 구역, 셀, 목장 등 주거지역별 훈련이 있다. 선교후원회, 직능, 취미, 관심사 등 본인의 선택과 선호를 중심으로 이루어진 그룹들의 훈련이 있다. 공통점 및 구심점을 가진 그룹의 특성과 관심사에 부합하는 훈련을 통해 그들의 잠재력, 열정을 불러일으킬 수 있는 좋은 계기가 될 수 있다.

3. 교회의 외적 변화를 위한 방안 : 시민직(Citizenship)의 회복

교회의 외적 변화는 사회 속에서 시민직을 모범적으로 수행해 나가는 시민직의 회복과 관련이 있다. 교회의 외적 변화, 시민직의 회복은 미시, 중시, 거시 차원으로 나누어 살펴볼 필요가 있다.

1) 미시적 차원

외적 변화를 위한 미시적 차원은, 교회가 도덕적, 윤리적 모범을 보임으로써 사회로부터 존경과 신뢰를 회복하는 것이다. 이것은 교회 본연의 모습인 동시에 전도 및 선교의 문을 여는 계기가 된다. 또한, 지역사회의 필요와 결핍을 파악하고 그 필요 및 결핍을 채움으로써 지역사회를 섬기는 것을 의미한다.

2) 중시적 차원

외적 변화를 위한 중시적 차원은, 교회가 지역사회를 넘어서 사회를 위한 긍휼사역과 문화사역을 적극적으로 펼쳐 가는 것이다. 먼저, 긍휼사역은 노숙자, 시설보호자, 병약자, 소년소녀 가장, 무의탁 노인 등 사회적 약자들을 돕는 것을 의미한다. 한편, 문화사역은 언론, 미디어, 음악, 미술, 스포츠, 공연 등의 분야에 탁월한 전문인들을 육성하고 길러 냄으로써 사람들의 정신세계와 예술세계에 기독교적인 가치와 영향력이 스며들도록 하는 것이다.

3) 거시적 차원

외적 변화를 위한 거시적 차원은, 국가주의를 넘어 세계평화와 샬롬을 위한 견인차인 동시에 통로 역할을 하는 것을 의미한다. 교회의 외적 변화를 위한 거시적 차원은 JPIC(정의, 평화 및 생명존중)를 위해 교회가 앞장서고 선도해 나가는 것을 포함한다. 이를 통해, 하나님나라(Basileia tou Theou)의

소망과 비전을 제시하고 몸소 실천해 나감으로써 교회가 역사의 희망으로 자리매김하게 되는 것이다.[22]

위에 언급한 제자직 사역과 시민직 사역은 미국장로교처럼 별도의 두 교재로 만들어 각각 강조점을 두어 교육할 수 있다. 또는 한국교회 현실에 맞추어 한 교재로 통합하되, 제자직과 시민직이라는 두 기둥, 두 날개, 두 바퀴가 균형 있게 통전적으로 기독교교육적 실천을 수행해 나가도록 해야 할 것이다.

Ⅸ. 21세기 교육목회의 대안 : 하나님나라 구현을 위한 협력-상생-샬롬의 교육목회

위에서 논의한 것처럼 한국교회 위기의 핵심은 분리와 단절, 대립과 갈등의 심화로 나타났다. 한국교회가 다시 살아나려면 이 한계를 넘어설 수 있는 대안이 제시되어야 한다. 즉, 분리와 단절, 대립과 갈등을 넘어 협력, 상생, 샬롬으로 나아갈 수 있는 기독교교육이 되어야 한다.[23] 이러한 협력-상생-샬롬의 기독교교육은 곧 다음과 같은 변화를 지향한다.

첫째, 서로 분리되고 단절되었던 교회구성원들이 서로 세워 주고 협력하게 된다.

둘째, 교회 안과 교회 밖의 분리, 단절되었던 교회와 사회, 그리스도와 문화가 상생의 관계로 변화된다.

셋째, 교회가 피조세계 및 환경 문제에까지 리더십을 발휘함으로써, 역사에 새 소망과 새 비전을 주는 샬롬의 기독교교육으로 변화된다.

이러한 협력, 상생, 샬롬의 실천을 위해 교육되고 습득되고 실천되어야 할 요목은 어떤 것인가 살펴보기로 하자. 힉스(David Hicks)는 케임브리지 교육저널(Cambridge Journal of Education)에 기고한 "평화를 위한 교육 : 실천의 원리"라는 논문 속에서 평화교육을 위한 세 영역을 제시하였다.[24] 그 세 영역은 지식, 태도, 실천의 영역이다. 필자는 힉스의 통찰을 활용하여 협력-상생-샬롬을 위한 교육의 세 영역을 아래와 같이 제시해 보았다. 기독교교육에 있어서 제자직과 시민직을 함께 포괄하는 것이 중요하기에, 각 영역 속에 들어 있는 6항목을 제자직과 시민직 두 차원으로 나누어 제시하였다. 즉, 수직차원인 1), 2), 3)은 제자직 사역과 직접적 관련이 있고, 수평차원인 4), 5), 6)은 시민직 사역과 직접 관련이 있다.

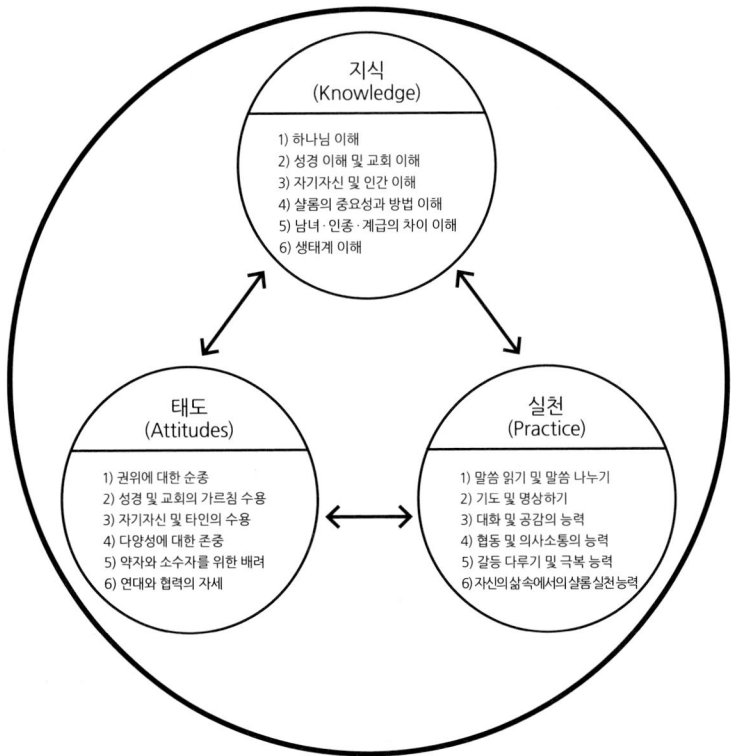

[그림 3] 통전적 기독교교육 : 지식-태도-실천의 유기적 통합

지식, 태도, 실천 세 영역에 걸쳐 기독교교육이 수행될 때, 하나님을 믿는 것(信)과 아는 것(知)과 행하는 것(行)이 하나로 통합된다. 또한, 세 영역에 제시된 두 차원 6항목을 실천해 나갈 때 제자직과 시민직이 하나로 통합될 수 있다.

괴테(Johann Wolfgang Goethe)는 말한다: "인간이 할 수 있는 일 중 가장 어려운 일이 교육이다. 하지만 교육은 인간이 할 수 있는 일 중 가장 가치 있는 일이다." 목회자들은 말한다: "인간이 할 수 있는 일 중 가장 어려운 일이 목회이다. 하지만 목회는 인간이 할 수 있는 일 중 가장 가치 있는 일이다." 어렵지만 가치 있는 교육과 목회, 가치 있지만 어려운 목회와 교육. 이 두 가지를 하나로 통합해 내는 경륜, 지혜, 용기, 능력은 인간의 힘, 인간의 자원만으로는 불가능하다.

"사람의 일을 사람의 속에 있는 영 외에 누가 알리요 이와 같이 하나님의 일도 하나님의 영 외에는 아무도 알지 못하느니라"(고전 2:11). 사도 바울의 증언처럼, 사람 일의 깊이는 사람의 영이, 하나님 일의 깊이는 하나님의 영이 개입하여 하나님의 뜻을 이루게 된다. 아무리 탁월하고 심오한 이론과 통찰이라 하더라도, 자신의 유익과 사적인 목적을 위해 쓰고자 하면 왜곡될 수밖에 없다. 이런 일은 자신도 주위 사람도 힘들게 만든다. 하지만 부족하더라도 하나님의 영과 하나님의 뜻에 자신의 영과 자신의 뜻을 합치시켜, 하나님의 온전하고 거룩한 뜻을 이루어 드리고자 노력해야 한다. 그 결과는 자신도 살고 주위도 살고 교회도 산다.

제5부의 논의를 통해 강조하고자 하는 논점은 다음과 같다. 한국교회의 위기가 '목회'와 '교육'의 분리에서 기인하는 것이라면, 오늘날 기독교교육의 위기는 '기독교'와 '교육'의 분리에서 기인한다고 할 수 있다. '기독교'만을 강조할 때 초월성, 무한, 계시, 신앙, 특수성에만 방점이 찍힐 수 있다.

반면, '교육'만을 강조할 때 내재성, 유한, 이성, 학문, 개연성에만 방점이 찍힐 수 있다. 이러한 불균형과 왜곡을 극복하고 성서적 기초, 온전한 신학, 교육적 효율성, 시대적 사명을 함께 아우르고자 하는 교육적 노력에서 발현된 것이 곧 '통전적 기독교교육'인 것이다. 이 통전적 기독교교육이 지향하는 지향점이 무엇인가 제시함으로써 제5부의 논의를 마무리하고자 한다.

첫째, 통전적 기독교교육은 하나님을 믿는 것과 아는 것과 행하는 것 사이의 역동적 일치를 지향한다. 둘째, 통전적 기독교교육은 지식-태도-실천의 유기적 통합을 지향한다. 셋째, 통전적 기독교교육은 협력-상생-샬롬의 실제적 구현을 지향한다. 궁극적으로, 제자직과 시민직의 온전한 통합, 그리고 신적 코이노니아의 토대 위에 기독교 코이노니아의 형성, 변형, 재형성을 통해 시대와 역사 속에 하나님의 나라를 구현하고자 하는 것이 바로 통전적 기독교교육의 교육목적이요 지향점인 것이다.

1) 이 장은 대한예수교장로회 총회교육자원부의 의뢰를 받아 연구한 내용을, 한국기독교학회 39차 정기학술대회 자유주제로서 발표한 후 수정, 보완하여 하나의 장으로 구성해 보았다.

2) 고용수, 『하나님나라와 교육목회 : 새 시대를 여는 한국교회의 교육목회』(서울 : 장로회신학대학교, 2009), 13.

3) 밑줄 첨가됨.

4) Maria Harris, *Fashion Me a People*. 고용수 역, 『교육목회 커리큘럼』(서울 : 한국장로교출판사, 1989), 28.

5) 밑줄 첨가됨.

6) 장년 교육목회 문제를 이러한 관점에서 살펴보는 것은 교회의 질적 성숙뿐 아니라 양적 성장에도 공헌할 수 있다. 교회는 단지 인위적인 조직체(organization)가 아니라 유기적 생명체(organism)이기 때문이다. 크리스티안 슈바르츠(Christian Schwartz) 목사는 세계 6대주, 32개국, 1,000교회를 분석한 결과 다음과 같은 결론을 얻게 되었다. 체질이 건강한 교회는 인위적, 방법지향적인 노력을 하지 않아도 자라나게 되어 있다는 것이다. 반면, 인위적이고 방법지향적 노력을 위주로 하는 교회는 후유증과 문제점에 시달리게 되고, 그 결과 교회가 물리적으로 분열되거나 내면적으로 분열될 수밖에 없다고 지적한다. Christian Schwartz, *Natural Church Development*, 윤수인 외 역, 『자연적 교회성장 : 건강한 교회에 필요한 8가지 질적 특성』(서울 : 도서출판 NCD, 2000).

7) C. Ellis Nelson, *Where Faith Begins* (John Knox, 1967), 186.

8) Barth, Karl. Bromiley. G. W. eds. *Church Dogmatics*. Vol. IV. I. (Edinburgh : T. & T. Clark, 1961), 151-153.

9) Maria Harris, 고용수 역, 『교육목회 커리큘럼』, Ibid.

10) Mary Boys, ed. *Education for Citizenship and Discipleship* (New York : The Pilgrim Press), 1989.

11) "다양한 형태와 특성에 따른 교육목회 이론 및 실천"은 장로회신학대학교 기독교교육연구원에서 2011년 연구과제로 선정하여 연구를 수행하고 있다.

12) 이 교회는 앤디 스탠리(Andy Stanley)가 담임하는 미국 아틀란타에 소재한 교회로서, 부모들을 신앙교사화함으로써 가정과 교회를 연계하는 교육목회의 모범을 보이고 있다. 앤디 스탠리의 교육목회 철학과 이 교회의 교육목회 프로그램은 다음의 저서와 자료를 참고하라. Andy Stanley, *Seven Practices of Effective Ministry* (Sisters, OR : Multnomah, 2004). http://www.northpoint.org/about-us-history(2015년 6월 14일).

13) 광양대광교회는 아쿠아(물), 아로마(향기), 아가페(사랑) 사역을 통해 광양지역을 섬기는 것을 목회의 중심으로 삼고 있다. 아쿠아는 물처럼 스며들어 지역사회 문화와 교육을 변화시켜 나가는 사역, 아로마는 그리스도의 향기를 세상에 드러내는 나눔과 섬김의 복지사역, 아가페는 그리스도의 사랑으로 광양지역을 하나님나라로 만들어 가는 사역을 의미한다. 이러한 지역사회 연계 목회를 통해 13년 만에 100명에서 3,000명 교회로 성장하였다.

14) 고용수, 『하나님나라와 교육목회 : 새 시대를 여는 한국교회의 교육목회』 (서울 : 장로회신학대학교, 2009), 16-17.

15) Ibid., 17.

16) Dan Kimball, *They Like Jesus but not the Church* (Grand Rapids : Zondervan, 2007).

17) Spencer Johnson, *Who Moved my Cheese* (New York : Putnam's Sons, 2002), 46.

18) Letty Russell, *Growth in Partnership* (Philadelphia : The Westminster Press, 1981), 61-69.

19) Richard Osmer, *A Teachable Spirit : Recovering the Teaching Office in the Church*, 박봉수 역, 『교육목회의 회복』 (서울 : 한국장로교출판사, 1996), 177-181.

20) H. Richard Niebuhr, *Christ and Culture* (New York : Harper Torchbooks, 1951), 190-229.

21) Jackson Carroll, et. al. *Handbook for Congregational Studies* (Nashville : Abingdon Press), 1986.

22) 은준관, 『실천적 교회론』 (서울 : 대한기독교서회, 1999), 391-430.

23) 대립-대결-분쟁으로부터 협력-상생-샬롬목회로의 전환은 교회의 질적 성숙은 물론이고 양적 성장을 위해 기여한다. 이에 대한 설명은 각주 1)을 참고하라.

24) David Hicks, "Education for Peace : Principles into Practice," *Cambridge Journal of Education*, Vol. 17, No. 1(1987), 3-12.

**Holistic Christian
Education for the
Postmodern Era**

| 에필로그(Epilogue) |

통전적 기독교교육론 : 분화와 일치와 통합을 위한 코이노니아 교육론

이 책의 중심주제는 '포스트모던'과 '통전성'이다. 21세기 포스트모더니즘은 우리가 살아가는 시대적 현실이요 모판이다. 원하든 원하지 않든 간에 우리는 각자 그리고 함께 21세기의 공동적 삶을 살아가고 있다. 우리는 또한 21세기 포스트모더니즘이라는 시대적 상황에 의해 영향 받을 뿐 아니라 시대의 산물로서 형성되어 간다. 21세기는 근대와 탈근대가 상호 긴장 속에서 공존하며 교차하는 현장이다. 더군다나 21세기 한국사회는 복합다원사회이다. 한국사회 속에는 농경중심의 전근대성, 산업중심의 근대성, 지식정보중심의 탈근대성이 그대로 병존, 혼재되어 있다. 전근대성과 근대성은 이미 역사 속에서 충분히 경험되었기에 어느 정도 익숙하게 적응되어 있다. 하지만 탈근대성은 이제 돌입 단계에 있기에 여전히 익숙하지 않고 적응되어 있지 않다. 탈근대성의 특징을 현상적 관점에서 다음과 같이 요약해 볼 수 있다.
① 거대담론(meta-narrative)을 거부하고 작은 담론(small stories)을 선호한다.
② 전통적인 신성불가침 영역의 휘장이 갈라지고 있으며 점차 개방성, 투명성, 책무성이 강조된다.
③ 지구화의 확산을 통해 전 지구가 정치, 경제, 문화적으로 단일무대가 되어 가고 있다.
④ 세속화의 확산을 통해 전통적인 초월의 영역, 신비의 영역들에 대한 비신화화 작업이 가속화된다.
⑤ 지배, 착취, 단절, 억압으로부터 벗어나 자유, 평등, 나눔, 해방을 지향한다.
⑥ 의무적 모임, 강제적 모임보다는 다양한 형태의 자생적 모임, 자발적 모임이 활성화된다.

이러한 탈근대성은 근대성이 초래한 역기능과 폐해에 대한 반성과 성찰에서 기인한다. 근대성은 인간에게 풍요사회를 보장해 주는 것처럼 보였다. 하지만 풍요사회 대신 위험사회를 초래하고 있음을 자각하게 된 것이다.[1] 울리히 벡(Ulrich Beck)은 1986년에 『위험사회』를 출간한 지 20년이 지난 2008년에 『글로벌위험사회』를 출간한다.[2] 그는 이 책을 통해 위험(risk)과 재앙(disaster)을 구분하고, '부작용으로서의 재앙'과 '의도된 재앙'을 구분한다. 리스크는 미래 사건과 발전 가능성을 논할 뿐 아니라 아직 존재하지 않는 세계 상황을 미리 보여 준다. 즉, 리스크는 일종의 "재앙 예측"인 것이다. 반면 재앙은 리스크가 눈앞의 현실로 다가온 것을 의미한다. 리스크가 가능성이라면 재앙은 현실인 것이다.

리스크는 그 속에 '위기'와 '기회'의 양면성을 지니고 있다. 21세기 사회는 과거 어느 때보다 더 많은 기회와 위험을 동시에 지니고 있다. 21세기 현대사회의 특징에 대해 사회학자들은 이렇게 압축적으로 묘사한다. 기든스(Anthony Giddens)는 현대인들의 모든 상호작용이 시간과 공간적으로 토착적 뿌리를 잃은 채 점점 더 원격화에 의해 좌우되고 있다고 주장한다. 사상적으로는 탈근대주의를, 정치적으로는 개인화와 개별화를, 경제적으로는 신자유주의경제를 향해 움직이고 있다는 것이다. 한편 래쉬(Scott Lash)는 21세기 사회에서는 정보와 의사소통 구조에 기초한 해석학적 공동체(hermeneutical community)가 생겨난다고 보았다.[3]

리스크의 특징은 위협과 불안정이다. 이러한 위협과 불안정은 사실 인간 삶의 실존적 모습 그 자체이다. 인간은 역사 이래로 늘 위협과 불안 속에서 삶을 영위해 왔다. 이런 점에서 리스크는 오히려 원시시대에 더 심했을 수도 있다. 하지만 근대사회의 산업화와 과학의 발달과 함께 '리스크 의미론'이 점점 더 고조되기 시작하고 있다. '리스크 의미론'이란 근대화 과정이 수반하는 불확실성과 개연성의 의미를 나타낸다.

과거의 전통적인 근대적 이성과 합리성은 마치 이미 "죽어 버린 옛날 백인 남성"의 목소리와도 같은 것이 되고 말았다.[4] 과거의 지배자들은 자신의 거대담론 또는 초서사시(meta-narrative)를 절대화시킴으로써 인종, 종교, 성, 계급에 있어서 지극히 자기중심적인 표준을 제시해 놓고 그에 맞출 것을 강요해 왔다는 것이다. 겉으로는 계몽과 인권을 표방하면서도 실제로는 지배, 착취, 억압을 자행해 왔다는 것이다. 역사를 통해 거대담론은 자신의 기준과 잣대로 다른 모든 것을 규범하고 재단해 왔으며 억압적, 정복적, 착취적이었다는 울리히 벡의 비판은 타당하다. 중세는 물론이고 근대 시대에 서양의 옷을 입은 제국주의적 기독교 혹은 선교사들이 이런 잘못된 억압과 왜곡을 자행하였다. 하지만 여기에서 우리가 생각해야 할 것이 있다. "더 이상 거대담론은 있을 수 없고 오직 작은 이야기들만 있을 수 있다"는 주장 역시 또 하나의 거대담론일 수 있다. 중요한 것은 그것이 거대담론인가 작은 이야기인가 못지않게 그러한 담론이나 이야기가 억압, 착취, 정복을 위한 것인가 아니면 자유, 해방, 나눔을 위한 것인가 하는 문제이다.

그것이 진정한 자유, 해방, 나눔을 위한 것이고 또 그것을 실현해 나갈 수 있는 것이라면 그것은 거대한 것이든 작은 것이든 생명을 살리는 것이요 사랑을 지향하는 것이기에 받아들일 수 있는 담론 또는 이야기가 된다. 이런 의미에서 기독교와 복음사역이 억압, 정복, 착취를 위한 것인지 자유, 해방, 나눔을 위한 것인지를 살펴야 할 것이다. 기독교 복음을 가리켜 하나의 종교적 거대담론이라고 비판할 수 있다. 하지만 중요한 것은 그것이 거대담론이든 작은 담론이든 간에 그것이 지향하고 추구하는 가치의 핵심이 무엇인가 하는 것이다. 21세기 세속사회에서 진행되는 시대적 경향성과 담론들은 사상적으로는 포스트모더니즘, 정치적으로는 해체와 개별화, 경제적으로는 신자유주의를 향해 나아가고 있다. 하지만 과연 이러한 경향성이 근대주의의 폐해를 교정하고 극복할 수 있는지는 미지수이다. 포스트모더니즘이라고 해서 항상 근대주의의 문제를 해결할 수 있는 대안을 제시해 줄 수 있는 것이 아니기 때문이다.

앞서 언급한 것처럼 포스트모더니즘도 크게 세 부류로 나누어 볼 수 있다. 첫째, 근대성의 폐해를 지적하고 비판하면서 근대성을 거부하는 반근대주의적(anti-modernistic) 경향성이다. 둘째, 근대성의 폐해가 발생하는 이유는 근대화프로젝트가 아직 덜 이루어졌기에 생겨난다는 판단하에 완전한 근대화를 지향하는 극한 친근대주의적(pro-modernistic) 경향성이다. 셋째, 근대성의 순기능과 함께 역기능에 주목하면서 역기능은 극복해 내고 순기능을 더 확대해 나가고자 하는 창조적(creative) 경향성이다.

근대주의는 강자에 의한 약자의 지배, 억압, 착취라는 군주적, 전제주의적 불의와 모순을 드러내었다. 즉 인간, 남자, 1세계를 위시로 한 강자는 자연, 여자, 3세계로 대변되는 약자를 지배하고 군림하는 것을 당연시하였던 것이다. 근대주의의 이러한 불의와 모순을 바라보며 그것들을 극복해 보고자 시도하는 것이 창조적 포스트모더니즘이다. 창조적 포스트모더니즘은 집합성, 물리성, 비인격성을 넘어서 개별성, 정신성, 인격성을 향해 나아가고 억압, 지배, 착취를 넘어 자유, 평등, 나눔을 실현하고자 한다. 그 방향성이 정당할 뿐 아니라 추구하는 가치가 올바른 것이라는 점에는 이견이 없다. 하지만 그것을 실현해 내고자 하는 방법에 일종의 모순이 들어있다. 근대주의의 문제들이 인간 이성의 한계성 때문임을 인식하면서도, 여전히 인간 이성의 문제를 이성에 대한 비판적 성찰만으로 극복하고자 하는 것은 논리적 모순인 것이다.

이성은 인간으로 하여금 여타 동물들과 구별되는 인간의 독특한 능력, 특성, 존엄성을 지닌다. 이성의 능력을 통해 오늘날의 문명사회를 건설할 수 있었고 전에는 꿈꾸지 못했던 우주탐사가 가능케 되었다. 하지만 이성은 그 계산능력, 분석능력, 판단능력, 창의성이 아무리 탁월하다 하더라도 이성 자신의 존재기반과 궁극적 목적에 대한 스스로의 답을 가지고 있지는 않다. 인간 이성 본연의 문제를 이성의 내재적 능력만으로 극복하려는 시도는 '뮌히하우젠의 거짓말'(the lie of Münchhausen)에 빠져드는 것과 같다. 뮌히하우젠은 늪에 빠졌을 때 자기의 머리를 위로 잡아 올리면 빠져 나올 수 있다고 말한다.[5] 이론상으로는 그럴 듯하지만 실제상으로는 이것은 불가능하다. 다른 사람의 머리는 위로 잡아 올릴 수 있어도 자기 자신의 머리는 스스로 잡아 올릴 수 없기 때문이다. 이성 역시 자기 자신의 존재기반과 궁극적 목적을 자기 스스로 만들어 낼 수 없다. 아무리 그 능력이 탁월하다 하더라도 이성 역시 피조된 것이요 유한한 것이기 때문이다. 이성의 존재기반과 궁극적 목적은 자기 자신에게서 발견되는 것이 아니고 자기 존재 너머로부터 주어지는 것이다. 인간과 세상을 창조한 창조의 영으로부터 그 기반과 궁극적 목적이 부여되며 또한 창조의 영을 통해 이성의 유한성, 한계성, 오류성이 일깨워지게 된다. 이처럼 하나님에 대한 인식과 인정 없이는 인간 존재는 그 존재기반과 궁극적 목적을 발견할 수 있는 모판, 토대를 발견할 수 없다.

이런 의미에서 인간은 삼위일체 하나님의 자기존재 표현(ontological expression)이요, 하나님은 인간의 존재론적 근거(ontological foundation)라 할 수 있다. 이처럼 하나님은 인간을 필요로 하고 인간은 하나님을 필요로 한다. 하나님과 인간의 관계적 특성은 그리스도 예수의 양성론을 통해 드러난다. 참 신인 동시에 참 인간인 그리스도 예수 안에서 신성과 인성은 신비적 결합을 이루고 있다. 이러한 연합과 관계성은 뫼비우스띠 모델을 통해 그 특성을 잘 묘사할 수 있다. 즉, 예수 그리스도 안에서 신성과 인성은 분리되지도 않고 혼합되지도 않고 온전한 유기적 통일을 이루고 있다. 상단인 신성은 하단인 인성에 대해 한계적 조율성을 가지고 있다.[6] 즉, 신성은 인성의 이유와 목적을 제시해 준다. 인성은 그 이유와 목적을 실현해 준다. 이것은 피조세계 속에서 이루어지는 하나님과 인간의 관계성을 묘사해 준다. 삼위일체 하나님은 인간 개인 및 공동체의 이유, 목적을 제시해 준다. 인간 개인 및 공동체는 그 이유, 목적을 실현, 완성시켜 준다. 하나님의 영은 인간 이성의 이유, 목적, 방향성을 제시해 준다. 인간 이성은 그 이유, 목적, 방향성을 실현, 완성시켜 준다. 이러한 것은 부모와 자녀, 스승과 제자처럼 상호 유기적, 관계적이면서도 존재적 선재성과 논리적 우선성이 있는 만남의 가장 성숙하고 완성된 관계성의 모델이기도 하다. 부모-자녀, 스승-제자는 상호유기적, 상호보완적인 동시에 부모와 스승이 자녀와 제자에 대해 제한적이고도 건설적인 조율성("한계적 조율성")을 지니게 된다.

그렇다면 남편과 아내처럼 대등하고 평등한 관계성의 가장 성숙하고 완성된 관계성의 원형은 어디에서 찾을 수 있을까? 그것은 삼위일체 하나님의 관계성 속에서 찾아볼 수 있다. 삼위일체 하나님은 성부, 성자, 성령의 삼위로서 존재한다. 이 삼위는 각각 고유한 특성, 개성, 인격성을 지니고 있다. 하지만 삼위는 동일한 본질인 동시에 한 하나님으로서의 신비적 연합을 이루고 있다. 신비적 연합의 의미는 다음과 같다. 삼위의 개별적 특성을 통해 일체성은 더 역동적이고 풍요로워진다. 또한 일체성은 성부, 성자, 성령의 생명력의 깊이와 넓이를 북돋워 준다. 마찬가지로 성숙한 남편과 아내의 특성, 개성은 부부의 연합과 일치를 더욱 역동적이고 풍요롭게 해 준다. 또한 부부의 연합성, 일치성은 남편과 아내로 하여금 더욱 창조적이고 온전하고 생명력 있게 해 준다.

삼위일체 하나님의 삶과 온전하고 성숙한 부부의 삶은 21세기 포스트모더니즘이 지향해야 할 기본 방향을 보여 준다. 과거 근대주의는 전통 권위의 기치하에 획일성, 집단성, 정형화에 기초하여 억압, 지배, 착취를 가속화시키는 잘못을 범하였다. 이러한 폐해를 바라보며 포스트모더니즘은 전통권위를 부정하고 다원성, 개별성, 비정형화에 기초하여 자유, 평등, 나눔을 추구한다. 자유, 평등, 나눔이라는 포스트모더니즘적 가치는 누구도 부인할 수 없는 중요한 가치임이 분명하다. 하지만 과연 포스트모더니즘이 제시하는 방법을 통해 자유, 평등, 나눔이 실현될 수 있을까 생각해 보아야 한다. 그릇된 권위의 거부, 거대담론의 부정, 저항, 연대, 해체 등은 잘못된 전통과 근대주의를 비판하고 수정하기 위해 어느 정도 기여할 수 있다. 하지만 이것은 필요조건이긴 해도 충분조건은 되지 못한다. 이것들은 부정의 방법(via negativa)으로서 오류의 불수용과 거부에는 효과가 있을지 몰라도 새로운 창조와 건설을 통한 대안을 제시하기에는 부족하다. 단지 부정의 방법에 머물지 말고 긍정의 방법(via positiva)을 모색해야 한다. 긍정의 방법은 하나님의 영, 즉 창조의 영, 생명의 영, 사랑의 영의 방법을 따라 건설적이고 창조적인 대안 제시가 있어야 한다. 창조의 영, 생명의 영, 사랑의 영의 방식은 곧 삼위일체 하나님의 방식으로서 그 속에 다양성과 일치, 일치와 다양성을 포괄할 수 있다. 하나님의 삼위성은 일체성을 보다 역동적으로 만들고, 하나님의 일체성은 삼위성을 보다 생명력 있게 해 주기 때문이다.

근대성이 전체성, 일체성, 정형성이라는 특성을 지니고 있다면 탈근대성은 다원성, 개별성, 비정형성이라는 특징을 가지고 있다. 이 두 축이 서로 상충하고 충돌하면 상극(相剋)으로 나아가게 된다. 하지만 이 축이 상호 조화하고 보완할 수 있을 때 상생(相生)이 가능케 된다. 이처럼 전체성과 함께 다원성이, 일체성과 함께 개별성이, 정형성과 함께 비정형성이 서로가 서로를 상보할 수 있을 때, 21세기는 해체적 탈근대가 아닌 건설적 탈근대로, 아노미적 탈근대가 아닌 복잡이론적 탈근대로, 파괴적 탈근대가 아닌 창조적 탈근대로 나아갈 수 있다. 이러한 일치를 가리켜 분화된 일치(differentiated unity) 또는 일치된 분화(unified differentiation)라고 부른다. 이처럼 분화된 일치, 일치된 분화라는 심오한 역설적 진리(profound paradoxical truth)에 기초한 기독교교육을 가리켜 "코이노니아 기독교교육론" 혹은 "코이노니아 교육론"(Koinonia Christian Education)이라 부른다.[7]

코이노니아 교육론의 대표적 특징은 다음과 같다.

① 삼위일체 하나님의 삼위일체에 나타나는 상호공재와 상호주관성이 코이노니아 교육론의 존재론적, 신학적 전거가 된다.

② 예수 그리스도의 본성에 들어 있는 신성과 인성의 관계적 특성이 코이노니아 교육론의 학문적, 실천적 방법론의 토대가 된다.

③ 인간교사뿐 아니라 영원한 교사이신 삼위일체 하나님의 보이지 않는 임재와 인도하심을 교육의 전제요 근거로 삼는다.

④ 하나님-교사-학생-부모로 이루어지는 교육공동체가 교육의 주체요 참여자로서 함께 교육에 참여한다.

⑤ 교회-가정-학교-사회와의 연계를 통한 전인적, 유기적, 총체적 교육을 수행한다.

⑥ 모든 교육은 철저히 관계적, 공동적, 참여적 방식에 따라 이루어진다.

⑦ 교육공동체는 구성원들의 치유, 회복, 성장, 성숙을 위해 구성된다.

⑧ 회심과 양육, 변형과 형성, 초월적 방법과 내재적 방법을 함께 포괄함으로써 통전적 교육을 기본 틀로 삼는다.

⑨ 개인 실존-공동체-사회-생태계-우주적 관점 속에서 교육이 이루어지며 개인구원, 사회구원, 역사구원을 향해 나아간다.

⑩ 인적 코이노니아는 신적 코이노니아를 역사 속에서 구현, 완성시켜 나가는 통전적 구원의 통로와 촉매제 역할을 감당한다.

이와 같은 특징을 지닌 코이노니아 교육은 가정, 교회, 학교, 사회, 미디어라는 현장 속에서 구체적으로 실천되어 나가야 한다. 코이노니아 교육은 어느 누구 한쪽이 일방적으로 주도하는 교육이 아니다. 즉 교사만도, 학생만도, 삼위일체 하나님만도 아닌 상호협력, 상호보완적 역동성에 의해 이루어지는 교육이다. 하나님은 인간을 필요로 하고 인간은 하나님을 필요로 한다. 교사는 학생을 필요로 하고 학생은 교사를 필요로 한다. 삼위일체 하나님의 내적 역동성이 코이노니아 교육의 기본 역동성을 형성한다. 즉, 분화와 일치가 상호보완, 상호침투, 상호공재의 형태로 이루어져 간다는 것이다.

코이노니아 교육이 지향하는 교육의 모습과 형태가 "지금-여기"(here & now)에서 온전한 형태를 갖추기는 현실적으로 쉽지 않다. 하지만 2천 년 전 예루살렘과 초대교회에서 이루어졌던 역동성, 그리고 "그때-거기"(then & there)에서 온전히 이루어질 모습을 "지금-여기"에서 선취적으로 경험하면서, 인간의 교육을 하나님의 교육으로, 인간의 학교를 하나님의 학교로, 그리고 인간의 세상을 하나님의 나라로 변형시켜 나가는 변화의 촉매제와 통로가 될 수 있도록 기독교교육을 형성, 재형성해 나가는 것이 곧 코이노니아 교육인 것이다. 이처럼 코이노니아 교육은 21세기 포스트모던 사회가 요청하는 '분화와 일치와 통합'(integration of differentiation and unity)을 구현하는 21세기의 통전적 기독교교육의 새 패러다임으로 자리매김해 나가게 될 것이다. 이러한 코이노니아 기독교교육론의 기본 토대 위에서 이루어지는 각론은 향후 코이노니아 가정교육, 교회교육, 학교교육, 사회교육, 미디어교육으로 구체화시켜 나갈 것을 기대하며 21세기 포스트모던 시대의 통전적 기독교교육적 성찰을 마무리하고자 한다.

1) 생물학과 관련해서는 광우병, O-157, 에볼라 바이러스, 메르스 바이러스의 위험과 공포, 생태계와 관련해서는 남극의 빙하 용해, 엘니뇨, 라니냐, 쓰나미의 재앙, 과학과 관련해서는 핵, 탄저균, 살상용 화학무기 생산 등이 세계 대재앙을 초래할 수 있는 위험이 그 어느 때보다 높아진 것이 현실이다. 이러한 현실은 인간의 이성, 지성, 과학기술이 올바른 방향, 의미, 목적을 찾지 못하면 건설이 아닌 파괴를 향해 나갈 수밖에 없음을 잘 보여 준다.

2) Ulrich Beck, *Risikogesellschaft : auf dem Weg in eine andere Moderne* (Frankfurt am Main : Suhrkamp, 1986) ; *Weltrisikogesellschaft : auf der Suche nach der verlorenen Sicherheit* (Frankfurt : Suhrkamp, 2008).

3) Anthony Giddens, Ulrich Beck, Scott Lash, *Reflexive Modernization*, 임현진, 정일준 역, 『성찰적 근대화』 (서울 : 한울, 1998), 5-7.

4) Ulrich Beck, *Was ist Globalisierung?* 조만영 역, 『지구화의 길』 (서울 : 거름, 2000), 25. 울리히 벡은 20세기 근대사회에서 21세기 탈근대사회로 전환되는 과정에 나타나는 가능성과 위험성을 잘 통찰하고 있다. 그는 근대화 프로젝트가 심각한 '위험사회'를 초래하고 있으며 이러한 종류의 근대화는 공멸적 위기를 면할 수 없다고 주장함으로써 학계의 경종을 울렸다. 벡은 『성찰적 근대화』(1995), 『정치의 재발견』(1996), 『적이 사라진 민주주의』(1998) 등 연구저서들을 통해 근대화 프로젝트가 초래한 역기능들을 지적하고 그에 대한 대안을 제시한 바 있다.

5) 이규민, "탈근대화 시대의 기독교교육 과제 설정을 위한 신학적 고찰," 249.

6) 이규민 역, 『성령의 관계적 논리와 기독교교육 인식론』 (서울 : 대한기독교서회, 2009), 84-89.

7) Kyoo Min Lee, *Koinonia : A Critical Study of L. Sherrill and J. Moltmann as an Attempt to Provide a Corrective to the Educational Ministry of the Korean Church* (Ann Arbor, MI : UMI, 1996), 186-213.

책의 형태로 집필하여 완성되기 이전에 원고의 초기 형태가 아래와 같이 실렸던 적이 있음을 밝혀 둡니다.

1장 "21세기 한국사회의 전망과 기독교교육의 핵심과제". 『교육교회』. 서울 : 장로회신학대학교 기독교교육연구원, 1995. 12.
2장 "탈근대화 시대의 기독교교육 과제 설정을 위한 신학적 고찰". 『한국기독교신학논총』 제13집. 한국기독교학회, 1996.
3장 "종말과 기독교교육의 목적". 『교육주제』. 제19집. 한국장로교출판사, 1997.
4장 "실천신학 방법론 정립을 위한 비판적 연구". 『계명신학』 제11집. 대구 : 계명대학교신학연구소, 1996.
5장 "A Study on the Scope and the Type of Reflection Inherent in Practical Theology and Christian Education as Its Sub-Discipline". *Korea Presbyterian Journal of Theology*. Vol. 8, May 2008.
6장 "A Study on the Compatibility between Christian Faith and Learning". *Korea Presbyterian Journal of Theology*. Vol. 10, 2010.
7장 『기독교교육개론』. 제10장. 서울 : 한국장로교출판사, 1999.
8장 "하나님 나라를 위한 청소년 및 청년들의 문화교육". 『교육주제』. 제26집. 한국장로교출판사, 2004.
9장 "간세대적 참여를 위한 교회교육". 『교육교회』. 서울 : 장로회신학대학교기독교교육연구원, 2012. 7.
10장 "후기근대사회 가정을 위한 기독교교육학적 대안모델 형성". 『현대교회와 교육』. 서울 : 예영커뮤니케이션, 2001.
11장 "가정과 교회를 연결하는 교회교육". 『교육교회』. 서울 : 장로회신학대학교 기독교교육연구원, 2008. 5.
12장 "세계화 시대를 위한 기독교가정교육의 방향성". 『기독교교육논총』. 제33집. 한국기독교교육학회, 2013.
제5부 "21세기 한국교회 교육목회의 위기분석 및 대안 제시". 『기독교교육논총』 제26집. 한국기독교교육학회, 2011.

Holistic Christian Education for the Postmodern Era 포스트모던 시대의
통전적 기독교교육

초판인쇄 2016년 4월 15일
초판발행 2016년 4월 25일

지은이 이규민
펴낸이 채형욱
펴낸곳 한국장로교출판사
주 소 03128 / 서울특별시 종로구 대학로3길 29 한국교회100주년기념관 별관
전 화 (02) 741-4381 / 팩스 (02) 741-7886
영업국 (031) 944-4340 / 팩스 (02) 944-2623
등 록 No. 1-84(1951. 8. 3.)

ISBN 978-89-398-4136-9 / Printed in Korea
값 19,000원

편 집 장 정현선
교정·교열 이슬기, 김효진   **표지·본문디자인** 남충우
업무차장 박호애   **영업차장** 박창원

※ 이 출판물은 저작권법에 의해 보호를 받는 저작물이므로 무단전재와 무단복제를 할 수 없습니다.